法の番人として生きる

法の番人として生きる

大森政輔 元内閣法制局長官回顧録

牧原 出 編

岩波書店

まえがき

本書は、一九九六年から九九年まで、橋本龍太郎内閣から小渕恵三内閣にかけての時代に、内閣法制局長官を務めた大森政輔氏のオーラル・ヒストリーである。内閣法制局時代のみならず、生誕から裁判官・法務省時代についての発言もおさめたライフ・ヒストリーの記録である。これまで内閣法制局長官経験者のエッセイや回顧録はいくつも出版されているが、その生誕から長官退任までを詳細に語った記録は、ブックフォームとしてはほぼなかったと言ってよい。その意味でも、本書は初めての本格的な内閣法制局長官経験者のオーラル・ヒストリーである。

何よりも本書の特徴は、平成末の現在と直結した問題であふれていることである。大喪の礼と即位の礼のプロセス、湾岸戦争、阪神・淡路大震災、省庁再編など平成の始まりと二〇世紀末の激動は、平成末の天皇退位、安保関連法制の制定と憲法改正問題、東日本大震災への対応、政権交代と「安倍一強」の官邸主導など、現下の政治課題にそのまま反映している。本書には今の政治を考える上での歴史上のヒントが詰まっているのである。その意味で本書は、平成時代をふり返り、次の時代を考えるための基本書でもある。

本書でも幾度となくとりあげられているが、大森氏にはすでに著書『二〇世紀末期の霞ヶ関・永田町——法制の軌跡を巡って』(日本加除出版、二〇〇五)があり、その冒頭で氏は半生をこうふり返っている。

昭和三五年春に京都大学を卒業した後、二年間の司法修習生を経て、裁判官のみちを選び、裁判所で一六年、法務省民事局で五年半、内閣法制局で一六年を過ごして、社会生活に一区切りを付けることになりました。

続けて氏は、これをまとめて「裁判所・法務省・内閣法制局、換言すると、司法・行政・立法（法制）に関与した経験」と要約している。

このように多岐にわたる大森氏の記録では、何と言ってもその中心は「立法（法制）」の部分すなわち内閣法制局時代である。本書のタイトルは「法の番人」とあるが、内閣法制局は、法律・政令案の審査立案、法律問題に対する意見回答、そして法律問題に対する国会答弁といった事務を司る機関である。各省の作成する法律案の形式を徹底的に吟味して仕上げる「法令審査」と、その国会答弁による解釈の確定を通じて、法制局はさまざまな法令の形式と内容を最終的に整える。その意味で「法の番人」なのである。

しかも単なる技術者の集まりでもない。内閣に属し、その長官を内閣が任命するが、相対的に独立性は高く、長官は閣議に陪席して閣僚に準じた扱いを受けてきた。政党会派から等距離の立ち位置を保つことで政治的中立性を確保し、ときに政党間の対立を調停することで影響力を発揮する。つまり、高度の専門技術を持つことによって、政治的影響力を行使する機関なのである。

内閣法制局は自ら大学の新卒学生を採用することはなく、各省で一定の法律に関する能力を発揮した職員を出向を通じて受入れ、その中で適性のある職員を内閣法制局内で昇進させる仕組みをとってきた。長官は、大森氏が述べるように、財務、総務(旧自治)、経産、法務省出身者から選ばれることが通例であった。この慣例は第二次安倍晋三内閣の下で、外務省から長官が任用されたことで一度破れたが、現在はまた法務省出身者に戻っている。

これまで著書を出版した法制局長官はほとんどが行政官出身者であり、そこでは内閣法制局を行政活動の一環としてみる傾向がある。これに対して大森氏は、裁判官出身者として、これを法制さらには「立法」としてとらえる。この違いは決定的である。行政官よりも緻密な法解釈を行う裁判官の技術の上に立つからこそ、新規の立法をコントロールできるという強い自覚がそこにはこめられている。行政だとすれば、この二つの違いは曖昧になる。だが氏はそうは見ないのである。

だからこそ、大森氏の内閣法制局時代に大きな政治問題となった憲法第九条の解釈をめぐって、氏は一貫して法解釈技術にもとづいて立法ひいては政治をコントロールしようとしてきた。その典型例が、氏が憲法解釈を担当する第一部長時代に練り上げた後方支援の範囲に関する「武力行使の一体化論」である。以後近年の安保関連法制の成立まで、この原則が「ブラッシュアップ」され、政府の後方支援活動・立法活動を規律するルールとなってきたのである。

そのような氏の記録は、裁判所時代そして法務省民事局時代もきわめて興味深い。法廷での訴訟指揮、内部の司法行政、一九六〇年代の「司法の危機」と青年法律家協会問題など、ゆれる裁判所が赤裸々に語られている。法務省民事局時代も同様である。裁判官のマインドをもつが、政治への関心も強く、行政能力も高い氏だからからこそ、裁判所の枠にとどまらず、法務省や内閣法制局でも存分に能力を発揮した。本書はそうした意味で、一法律家の人生航路を跡づけるものでもある。

大森氏は、長官退任後に、一方で国家公安委員会委員のような要職を歴任しつつも、司法修習生時代に思い描いたもう一つのみちであった弁護士業務にも従事している。二〇一五年の安保関連法制の国会審議に際してこれに抗議し、国会で参考人として反対意見を述べ、メディアに寄稿するなどお元気である。本書にも最後の段階まで原稿に丁寧に目を通していただき、編集にあたってもさまざまなご意見をいただいた。なお、本書のもととなるオーラル・ヒストリーは、二〇〇六年三月から二〇〇九年四月まで全一八回の聞き取りの記録であり、発言はその時点のものであるが、ごく一部についいては、現在に至る展開について大森氏による若干の補筆がなされていることをここに記しておきたい。

本書は東京大学先端科学技術研究センターによるオーラル・ヒストリー・シリーズの一つであり、岩波書店からの出版では、宮澤喜一、武村正義、野中広務各氏のオーラル・ヒストリーに続く「聞き書」である。聞き手は、御厨貴・赤坂幸一・清水唯一朗・山本健太郎の各氏であり、うちお三方からコラムをここに寄せていただいた。記録の作成は、練達の記録作成専門家であった故丹羽清隆さんが担った。

編者は、武村・野中両氏へのオーラル・ヒストリー・プロジェクトに参加し、内閣法制局長官経験者では吉國一郎氏のプロジェクトなどを通じて内閣法制局研究、司法政治研究を続けていた。御厨教授の後任として先端研に着任したところ、大森氏の記録が未整理であることを知り、裁判所・法務省・内閣法制局内の貴重な経験が詳細に記録されていることから、何としてもこれを公表する必要があると考えて、大森氏に公開をお願いしたところご快諾をいただいた。そこで内容を整理した上で、まずは『大森政輔オーラル・ヒストリー』(東京大学先端科学技術研究センター牧原出研究室、二〇一五)として公刊した。これは一部の専門家の間で利用されているが、さらに一般向けに編集したものが本書である。もとの記録が大部であったため、一冊の本にまとめるに当たって、裁判所時代についての発言の相当量を割愛せざるを得なかった。また内閣法制局時代の発言でも、かなり高度な法律論については採録していない。ご興味のおありの方は、専門図書館等で閲覧していただければ幸いである。

内閣法制局という組織は、第二次安倍晋三内閣での集団的自衛権の解釈変更問題で脚光を浴びたが、専門家の間でさえ必ずしもその詳細について知られておらず、まして一般の人々からは縁遠い存在である。とはいいながら、戦後政治におけるその役割はきわめて重要である。本書を通じて、このヴェールに包まれた組織について広く知られることで、戦後政治さらには憲法政治の理解が深まれば幸いである。

牧原　出

目　次

第一章　生い立ち

出生から敗戦まで

――今日は皮切りといいますか、お生まれのところから大学を卒業されて司法修習の時代まで、先生のバックボーンの形成史というような時代のお話を伺いたいと思います。

大森　私が生まれましたのは、昭和一二(一九三七)年五月一一日です。この昭和一二年というのは、日本にとって一つのエポックメイキングな時期だったのですね、これはもちろん後からわかることですが。生まれたのは神戸市灘区ですが、育ったのは須磨区です。父が勤務地の変更に伴い数回転居しましたので、灘区での記憶はなく、記憶の始まりは須磨区における生活です。

私の父は、いまの関西電力(当時は関西配電株式会社といっていましたが)の電気技師でした。ずいぶん長生きしまして、去年(平成一七年)の三月二〇日に行年九八歳で亡くなりました。

小学校に入るまでは、あまり思い出として記憶が浮かび上がりません。いまでも覚えているのは、神戸は六甲山とそのつながりで、裏山が近いのですね。それぞれの山で、早起き登山というのがありました。いまでも多くの人が朝早起きをして登っていますが、年間何百日登ったということを上で記帳するという登山がありました。私が育ちました須磨区の自宅の近くには、山頂まで一時間ぐらいの高取山、三二〇メートルあまりの山があります。山頂まで、登山道というか散歩道がつながっています。富士山ほどの数ではないんですが、途中に茶屋がありました。それによく父親に連れられて行きました。登るのはしんどいですが、山の上に行くと甘い葛湯を飲ませてもらったことが記憶に残っています。

概していえば関西配電の電気技師の一家として、両親と妹との生活です。私が長男で妹が三人という、平凡な庶民生活を営む家庭だったとご理解いただければ正確だろうと思います。

私は昭和一九年四月に小学校に入りました。神戸市立板宿小学校です。その近くに野球で若干有名な滝川中学、いまの滝川高校がありました。その卒業生に、元ジャイアンツの別所毅彦投手とか、阪急の青田昇外野手がいました。当時はプロの選手は正式のコーチをしてはいけないということになっていたと思いますが、その別所、青田が、ときどき野球部に顔を出していました。

たまたま自宅が滝川中学の近くだったものですから、「別所が来ている」「青田が来ている」ときけば、それを見に行っていたという思い出があります。別所は、当時は、近畿グレートリングという南海の前身のチームでした。ご存知ですか(笑)。

――いやあ、知らないです(笑)。

大森　戦時中の編制で私鉄が合併させられて、それをまた戦後分割して、近鉄と南海が分かれたわけですが、初めはプロ球団は近畿日本鉄道(近鉄)のほうが持っていたのです。ところが南海を分離して、南海ホークスになりました。別所は、近畿グレートリングのときに巨人に引き抜かれ東京に移ってしまいまして、滝川中学には姿を見せなくなった。そこでわれわれ、当時はみんな野球少年ですから、子供としては、そんなことはけしからん、巨人はけしからんということで、そのとき以来アンチ巨人なんですよ(笑)。

小学校に入った前後は、思い出そうとしても、楽しい記憶は浮かび上がってこない。最初に浮かび上がる記憶は、当時は戦時体制下でしたから、だいたい集団登校です。いまでも忘れないのは、上級生に連れられて校庭に行きますと、校庭に奉安殿があったことです。その隣に二宮尊徳の立像が立っている。まず奉安殿の前に行って最敬礼をし、次いで二宮尊徳の像の前に行って最敬礼をする。それから教室へ行くというのが毎日の日課でした。

その奉安殿の中に何が入っているのか当時は知りませんでしたが、教育勅語の写しでした。教育勅語をなくしたら校長が腹切りものだといわれるぐらいで、そういう戦前の中でも特異な狂信的な時代で、それが一番高じた時代ですね。その奉安殿の前で最敬礼するということを繰り返したのが、小学校で最初の、思い出してもいやな記憶ですね。

それからもう一つは、始業式とか旗日がありますね。当時、旗日は休みではなかった。天皇誕生日も休みではなくて、出かけて行ってお祝いの行事をしなければならなかった時代です。例えば学期の始業式だと、校長が奉安殿の中からおもむろに教育勅語を取り出してきて、捧げながら読む。教育勅語を読み始めたら、その前で最敬礼ということで、まさに最敬礼をさせられる。式では日の丸が揚がって、君が代を歌う、そういう時期でしたね。

昭和二〇年に入りますと、連日連夜の空襲警報なのですね。これは記憶から消えません。サイパンが落ちて、向こうからＢ29が夜間にやってきます。だいたい空襲警報は暗くなってから始まるのです。東京もひどかったし、その他軍需産業があるところはやられました。連日連夜、Ｂ29が本土に近づくと、だいたいの進路がわかったのでしょう。だからその進路の方向は全部空襲警報が出る。その前に警戒警報が発令されて、それからグッと近づいてくると、空襲警報になる。

――警戒警報が鳴ったときには、何かしなさいという感じなんですか。

大森 それは、逃げの準備をしなさい、ということですね。

――まず準備をして、空襲警報が鳴ったら、いよいよ逃げるんですね。

大森 そう。本当はそれでは遅いわけですね。神戸の場合は、裏山に横穴を掘りました。みんな、「防空壕」と称したその横穴に逃げ込むわけです。しかも小さい時代ですから、母に叩き起こされて、手を引かれながら、裏山まで二〇分ぐらいかかったと思いますが、逃げ込むというのがほとんど連夜のことでした。しかし、B29はすぐにいなくなるわけです。空襲警報解除という連絡が隣組にあって、ラジオも放送していましたか、それでまた自宅に帰る。

神戸の大空襲は昭和二〇年三月三日で、たしか東京は三月一〇日でしたか、だから神戸のほうが先ですね。幸いにして私の住んでいたところは焼失を免れましたが、小学校を含めて五〇〇メートルぐらい下の地域までだいたい坂ですが、完全にやられたわけです。焼夷弾攻撃ですから、ちょうど隅田川の花火が炸裂するように炸裂して、そのままずっと落ちていく。だから真上に落ちてこなくても、真っ昼間のような明るさになるのですね。

そのときも、例によって防空壕に逃げた後で空襲を受けました。翌朝、家に帰ってみますと、自分のところは助かっている。しかし五〇〇メートルより南は全部やられている。だから滝川中学も助かりましたが、小学校はアウト。あのときにもし自宅が罹災していたら、その後のわが家の生活も、わが人生も、本当に変わったものになったと思います。罹災すればすべてを失うわけですからね。あの当時は、いまのように投資信託だとか預金だとか資産の蓄積なんてものは普通の家庭にはなく、本当にその日暮らしがほとんどですからね。全家財を住まいとともに焼失した罹災者が、本当によく立ち上がれたな、と思いますね。幸いにして私のところは直接の被害はなく、本当にラッキーでした。

夜が明けて、陽が昇ってから父に連れられて高台に登ると、神戸が見渡せます。行く途中の道ばたに、焼夷弾の直撃を受けた死体が転がっている。そこを通るのは耐えきれなくて道を換える。一面焼け野原という状態で、戦災の惨状を目の当たりにした記憶があります。

そのとき小学校も三階部分が燃えました。市街地の小学校ですから、木造ではなくて鉄筋コンクリートの建物ではありましたが、中が焼けてしまって、しばらくは休校状態でした。

母は明石の出身で、母の里に私だけ疎開しました。父は仕事がありますので、父母と幼い妹たちはそのまま残った。

疎開しましたら、明石には川西航空機の航空機製造工場がありました。神戸の市街地がまずやられてから、今度は軍需産業としての川西航空機が攻撃の的になって、母の里も焼け出されて、また神戸に戻りました。それで八月一五日を迎えるわけです。

空襲ではいろいろな影響がありました。日本の最後のあがきの時期ですが、どういう影響を庶民が受けたかというと、まず食糧事情が悪くなる。空襲を受けるまでは、曲がりなりにも三食、白い米を食べていた。当時は三食、コメが食べられるというのは大したものだったのです。ところが空襲を契機に、米がだんだん手に入らなくなった。それで結局代用食になる。代用食というのは何だと思いますか。

――サツマイモですか。

大森　サツマイモなんて、いまでもご馳走ではないでしょうか。当時は、たぶん満州から入れていたんだろうと思いますが、米の代わりの主食として大豆が配給になりました。ちゃんと形を成しているもののみならず、油を絞ったあとの油かすも食用になる。カロリー計算だけでやったのでしょうね。

そういう代用食が多くなって、米は一日一食分ぐらい。欠給が続いた時期もあったようです。それでご飯が炊けない、だから雑炊です。雑炊も、汁の中に米が泳いでいる。一緒に入れるのはサツマイモの蔓ですね。あれは食べられるのです。それから里芋の茎、ズイキといっていましたが、そういうものを刻んで入れました。要するに増量材ですね。それが日常の食事になった。それで山口良忠判事は飢え死にしたわけです。

そこで神戸の近郊の農家に行きます。母の嫁入りのときの反物とか着物を一着あるいは一反ずつ持ちまして、私もついていったことがありますが、農家に行くわけです。「米を分けてもらえませんか」といっても、農家だって全部供出して、自分の飯米を確保しなければいけませんから、断わられるわけです。「もう帰ってください、ありません」と言われる。「そこをなんとか、そこをなんとか」と言って、やっと着物一反で、イモ一貫目(昔は貫目です。一貫目＝三・七五キロ)と物々交換をして、帰って数日したらなくなってしまう。

当時私は、農家というのは本当にいいなと思った。どうしてうちは農家でないのか、と思いました(笑)。近代史上農家が一番光り輝いたのは、戦後の食糧不足のときだと思いますね。

それから今度は終戦となった八月一五日です。この日は晴れた真夏の暑い一日だったことをいまでも覚えています。当時のラジオは雑音が入って、まともに聞こえなかったですが、それでも玉音放送では、「朕……惟フニ……堪へ難キヲ堪へ……」とか、そのへんのところはなんとか聞こえるとともに、これで負けたのだということぐらいは、子供なりにわかりました。

そのときに軍国主義者はどう思ったか知りませんが、私らが子供なりにどう思ったかというと、これで空襲警報がなくなった、夜中に逃げる必要はなくなった、という安堵感があったことは覚えています。平和であることのありがたさを子供なりに感じ取ったということでしょうね。だから若い人に対しては、機会ある毎に、「私の平和主義の原点はあのときの空襲なのだ、空襲と終戦なのだ」とくり返しました。戦争中もっとひどい惨禍に遭われた人がたくさんおられます。

終戦を本当に感じ取ったのは、九月になって新学期が始まってからです。まず何が起こったかというと、教科書の墨塗りです。「教科書を持ってきなさい、墨と硯も持ってきなさい」と言うわけです。習字でもあるのかなと思って登校すると、たくさん墨をすらされて、「国語の教科書の何ページの何行目から何行目までの全部を墨で黒く塗りなさい」などと言われました。先生の指示に従って、一所懸命墨を塗るという体験をしました。

そういうことで、結局この一年の経過は、単なる八月一五日という一時点の問題ではないと思うのですね。戦前の奉安殿最敬礼問題から教科書の黒塗り問題まで、一つの期間を経ているかどうか、その期間内にどういう体験をしたか、ということです。安全保障問題などについても、世代差があるでしょう。私はこれが、それを区分する一つの大きな本質的な要素だろうと思いますね。大戦の惨禍を直接体験したかどうかによって、安全保障に関する世代差ができる。憲法九条問題にしても、大きな決定的な影響があるのでしょうね。空襲で逃げ回っただけで私は平和主義者だと言っているのだから、父が亡くなり、近親者が亡くなっていたら、軍国主義的な匂いがすることにもっと拒否反応が生じるはずです。

灘中学・高校時代

大森　次に小学校を卒業して、中学校に入るのですが（昭和二五（一九五〇）年）、学校制度はすでに新制度になっていましたから、自然に行けば新制中学に進学するわけですね。何故、私立の灘中学に入ることになったのか。それは母の教育に対する熱意と、私の小学校五年生のときの担任の先生の指導というか勧め、この二つの所産だったのだろうと思います。

あとから考えると、母の熱意はありがたかったと思います。母が何故それだけ教育熱心だったのか、母としてもいろいろな思いがあったのでしょう。父の関西配電の一介の電気技師の安月給で、一番ピークのときは四人の子供を私立に通わせましたから、月給だけではとても賄えないことは、いまから考えても明らかです。母は和裁の技術を持っていましたので、それにより生計を補ったのだと思います。

――私の知っている灘というのは超難関校ですが、当時はまだ旧制中学の方針がありましたね。その中でも灘というのは別格だったのですか。

大森　新制になっても、東京では依然として高校は日比谷その他のナンバースクール、府立や市立が優勢を保っていましたね。大阪はまた違うのですが、阪神間では公立よりも私立のほうが優勢になって、六甲、甲南、甲陽学院にも人気が集まった。教育熱心な親はみんなそこに入れたいと思ったようです。

当時の灘に行く者は、ほぼ全員が大学進学を志望して大学入試を受けましたが、数名は家業を継いだ者もいます。進学校としての評価とか実績は、当時はまだ確定したものではありませんでした。灘中は、戦前、灘の酒屋の息子で一中とか二中というナンバースクールに入れない子弟の教育機関としてつくられたようです。灘の酒屋、白鶴とか菊正宗とか忠勇とか、その種の酒屋の経営者が、金を出し合って財団を創って設立した学校で、昭和三年四月に開校したらしい。新制になったのが二二年四月です。

中高六年間の一貫教育で、国数英の先生は中学一年の時の三名のチームがそのまま高校卒業まで持ち上がるという、いわば六年間一括請負ですね。だから、生徒の隅々まで知っているわけです。五年間で、予定された教科を全部仕上げる。最後の一年はその総括です。それが成功したのでしょうね。だから私らのときの大学受験結果が従前より向上しました。それが評判になりまして、全国的に有名になり始めたということです。

われわれのときは、それでも東大に入ったのは十数名でした。京大が三〇名、阪大が四〇名、神戸大学が五〇名、その他父親等の関係で、慶應とか早稲田に行った者

現在の神戸市立板宿小学校と灘中学・高等学校

が若干名という分布で、非常にバラエティに富んでいたわけですね。いまのように、東大一辺倒ではなかった。それがいまのような状態になっていったのは、東海道新幹線の開通と、経済の高度成長が大きな原因だったと思います。当時は、関西から東京に出て来るのは大変でした。朝出ても、夜には着かない。夜行急行で朝遅くに着く。だから東京に勉学に来るなんていうのは非常に大変な時期だったのです。

然らば灘に行ったことが私の人生にとってどういう影響があったのか。型通りのことを言いますと、灘の校是＝基本方針は「精力善用」「自他共栄」でした。これは講道館道場の額にかかっているわけです。灘の学校法人の顧問が嘉納治五郎で、理事長は酒屋の当主でした。そのこともあって、講道館の「精力善用」「自他共栄」を校是として採用したのだと思います。

教育方針も、もっともらしいことが五点ほど書いてありますが、いわゆる塾の如き勉強をさせて、ゆとりのない人間をつくり出すという側面は、当時は一切なかったですね。方針の中には、「運動を奨励し、強靭な体力と明朗闊達なスポーツマンシップを育成する」というのが第四方針ぐらいに書いてあります。勉強するときは勉強するけれど、運動もよくするし、遊ぶときはよく遊ぶという、バランスのとれた教育方針を現実にとっていたように思います。

私も部活は、最初はちょっと卓球部に入っていましたが、スキー登山部にも入り、学校剣道が解禁されてからは剣道部に入りました。スキー登山部の部活動では、土曜日の午後か日曜日はだいたい六甲山に行っていました。だからあまり日曜日には勉強しませんでした(笑)。それで土曜日の午後でも、芦屋にロックガーデンといって、関西の岩登りのメッカがありまして、そのぐらいだと半日で行けるものですから、部の活動として度々行っていました。

――それでは結構いろいろおやりになって、お忙しかったですね。

大森　ええ。そういう一貫教育を受けたものですから、大学入試にしても、そんなにあくせく受験を目指して余分に勉強するとか、まして塾に行ったことはありません。高三の夏は登山部での部活として富士山に登りました。頂上から先生に、「いま富士山の頂上にいます。帰ったら受験勉強をやります」と絵葉書を書いたら「おまえは何をやっているのだ、早く帰ってやれ」という返事が来ました（笑）。みんなそういう状態です。だから六年間の生活は非常に楽しかったですね。

当時、学校剣道は進駐軍の命により禁止されていました。国の講和独立が昭和二七年でしたか、それを控えて解禁されまして、剣道部をつくろうということになりました。だから私は戦後初代の主将ではあるのです。ところが無段の主将でした。当時、昇段試験に行ったら落ちてしまい、取り直す時間がなくて卒業してしまったのです。だから剣道場のＯＢ標のトップに名前が出ていますが、歴代で一番弱い主将かもしれません。

教科の中で、英数国は週単位で学習指導要領よりも一時間余分にやりました。しかし当時は、そんなに無理なカリキュラムだとも思いませんでした。当時は「一般社会」という科目がありました。その「一般社会」の先生に、山川大次郎という慶應の経済を出た先生がおられました。この先生の授業が私の将来の進路決定に非常に大きく寄与しました。私はそれをはっきりと自覚しています。

「一般社会」ですから、授業の中では、憲法の話があります。外国の憲法、日本国憲法、戦前の憲法それぞれの比較をしながら、日本国憲法の特色をずいぶん教えてもらいました。それから経済学部を出た先生ですから、戦前の日本資本主義がいかにあくどいことをしたかということも、面白可笑しく話してくれました。第一次世界大戦では日本は傍観者の立場でありながら漁夫の利を得たわけです。

そのとき日本の輸出業者が何をしたか。缶詰の中に石を入れて重さを整えて輸出した。それでボロ儲けをした。資本家というのはそれほど悪いやつなのだ、というようなことを冗談半分に話していましたね。そういう授業を受けながら、私なりに社会に目を向ける契機を得ました。

憲法の話では、学問の自由が一つのテーマでした。そこで、滝川事件の話が何度も出て来ました。学問の自由を守るために京大の法学部はどう戦ったのか、ということを縷々話されたわけですね。そこで生徒なりに、京大法学部は非常にいい伝統を持ったところであると考えました。大学はどこを志望するかというときに、やはり滝川先生が総長である京大、まして滝川事件で学問の自由を守るため戦ったのは法学部ということから、自分は京大法学部以外には行かない、ということで、それ以外どこも受験しませんでした。

やはり自分の進路を決める際に京大法学部にしたということが、その後の進路をある程度決定づけましたね。このように、京大法学部に行ったことには、高校時代の「一般社会」の山川先生の授業が大きな影響を持ったと思います。

京都大学法学部に進学する

大森　それで昭和三一(一九五六)年四月にめでたく京大に入りまして、まさに自由を謳歌しました。当時京大の一回生は宇治分校でした。ですから宇治で下宿をしたわけです。

――このとき初めて下宿をされたわけですね。

大森　そうですね。入学前から、自治会活動をしないことには大学生ではないと思っていましたから、語学のクラスでさっそく手を挙げてクラス委員に立候補しました。当時は政治的には、小選挙区法案反対とか、警職法改悪反対ということでした。現在ではもうちょっと警職法を強化する改正をしたほうが社会の治安維持のためにはいいのじゃないかと思いますけれどね（笑）。それから京大の学生運動の特色は原水爆禁止運動ですね。

そういうことのために、しょっちゅう街頭デモをやり、学生大会をやっていました。当時の学生はゲバ棒を持つわけでもなく、覆面をするわけでもなく、ヘルメットを被るわけでもなく、一番強力なる意思表示の方法はスト決議です。ストというのは学生の本分を放棄することだからおかしいじゃないか、と言う者がいましたが、やはりスト決議をするかどうかというのが一つの目標でしたね。そういうことで、デモや学生大会には行きました。

当時の京大は、全学自治組織の同学会が天皇事件（昭和二六（一九五一）年一一月、京大同学会が、天皇来学に際し公開質問状を提出し、平和の歌で出迎えた事件）で解散命令を受けて、解散させられていましたので、その再建というのが一つの自治会運動の目標でもありました。

私は吉田山の東側の真如堂の北門前に下宿していました。そこで、当時は金もないですから、サントリーのレッドとか安物のウイスキーの水割りを飲みながら、侃侃諤諤と、青いながらも天下国家を議論していました。それが非常に思い出されます。当然、社会主義には大きな関心を持ちました。当時は東西対立・冷戦構造下ですから、関心を持つのは当たり前の現象ですが、ただ社会主義国の実情を、一度自分の目で見たいと学生時代から思っていました。

本当はいったいどうなのかということを知りたいと思いながら、とうとう社会に出て、齢を重ねて初めて見に行くことができました。平成元（一九八九）年、私が内閣法制局の第一部長になって、ＰＫ

Ｏ協力法制定の準備として、ＰＫＯの海外視察ということで、ノルウェーとキプロスに行きました。その視察の途中に、モスクワとペテルブルクに寄りました。わずか三泊四日でしたが、町の実情を自分の目で初めて見ました。そのときはソ連経済、ソ連社会は崩れかけて、ゴルバチョフの改革によって明るくなった面と、規律が緩んでしまった面と両方あったと思いますが、そのとき初めて社会主義国の社会の実像を見ました。

　市民の基本的な生活を支えることができなくなったら、国として失格だと思いましたね。赤の広場のところにＧＵＭ百貨店という、日本語では百貨店と表現される販売店がある。私は百貨店というから、三越か高島屋を念頭に置きながら行ったわけです。そうしたら本当にささやかな品物がちょろちょろとしか並んでいない粗末な店でしかない。

　片やドルショップには、西側のものがあふれている。しかしドルでしか買えない。外からは見えないように、入口は厚いカーテンで遮断してある。「市民が知ったら怒り出すから」というようなことを案内した人が言っていました。ところが、アンダーグラウンドでは物は結構流通している。道を闊歩している女の子たちは颯爽と着飾って歩いている。しかし公的には、表面上は物資はほとんど流通していない。これは体制に歪みや問題があるんだな、ということを初めて理解したのですね。帰ってきてしばらくしたら、ゴルバチョフがクーデターで一時拘束され、その後共産党は崩壊の一途を辿って、エリツィンの時代になった。だからこのときの視察旅行は、私にとって非常に意味のある旅行だったと思います。

　話を京大法学部時代に戻しますと、次の課題は、司法試験です。司法試験を目指したのには、一つの転機がありました。当時は学生自治会活動が就職に影を落としている時代でした。卒業時にいい会社に就職するということになれば、自治会活動をやっていたら絶対にマイナスだという時代でした。経済の高度成長の前で、いい会社に入ろうとすると求職難でした。そこでなんとなく「いい会社に入ろうと思えば、自治会活動なんてやっていたら損だ」という風潮があったのですね。

そういうことを公然と口に出す者もいました。「だから俺は自治会活動に絶対に出ない、デモにも行かない。デモで捕まろうものなら大変だ」と言うわけです。そういう風潮にいささか反発を感じまして、司法試験に合格さえすれば、まさに憲法七六条三項に「すべて裁判官は、その良心に従ひ独立してその職権を行ひ、この憲法及び法律にのみ拘束される」と規定されるとおり、自分の良心に従って行動できる。

京大生時代

そこで、司法試験オンリーで行こうと思いました。そのためにはデモばかり行っていたら勉強できません。だからクラス委員には二回生のときからは立候補せず、三回生の春から四回生の夏までの一年三カ月ぐらいは、本当によく勉強したと思います。昼夜逆転で、朝、真如堂の六時の鐘が鳴ると、ぼつぼつ寝ようかということで、昼過ぎに起き出す。三時に銭湯の一番風呂に入りに行く。本当にそのときはよく勉強しました。幸いにして在学中に合格して、若かったから走り抜けたんだな、という感じですね。青春時代です。まあ元気でしたね。やれば、道は開かれていたわけですからね。

それとともにもう一つ、京大の労働法の片岡昇先生に私淑しまして、一時は労働法を専攻して学者になろうかということを考えて、そういうふうに打診されたこともないことはなかったのですが、やっぱり法律実務だということで、学者にはならなかったのです。

――そういう打診があるということは、自治活動もし、司法試験も受けている中で、授業にも出ておられたということですか。

大森　いや、昼夜逆転の生活をしていたので、講義の出席率はあまりよくなかったですね。しかし自分で勉強したことによって、講義を聴いたことと同じ成果が出るわけです。二回生のときの専門科目の成績はあまり良くなかったですが、三回生のときは講義には出なかったけれど試験だけはすごくよかったです。だから京都の四年間は非常に思い出に残る時期です。

司法修習生

大森　修習生時代(昭和三五(一九六〇)年～昭和三七年)は、日本の財政力からすれば問題も指摘されていましたが、生活費は給与として保証される、しかし実務の責任は負わなくていい。これは将来に向けた充電の時期だから許されるのでしょうが、本当に良き思い出だけが残る時代でした。人生の中でもう一度、二年間だけ繰り返していいよと言われたら、私は修習生二年間を選びますね。月給をやって遊ばせるのは医者に比べておかしいとか、人員を増加するには修習期間を縮めなければ、と言っているでしょう。それで今後は一年になるのでしょう。それではゆとりのある、包容力の大きい人間は育たないと思うのですが、そんなことを言ってもあまり通用しないでしょうね。

――当時、その二年間は、スケジュールとしてはだいたいどういうふうに過ぎていくのですか。

大森　初めの四カ月と最後の四カ月は東京の司法研修所に集まりまして、まさに研修です。現在の文春ビルの敷地が研修所の敷地でした。そこでは、仕上げの講義と起案ですね。事件記録を白表紙にして、これについて判決を書く、起訴状を書く、弁護要旨を書く、というものでした。後期研修はそこにウェイトがあって、前期は基本的な実務教科の講義が主でしたね。だから前期、後期のあいだに、裁判所の刑事裁判、民事裁判、検察、弁護が四カ月ずつです。その時代が一番楽しく、公私共にゆとりがありましたね。

――このとき初めて東京に出て来られたということになりますか。

大森　厳密にいうと、その前年の秋ですか、東大の法律相談部と京大の法律相談部の交歓会を毎年やっていまして、その際に来ています。それから法律弁論大会というのがそれに前後してありまして、そのときにも出て来ています。旅行者としてでした。

もう一つ、修習生時代の思い出といえば青法協（青年法律家協会）です。当時の青法協というのは、市民に足を置く良心的な法律家の集団だといわれていて、まさにそうだったですね。だから青法協に入る意欲がないような法律家は良識に欠ける存在だ、という定評で、ほとんどが入りました。だから私も、修習生になって東京に来たらすぐに青法協に入りました。

何をやっていたかというと、あまり大きなことは言えないのですが、ちょうど六〇年安保で、しょっちゅう国会の周りをデモしていました（笑）。当時の情勢の下では、青法協活動といったら、国会の周りをデモするということとイコールぐらい。だから全学連の樺美智子さんが亡くなったときも、その直前には国会の周りにいました。

新安保条約の国会承認案件が自然成立したのは一九六〇年六月一九日ですか、そのときは真夜中の二三時ぐらいまで国会周辺道路に座り込んでいました。そうしたら怪しげな雰囲気になってきまして、野党の社会党・共産党の議員が壇上に立って、「あの衆議院の強行採決は無効だから、三〇日経過しても条約承認案件の成立はしない、心配ないから解散しろ」と、さかんに解散を要請していました。ところが誰も、座り込んでいて動かない。そのうちに全学連の一派の連中が総理官邸に向かって石を投げ始めました。私はそのあたりで尻尾を巻いて逃げ帰りました。幸いにも、あのときは暴動に至らなかったのですね。だから、青法協活動というのは、修習生としての研修の課外活動として非常に思い出に残っています。その後、学園紛争、七〇年安保ぐらいからですか、青法協会員だというのはよほど過激な者だということになったようです。それは非常に残念なことです。

——あと、同期のお友達にはどういう方がいらっしゃいましたか。

大森　修習生同期の中で深い付き合いが今でも続いているのは六名ぐらいです。内二名は高裁長官、内二名は地家裁所長を歴任し、内二名は生粋の弁護士、その内の一名が経営する法律事務所に私が居候しています。他に、物故者が数名います。

——法曹三者、裁判官・検察・弁護士とあるわけですが、先生の場合は最初から裁判官、という感じでしたか。

大森　学生時代は、司法試験、法曹というのは、あまり意識しないながらも、弁護士を想定して進んでいたと思います。しかし、司法修習生時代は、非常に若いですから、可能性がいろいろ開けていたわけです。裁判所というのは、ある一定の傾向に対して頑なに拒否するところがある反面、自由もあります。検察庁に入ったら、まさにオン・ザ・ジョブ・トレーニングで、先輩というよりまさに職場の上司からの指示を受けますけれど、裁判所は、本当に裁判官の独立というのが文字通り保障されていましたから、そういうことにも魅力を感じました。そんなに強く、ぜひ裁判官になれと勧められたわけではないのですが、あまり抵抗なく裁判官の道を選びました。

第二章　裁判官になる

京都地家裁判事補

——昭和三七(一九六二)年に司法修習を終えて、いよいよ裁判官になられて、最初は京都地方・家庭裁判所にお入りになります。そこでは実際に、判事補としてどういう生活を送られていたのか、そのあたりのことをお伺いできればと思います。

大森　司法修習終了の直前に、初任の希望地を出すわけです。当時の大阪地裁は独特の雰囲気と特色を持っていました。私は東京地裁ではなくて、大阪地裁でぜひ初任を送りたいという希望を出しましたが、京都に振られました。それがどういう理由だったかよくわからないですが、ひょっとしたら、大阪地裁では危険ではないかと思われたのかもしれません。

修習の最後に実施される二回試験が終わって、修習修了が四月七日でした。七日というのは、一〇年前の四期の人がいつ判事になるかによって決まってくるわけです。その人たちが判事になったら、判事補の定員がそれだけ空くわけです。その日を、一〇年後の人の任命時期にするわけです。それで四月の初めまでのあいだに、人事局で判事補の採用面接がありました。そこで、「大森君は政治活動はしないだろうな」というような質問を受けてしまいました。「そういう制約を承知で任官を希望するので、政治活動はしませんよ」と言ったら、「ああそうか」ということで終わったんですけれどね。

しかし京都は初任地としてはいいところで、しかも京都大学のお膝元ですから、若い者、勉学を志す者が初任で配置される裁判所としては、決して悪い任地ではありませんでした。私はまだ独身でしたから、住まいも元の下宿に戻りました。

当時の任期は三年で、民事部、刑事部と家裁の少年部を一年ずつやるという慣例になっていました。私は一年目が民事部で、二年目が家裁の少年部、三年目に刑事部に配置されました。順番が逆の者もいます。空きポストとの関係で、すべての者がこの順序ではありません。当時は全国的に、未特例判事補の使い方はそういう形でした。特に大きな裁判所はそうでした。ところが地方の小さいところに行くと、こういう分け方ができませんので、少し違います。

当時の特色は、未特例判事補が少年審判をやることが大原則になっていたということです。私も二年目に少年事件を担当しました。少年審判事件は、「判事補は一人で裁判を行うことができない」という制約がかからない事件(少年法四条)だからです。したがって、単独で独立して少年事件を処理していたわけです。

昨今は、原則としてそのような配置はしていません。若い新任早々の裁判官に、少年事件を独立して担当させる配置は妥当ではないと思います。その反省によってやめたわけですね。

当時は、主観的には、少年の心情は若い者こそ良く理解できる、だからいい審判ができるんだと意気込み、自負していましたが、客観的に見れば、社会経験がほとんどないか非常に乏しい者が担当するわけですから、意気込みと、客観的な審判の結果・質や世間の評価との間には、ずいぶんギャップがあったのかな、という反省はありますね。その後は人事行政のあり方として、少年審判はかなり裁判経験を積んだ者が担当して処理すべきであり、そのほうがいいのだということになりました。

それ以外は、民事部と刑事部をそれぞれ一年ずつ担当するわけですから、合議体の左陪席として合議事件を担当するということです。しかもいずれも一年ですから、この事件にこういう特別の思い出があるというほど取り立てて言うこともありません。ただ京都にはお寺が多いでしょう。だから民事事件で、思い出に残っているものといえば、お寺の内部紛争、包括宗教法人の離脱の無効確認訴訟などです。これはいかにも京都らしいなという感じがしました。

それから刑事部では、合議事件では左陪席として、一応は合議事件の主任になって、結審したら判決を起案しますが、裁判長に大いに直される。直すのはけしからんというほどの質の起案をしたという自負はありませんので、直されるのが自分の勉強になり、糧になったということのほうが多かったんじゃないでしょうか。

――修習生時代には、いわゆる青法協活動をさかんにやっておられたという話を伺ったんですが、面接のこと等もあって、その後そういう方面にはあまりタッチされなかったのでしょうか。

大森　京都の地元では、弁護士・学者の青法協活動があまり活発ではなかったために、京都地家裁時代には、青法協の活動の機会がなかったですね。京都の学者は「民科」(民主主義科学者協会法律部会)のほうに軸足を置いて活動していたようです。青法協というのは、大学研究者にはあまり向かなかったのじゃないですか。青法協自体の活動に力を入れた記憶はないですね。ところが最高裁家庭局時代に青法協問題が燃えさかって、その渦中に引きずり込まれて大変でしたね。それは岡山時代まで後を引きました。判事再任の時ですね。

――その話はまたあとで伺うことにいたします。その当時は、いわゆる労働争議がずいぶん活発にあったようです。少し調べたら、大森先生が関与された事件がいまでも判例集に載っていて、評釈があります。そういう時代でしたが、ご印象はおありでしょうか。

大森　どの事件ですか。

――「松風陶業全員解雇事件」という事件があります。当時のことは詳しい記憶がないですが、労働争議が多くて、労働組合があること自体をなんとか破壊したいということで、企業を倒産させてしまうというような事件がよく起きていたようです。大田鉄工企業閉鎖事件なんていうのもあったんですが、それとほぼ同じような事件が松風陶業で起こっているのですね。私が生まれた町の企業なんですが、そんな事件もあったようです（『判例時報』四一九号、昭和四〇年三月二三日、京都地裁民事第五部判決）。

大森　全員解雇事件ですね。判決によれば、確かに私は左陪席として関与しているのですが、これは仮処分事件ですね。この〔裁判官名として載っている〕鈴木辰行、山之内一夫というのは、保全部の裁判長と右陪席です。当時、保全部は完全構成ではなくて、合議事件を審理するときには他の部から塡補をとっていました。実は、私がここに名前を連ねる資格があるのかどうか若干疑問があるという程度の関与しかしていません。確かにこういう仮処分事件があったな、という記憶がないことはないですが、自分で徹底的に調べて、自分の意見をぶつけたという関与ではなかったと思います。

――こういう事件は、当時よくあったのですか。

大森　京都には労弁も結構いました。例えば、刑事事件でも、京聯タクシーという非常に組合の強いタクシー会社があって、しょっちゅう事件を起こしていました。ただ、私が属していた第一民事部に係属していた事件の中には、労働事件はなかったと思います。これ〔松風陶業事件〕は、あまり胸を張って威張れるような関与ではなかったと思います。

――裁判長と左陪席とのあいだの意見の形成ですが、結審したら書面でやりとりするのか、とことん話し合うようなことがあるのか、その辺はどうでしょうか。

大森　それは民事と刑事で違うと思います。民事事件は、そんなに意見の違いは生じないわけです。それは、請求棄却か全部認容か一部認容か、ということですからね。ある人は全部認容で、ある人は一部認容で、ある人は請求棄却というように結論が分かれるということは、性質上ほとんどないわけです。法律見解が違うと結論が違う、という問題はあるかもしれませんが。

ところが刑事事件における刑の量定は、法定刑の幅が広いものですから、一人は懲役五年といい、もう一人はちょっと重いから四年六月だとか、分かれようと思えば、ずいぶんバラエティが出るわけです。当時どう思っていたかはともかくとして、いまから思うと、検察官の求刑の基準性にはけっこう大きな力があるということですね。私は、それは決して悪いことではないと思います。検察は全国共通した統一求刑基準があるわけです。もちろん、絶対にこれだという固い基準ではありませんが、緩やかなしかし妥当な基準を持っているわけですね。その基準を事件に照らす。しかも求刑は、向こうでは決裁事項で、何人もが関与して求刑を決めるという制度ですね。実務ではそれを無視、度外視して、白紙で量刑を決めるということではないのですね。

求刑をめぐって、「ちょっと重すぎる、半分に削らんことには執行猶予を法律上つけられない」とか、「執行猶予は法律上無理だけれど、実刑を言い渡す気はしないから罰金に落とす」とか、そういう決断は裁判所にしかできないわけですが、普通の刑の刑期がそんなに大きく分かれることはないですね。一人は死刑で、一人は懲役三年まで落として執行猶予とか、そんなことは通常は起こりようがないですね。やはりある程度の経験を積むと、実務上「相場」という言葉がありますが、それが本当に一つの妥当な基準として身につくのですね。だから、「相場」を身につけない人は、逆に問題なのです（笑）。

――量刑表みたいなものはあるんでしょうか。

大森　ありません。ただ、量刑研究がありますね。私は大阪時代に刑事交通専門部にいたものですから、交通事故事件の量刑の実証的研究を裁判官実務研究会でやりました。一つの大まかな基準を出せないかな、という試みとして。それも大まかな基準ですね。

民事・刑事の担当希望と配置

――裁判官の担当・配置はどのように決まるのですか。

大森　裁判官は、民・刑・家事・少年と、必ずしも最初から終わりまでこれだけオンリーというわけにはいかない。転勤の先々の人事配置その他で、いろいろな事件に関与することになるわけです。民事をやりたいと思っていても、行く先は刑事部しか空いていない、だから刑事をやれ、ということになる。そうなりますと、それまで民事関係の本を多量に購入して問題をトレースしていても、突然刑事をやれということになるわけですね。従来民事をやっていた人は、刑事の本は段ボール箱に入れて、引っ越しの際には段ボールを開けずに置いておくわけです。ところが刑事事件をやるとなれば、〔段ボール箱の中身を〕入れ換えなければならない。

私は、岡山に行って刑事部に入って四年間刑事をずっとやりまして、大阪でも刑事交通専門部をやれということで、ずっと刑事事件が続いたので、刑事で行くか、と思っていたら、今度は法務省民事局ということで、民事に引き戻されました。それで、民事事件の本を段ボール箱から出してきた。そういうことがあるのです。すぐに頭をパッと切り換えることが、実務には必要なことですね。

——それはポストが空いているから、ということなんですか。それとも民事・刑事、両方を見ていったほうがいい、というような配慮があるんでしょうか。

大森　若い時代は、あまり偏らずに民・刑・家事・少年をある程度万遍なく経験したほうがいいと思いますね。

——先生ご自身の印象として、そうお感じになりましたか。

大森　私は初めは、民・刑・少年という初任経験で、当時はみんな同じですが、判事補五年を経過して判事の職権特例がつくころに、一体どちらの右陪席をやるか、単独事件をどちらでやるか、ということになりますね。いったんどちらかをやれば、一年で替わるのは非常に不経済な話ですから、一つの裁判所では民事なら民事をずっとやる。そのときに、次の裁判所で民事が空いていれば民事をやれますが、若い時代は一般に民事をやりたがりますね。民事希望の人が多くて、刑事部に配属されたら民事部空き待ち、などということで、民事が空いたらそこに移る、ということもありました。しかし転勤先では、刑事が空いていたということもありますね。

私も岡山地裁に行ったときには、民事部配置を希望しましたが、刑事部しか空いていませんでした。しかも民事希望を逆手にとられて、民事部が忙しかったので一部手伝えと言われて、一開廷余分に持たされました。週に三開廷というのは、宅調日が三日あるわけです。だから宅調日に翌日の開廷の準備をして、簡単な判決は前日に書きます。大きなものは夏休みとか週末にしか書けません。だから、一開廷・一宅調日というのは、必要なセットですね。刑事部配置で、民事一開廷分手伝うとなると一週間に四開廷となりますからね。

——計算が合いませんね(笑)。

大森　合わないのですよ。一週間は七日ですからね。週末をつぶしても駄目ですね。だから本当に地獄の沙汰でした。私は一年で返上しました。

秋田地家裁大曲支部

——京都の後に、秋田に行かれたということです(昭和四〇(一九六五)年五月)。この当時のことについて伺いたいと思います。

大森　京都で三年過ごしますと、今度はいわゆる田舎に転勤というのが普通の姿でした。同期では、最高裁の刑事局と民事局に入った者が私の友人にいます。二人とも京大の出身でした。当時は、京大出身の判事補は優秀な者が多かったのです。東大の出身者は、司法試験と人事院の行政職試験の両方に合格したらほとんどの場合霞ヶ関に行くのですね。ところが京大は、両方に合格しても裁判所に行くのです。だから、優秀な同期生が多かったのですが、二人は四年目に直接、事務総局の局付に行き、私は秋田に行ったわけです。

関西人としては東北というのは違和感を生ずる土地です。初めは違和感が先行して、行ってしばらくは何となく居心地が悪いというか、気持ちの上でも落ち着きませんでした。しかし過ぎ去ってみれば非常に懐かしい。いまの気持ちでは、もう一度家族でそこに転勤してもいいなと思います。去るときもそういう気持ちでしたね。でも行くときは、あまり良い感じはしませんでした。

——このころは、もうご家族がいらしたんですか。

大森　私は秋田では独身で、最高裁事務総局家庭局に行ってから結婚しました。単身生活で、単身故に非常に自由で、その土地を楽しめた面もあります。大曲市は、いまは市町村合併で大仙市になりましたが、当時は人口三万人に達しない市でした。雄物川の中流にあり、仙北平野という米の産地の中心です。甲号支部で合議事件をやりながらも、裁判官配置は支部長と未特例判事補の二人。支部長もまだ一〇年目の特例判事補でした。

では合議事件の現実の審理はどうするのか。隣に横手支部がありました。横手も甲号支部で、そこは配置裁判官は支部長だけですね。そこで合議事件は相互塡補で三人を充員していました。昔はそういうところが多かったですね。だから横手支部へはほぼ月に二回、二週間に一回、支部長と二人で、ガタガタ道をバスに乗って通いました。

――どのぐらいかかるんですか。

大森　一時間はかかりませんでしたね。そんなに距離はないのです。正確ではありませんが、五〇キロぐらいでしたか。横手は石坂洋次郎の『山と川のある町』のモデルになったところだとされていました。山というのは鳥海山で、川は雄物川自体ではなくてその支流です。冬は雪の「かまくら」が有名なところです。本当に情緒のある町でした。だから秋田市に出ることのほうが少なかったですね。

――支部に行かれると、おつき合いというのはどうなんでしょうか。

大森　未特例判事補は、裁判所を代表して外とつき合うということはありませんから、オフィシャルなつき合いは少なかったですね。少年事件を担当しますから、地元の警察の少年担当課とか少年補導員とのつき合いはありました。支部長は官庁間のつきあいが若干あったようです。裁判所の職員、書記官・事務官・家裁調査官とは、都会では考えられないような親密な付き合いをしました。検事一家も隣組で、単身者として私生活では世話になりました。

――関西から行かれたのは先生だけでしたか。

大森　支部長は、東京から一年前に行っていました。私の前任者も京大の出身で、そういう意味では関西から行ってはいるのですが、起点が京都からだったかどうかわかりません。

秋田の日常生活では、言葉がわかりづらかったです。若い人はだいたい標準語を使っていましたが、ご老人の秋田弁がわからなかったですね。向こうは向こうで、やはり関西弁というのは独特な響きがあるらしい。向こうは関西弁を悪くは思わなかったようですが、秋田弁でご老人がしゃべり出すとよくわからないことがありました。それで仕事に差し支えるほどのことはありませんでしたが。

大曲では単身生活といっても、裁判所官舎がありました。4Kの古い建物で、そこに一人ぽつんと住むわけです。単身生活は下宿時代から慣れていますが、近くに食堂があるわけではないので、原則として自炊しました。いまだに家内が作るより、その当時自分で作った料理が口に合う(笑)。食べ物自体も、初めは若干違和感がありましたね。醬油一つとっても、関東以北ですから濃口です。ところが関西は当時でも薄口でしょう。だから初めは薄口の醬油を神戸の母から送ってもらいました。

思い出すままに食べ物を挙げてみると、お米がおいしいということをまず感じましたね。それからハタハタ。いまハタハタは高価な魚ですが、当時は、トロ箱に一杯が五〇円、二箱買ったら春までの保存食としても一人では食べきれない。それからしょっつる、きりたんぽ。稲庭うどんもいまは全国で人気があるでしょう。あれも横手からちょっと入ったところが産地ですね。

それから、産地で食べると、リンゴはこんなに美味なものか、と驚きました。さくらんぼも山形ではありませんが地元産が食べられます。また、春になると、あらゆる山菜が出回ってくる。また、酒もおいしかったですね。爛漫・両関・高清水と。それから山が好きだったものですから、秋田駒ヶ岳とか、岩手山、八幡平、鳥海山。岩木山は登る機会を持てませんでしたが、多くの山に登りました。

また四季折々の行事も非常に多彩ですね。秋田の竿灯、これは東北三大祭りの一つですね。提灯を稲穂のように長い竹竿に吊るして、それをずらっと立てて行列をしながら、いろいろな曲芸を披露します。それから横手のかまくらですね。大曲は花火の有名なところで、全国花火大会というのが八月に大々的に行われまして、広い雄物川の河川敷は人で埋まります。冬になると刈和野の綱引きとか、それから六郷の「竹打ち」とか、本当にいろいろな行事がありました。だから初めは異文化として肌に合わなかったのですが、いまや、本当に良かったな、という感じですね。

それから女性は秋田美人といいますね。奥羽線はまだ単線でしたが、一車両に必ず、前に座りたいような女性が乗っていましたね。桜で有名な角館(武家屋敷、しだれ桜でいま観光地として売り出していますが)に角館南高という公立高校がありまして、そこの女子生徒は美人度が一番高いと当時から言われていました。だから、息子の嫁を探しに校門で立っているお父さんがいたとか、そういう話がありました。しかし残念ながら、秋田から単身のままで、東京へ転勤しました。

さらに特記すべきことは、秋田で運転免許を取得したことです。これがその後の仕事に非常に役立ちました。私が大曲に行ったのが昭和四〇(一九六五)年です。当時、ちょうど日産のサニーが売り出され、日本のマイカー時代の幕開けでした。たしか四〇万円ぐらいでした。トヨタのカローラは一年ほど遅れました。それも四〇万円前後でした。新車なんて買える月給ではありません。しかし、当時はダンプカーが暴走運転の典型みたいに言われていた時代ですね。それから「神風タクシー」と言って、タクシーが飛ばし、交通事故が多発する。良きにつけ、悪しきにつけ、自動車時代がまさに始まろうとする時代でした。今後日本は自動車時代になって、裁判所の事件処理でも、運転経験がなかったら適正な処理ができないな、と本当に思いました。

それで、あまり忙しくない、時間にゆとりのあるときに運転免許を取っておこうということで、大曲で自動車学校に入りました。免許取得費用は、だいたい月給一カ月分ぐらい、二万五、六〇〇〇円でした。ちなみに秋田に行ったときの最初の裁判官の月給は、二万四〇〇〇円ぐらいでした。

――新車は高いんですね。

大森　そうですよ。秋田時代は、東北管内をルノーのポンコツ車を買って味わい尽くし、東京には車で転勤しました。最高裁家庭局時代は運転免許と仕事は関係ありませんでしたが、その後、刑事事件や民事事件を担当するようになってからは、裁判官としての職務上、随分役立ちました。

昭和四六(一九七一)年四月、岡山地裁に行ってからは刑事の単独事件を担当しましたが、私が自ら運転をするということは弁護士など関係者みんなが知っていますから、交通事故事件について、判決を信用してくれました。「あの裁判官は運転経験がある、そういう人が判断するのだから間違いない」ということになる。それは外部からの評価の問題ですね。事件を処理する立場からも、業務上過失の有無というのは理屈の問題ではなく、事件の筋として、自分の運転経験に徴するとこんな主張はおかしい、これは有罪に間違いないとか、記録の要点、実況見分調書とか図面の要点さえ見れば、だいたい事件の筋の選別ができる。つまらんことを争われて惑わされることは一切ない。ということで刑事事件の処理にずいぶん役立ちました。

その後、大阪地裁では、刑事交通専門部に配置され、朝から晩まで悪質業務上過失事件ばかりを審理することになり、一カ月にだいたい四〇～五〇件、新受事件が押しかけて来るわけですね。大阪地裁本庁管内の悪質業過事件をもっぱら四人の判事で処理するわけですが、私はその処理には全然苦労がなかった。その余裕を利用して、関係資料の整理検討をしたものが業務事件の量刑の研究に結びついたわけです。

第三章　「司法の危機」の時代のなかで

最高裁判所事務総局家庭局局付判事補

――いよいよ最高裁判所事務総局の家庭局に移られるときのことをお聞きします。このときはのちのち「司法の危機」と呼ばれる時代に入ってくるときです。その話を伺う前に、まず局付判事補は、それぞれの局で違うとは思いますが、どういう職務内容を持っておられるのか、そのあたりからお願いいたします。

大森　私は昭和四三（一九六八）年七月一日、最高裁家庭局の局付判事補として赴任しました。局付判事補というのは、制度上は、局長のスタッフという位置づけです。

現実には、各課に配属されました。当時の家庭局は、第一課、第二課、第三課と三課制を布いていました。ところが課長は二人でした。家庭局の第一課が総務課、第二課が家事事件担当課、第三課が少年事件担当課ということで、総務・家事・少年と分かれていました。課長は、第一・第二課長が兼務で、第三課長は専任でした。私は第二課に配属されて家事事件を担当することになりました。課長が第一課長と兼任ですから、事実上は課長代理として、家庭裁判所の家事事件に関する司法行政事務を、ある面では任されていたという状態でした。ただ、各局・各課によって局付の役割に差があったと思います。家庭局第三課（少年課）は、まさに課長のスタッフという位置づけでしたから、そこが二課と三課で違っていたところです。

現実に何をやったかということですが、地方裁判所では、各裁判官の事件処理に関する資料や考え方を最高裁に照会するということは、通常はないわけです。法律問題を含めても、そうです。ところが家庭裁判所のほうは、法律問題についての照会が結構ありまして、家庭局では、その照会に対する回答案の検討がかなりの事務量に達します。

また、事務総局では、各局とも、裁判官会同を年に一回ないし二回行い、また高裁ごとにブロック会同をやっています。局付はその会同の準備をしました。ブロック会同ですと、局付判事補は局長あるいは課長の代理として出かけていって、局内での検討に基づき答弁をするわけです。最高裁の家庭局が特定の問題についてどういう見解であるかということは、それ相当の重みがありました。家裁の家事事件担当裁判官も、難しい問題に出合うと、家庭局の見解を参考として聞きたかったと思います。それは局議において、局長の下、全課長・局付が加わって、かなりの時間をかけて検討し、その結果を引っ提げて出かけていってそれを紹介するわけです。それから家庭裁判所向けの機関誌たる『家庭裁判月報』において、年に一回家事事件概況というものを出すわけですが、その整理・まとめをやるのも局付の仕事でした。

それから、家庭裁判所は、当時は創設後まだ二〇年経っていない段階ですから、事件の執務資料の整備が十分ではありませんでした。『家事執務資料集』というものを順次、編集しており、その一端を担っていました。在任中に全部を整備はできないので、私はそのうちの一部、中巻・乙類審判事件に関する審判例・論説の編集整理をしました。これは事務官が集めていた資料を整理するわけです。

もっぱらこういう家事事件に関して諸々の事務を処理したことが、私にとってのライフワークとしての身分法・戸籍法の研究の一つの原点になっています。後日、法務省に出向して、民事局の第二課長(戸籍課長)を務めることの一つのきっかけにもなっていったわけで、若い時代の思い出に残る時期だったと思います。

——地方を回ってから事務総局に来られたときにはどういう感じを受けられましたか。その雰囲気とか、そこで働くことの意味について、印象に残っているところがあれば伺いたいと思います。

大森 これは裁判所の特殊性でしょうが、最高裁といっても、裁判体としての最高裁と、全国の司法行政を処理する最高裁事務総局とは、歴然とした区別があります。私は約三年間家庭局局付判事補として在任したわけですが、最高裁の裁判官と接触したことはほとんどありません。せいぜい、家事と少年で裁判官の全国会同を年に一回やりますが、そのときには最高裁判事が議長になりますので、その準備として、こういう協議問題が出ていますということで資料を持って出かけていって、局長が主要な点の説明をするのに同行した程度です。「裁判官に接触するのは局長以上でないといけない。局付などがふらふらと出かけていく部屋ではない。局付は、局長について出かけていって、局長が説明するのを横で聞いている」というぐらいの雰囲気でした。

ところが調査官室はまた別ですね。それはまさに最高裁判事のスタッフですから、それは出入り自由で、日常的に二四時間接触をしてもおかしくない雰囲気のところでした。

さはさりながら、下級裁、特に家庭裁判所との関係では、家庭局が非常に大きな力を持つというか権威を持つというか、尊重されるという時代だったと思います。家庭裁判所の性格からして、そういう面があるのでしょう。

ところが民事局と刑事局は、地方裁判所の司法行政部局ですね。それは、裁判の独立という原則がかなり大きく作用して、法律問題について照会を受けて回答し、それが事件に取り入れられて判例になっていく、という側面はほとんどないと思いますね。会同は同じように行われていました。家庭局長は家庭裁判所にとってはずいぶん重要な尊重される地位でしたが、民事局長、刑事局長は、地裁・高裁それぞれの民事部・刑事部では現場の裁判官のほうが上なんだ、という意識が非常に強かったですね。特に高裁の裁判長クラスになると、まさにそうでしたね。

――そういうところの位置づけは結構微妙ですね。

大森　はい、そう思いますね。官房三局はまた別ですね。

――最高裁判所の中にはいろいろそういうものがあって、それが全体として最高裁判所と言われている、という感じですね。

大森　そうですね。事件局と官房局とは違うのですね。

家庭裁判所制度協議会

大森　もう一つ、当時の思い出というかトピックスがあります。家裁制度が発足したのは昭和二四年でした。日本国憲法の施行から一年遅れで地方裁判所の支部として創設された家事審判所と行政機関の少年審判所を合体して家庭裁判所が創設されまして、それがちょうど二〇年目の節目を迎える時期でした。それで、このあたりで少し制度の再検討・整備をやるべきではないか、ということになりました。新しい裁判所ですから、いろいろな問題点を抱えていましたので、そのあたりを総ざらいして検討して、制度整備をしようということで、家庭裁判所制度協議会が事務総局に設けられました。この協議会の主宰者はたしか事務総長だったと記憶しています。

二〇周年記念ということになると、まず記念式典をやろうということになりまして、これをひとつやるだけでも、局長及び第一課長は多大な労力を費していました。いまは壊されてしまいましたが、当時虎ノ門にあった教育会館にそれまでの家裁発展の功労者を招き、皇太子夫妻の列席の下で記念式典が挙行されました。当時皇太子妃であった美智子皇后はきわめて若く美しい時代で、近くで見るときれいな魅力的な人だな、と思いました。こちらは若くて独身でしたから、憧れたものでした。

協議会の検討事項として、人事訴訟事件の家裁移管が問題になりました。家庭裁判所の出発にあたっては、家庭裁判所が扱う紛争解決は一刀両断的であるべきではないということで、訴訟を原則として取り入れなかったのですね。非訟事件だけを家裁で処理し、「非訟裁判所」であることを好ましい特色としていました。

しかし、家庭紛争の解決のためには訴訟も取り入れて、有機的な手続の関連をつけなければ紛争を円滑に解決できないのではないか、という声が以前からありました。それで、人事訴訟の家裁移管についてかなり力を入れて検討がされました。私も若い時代で、非訟よりも訴訟に心が傾きまして、ぜひ移管したほうがいいということで、ずいぶん資料も集め、検討ペーパーもつくったのですが、それがやっとその後三五年経って、このあいだ実現しました。人事訴訟は家庭裁判所の管轄となりました。

協議会における検討のもう一つの柱が少年法の改正問題でした。これも当時は、法務省の刑事局との間で感情的に近い不毛な対立があったわけです。少年法改正の一つの山場で、家庭裁判所のほうは改正大反対だという。特に家庭裁判所調査官を牙城として、少年の保護育成派と、ケースワーク派あるいは人権擁護派ですか、いろいろ名称があるのですが、その二つの大きな流れがありまして、家裁の中でも大きな動きがありました。

その後、法務省の法制審議会に少年法部会が設置され、刑法学者の植松正さんが部会長で延々と議論をしていました。これは私が家庭局から岡山地裁に転出し、岡山に四年いて大阪地裁に転入した頃に、やっと「植松試案」と称する一応の試案をまとめるに至りました。そこで少年審判手続の少年の権利保障が謳われ、それを刑法学会が取り上げました。

〔学会が〕京都で行われる時期だったものですから、京都大学の平場安治先生が主宰者となって研究発表を行うことになりました。たまたま私はその頃大阪地裁にいたものですから、裁判所の実務家のほうからはお前が出ろと、平場先生のご指名もあって、私が共同研究の一員になりました。家庭局のほうも、「勝手なことを言ったら駄目だぞ」という制約を付されましたが、しっかり頼むということで、家庭局とも連絡をとりながら学会で発表したことがあります。

——他の局付判事補の方とのつき合いはあるんでしょうか。

大森　はい。現最高裁長官の町田顯さんが一三期で、民事局付として私より一年早く民事局に入っていました。当時の局付の中では、もう一期先輩の一二期の人ぐらいを頂点として、私たち一四期が真ん中ぐらいで、もう少し若い一五期、一六期の人もいました。だから一二期から一六期ぐらいのあいだの人が局付として、いたわけです。年齢も近いし、小異はあるにしてもだいたい同じ立場でしたから、局付会なんていう飲み会をやったりもしていました。特に一連の青法協問題が起こってからはそうです。局付はほとんどが青法協の会員で、会員率が一番高い集団ではなかったでしょうか。当時の青法協の会員というのはそういう位置づけだったのですね。

——局付の方にそういう〔青法協会員の〕方が多いというのは、そういう人をむしろ選んでくるということがあったのでしょうか。

大森　最高裁がまさか青法協の会員だから局付にしようなんて思ったはずはないでしょうね。私が言うのも変ですが、若い時代には日本国憲法を擁護するという意識を持つのが通常でした。この意識がない若い裁判官というのは腰抜けである、ということになるわけです。ですから、若い法曹として意欲がある者が多かったことは間違いないですね。局付に青法協会員が多かったのは、当時は若くてストレートで入っている連中がほとんどでしたからね。

――若くて能力がある、したがってブレーンにも抜擢されやすいということですね。

大森　それはみんな、本当に優秀でした。

「司法の危機」の時代のはじまり

――ではいよいよ、「司法の危機」の荒波が押し寄せてくるわけですが、ちょうどその前年あたりから偏向裁判批判というキャンペーンもありました。その中で先生は事務総局にいていろいろ翻弄されたということですが、そのあたりの話をお聞かせください。

大森　前に保存資料があると言いましたが、それをやっと探し当てました。当時の新聞の関係記事の切り抜きです〔新聞切り抜き帖を示す〕。当時のすべての新聞を見ていたわけではありませんが、目にしたものを切り抜きました。それからこれが一四期の自分自身の再任問題に関する資料です。ときどき青法協自体がニュースを出していました。『青年法律家』という新聞です。ときどき特集があって、これは「平賀問題資料」というテーマで特集しています。これを読むとだいたいの事件の流れがわかって、あとから非常に役立つと思います。この際、もう一度振り返ってみようということで、保存資料を整理しながら抜き書きして、時系列的にまとめてみました。

まず全体の動きを概観してみます。当時は、まさに五五年体制下で、保革対立が非常に激しかった。六〇年安保が昭和三五年で、私が京都大学を卒業して司法修習生になったときです。司法修習の前期、ある一時期は、紀尾井町にあった研修所の教室に座っている時間と、外に出て国会の周りをデモしている時間と、どっちが長いのかというぐらいで、東京も騒然としていました。学園紛争はそんなに激化していませんでしたが。

「司法の危機」のきっかけとしては、自民党の森山欽司代議士、この人は森山真弓議員の夫ですが、雑誌の『全貌』を舞台として、一連の青法協攻撃を始めました。そして平賀書簡問題が起こって、燃え上がったということになるかと思います。それから国会の訴追委員会への訴追請求を通じて、青法協会員と裁判官との関係をどう考えるべきかということが論じられ、岸盛一事務総長が、「会員であることは裁判官の政治的中立らしさを阻害するから、好ましくない」という見解を出した。それは青法協会員が司法修習生からの任官を拒否されたことをきっかけに発表した談話です。任官拒否に対する抗議を受けて、正式に最高裁としての公式見解を出したということです。

そうこうしているうちに、石田和外《かずと》長官が憲法記念日に、「極端なはっきりした共産主義者等は裁判官にふさわしくない」と言い出し、それから青法協会員からの脱退勧告で、局付が脱退するということがあった。そして南の鹿児島地裁では、飯守重任所長がとんでもないアンケートを裁判官に出したが、それは返り討ちにあって最高裁から注意を受け、飯守さんは鹿児島所長を解任されるというような事態になった。そういう一連の事態があるわけです。

平賀書簡事件の波紋

大森 まずはっきりしたきっかけは、昭和四四(一九六九)年九月一四日に、長沼事件の担当裁判長であった福島重雄判事に対して札幌地裁平賀所長が書簡を届けたということで、そこから始まったように思います。それは私が家庭局に赴任してからちょうど一年経ったころでした。

平賀健太さんという人は、私が後に法務省に出向した先である民事局の、前の前の民事局長なんです。そういう点でも浅からぬ縁がある人ですが、直接の面識はそれまでは全然ありませんでした。そこで、札幌地裁を舞台にいろいろなことが起こるわけです。われわれが事務総局の中で、局付のあいだで平賀書簡問題をどう受け止めて、どういう議論をしていたかということを思い出してみます。地方裁判所の所長が、独立して裁判を行うべき裁判官に、事件処理についての一つのあり方を書面でアドバイスした。〔平賀氏〕本人はアドバイスだと言っているわけです。もちろん指揮命令権はないわけですから、参考意見の陳述、アドバイスに過ぎないわけですが、さはさりながら、そういうことをするのは、裁判所における裁判の独立を侵害する行為であると言っても過言ではない、と思っていました。

最高裁事務総局内の局長とか課長等の先輩裁判官は、人によってかなりニュアンスが違っていました。事務総局の局長ぐらいの年代になると平賀所長と面識がありますから、「親心で、参考意見を私信で伝えたのに、それを本人の了解を得ることもなく無断公表するというのは信義則違反で、何事か」ということを強調する人もいました。世代によって、あるいは考え方によって、大別すれば二つの大きな見解があったと思います。

札幌では理性的に筋を通した処理が一応はできました。地裁で臨時裁判官会議が開かれました。普通は、会議の議長は所長がなるわけですが、利害関係者だから駄目、ということで、所長に次ぐ席次にある当時の小樽支部長が議長になって論議の末、平賀所長を厳重注意処分にした。理由とされたことも「自己の見解を記載した書簡を出したことは、裁判権の行使に不当な影響を及ぼすおそれがあり、きわめて遺憾である。よって厳重に注意する」ということで、一応筋を通した注意処分がなされたわけです。

ところが平賀さんは鼻っ柱の強い人ですから、そんなものでは怯まず、「良心に恥じることはない、法に悖《もと》ることはない」と開き直るものですから、地裁のほうでも、では処分を公表するか、ということになった。はじめは親心で処分の公表は控えていたのですが、平賀さんが開き直ったものですから、処分の公表を決議して、記者会見で発表した。そのあと平賀さんも弁明書を出した。そこでは、「書簡は一個人に宛てた私信であり、公表を予定せず、公表は自分の承諾を得るべき筋合いのもので、私信の写しが報道機関に渡り、報道の対象になったのは心外である」というようなことが滔々と書かれていたわけですね。それでますます事態は燃え上がった。

その頃から、高裁、最高裁も傍観できなくなって、地裁から高裁・最高裁に顚末の報告がなされ、札幌高裁長官と平賀所長が呼び出されて、当時の石田最高裁長官に報告したということがあったようです。

それを受けて二日後には、最高裁の臨時の裁判官会議が開かれて、司法行政監督権に基づいて平賀所長に注意処分、東京高裁への異動人事が決定されました。同時に最高裁の所信が発表された。ここで平賀書簡問題に対する最高裁としての見解が初めて公表されたわけです。

これもいろいろな方面に配慮しながら述べていますので、非常に抑えた基調になっています。一部を紹介しますと、「書簡を公表したことは、先輩としての親切心から出たこととはいえ、節度を超えるもので、裁判の独立と公正について国民の疑惑を招き、まことに遺憾である」というものですが、これがポイントだと思います。それから末尾のほうでは、「継続中の事件に関し、裁判の干渉と見られるおそれのある言動はもとより、その疑いを招くような行動をすることも厳に慎まなければならない。われわれは今後とも互いにさらに厳しく諫め合い、我が国裁判所の伝統である裁判の独立と公正及びこれに対する国民の信頼の確保にいっそうの力を尽くす覚悟である」として、自分で自分の心構えにしてしまったわけですね。そういうことで、平賀書簡についての一応の決着がつけられたという経過になりました。

先ほども申しましたように、平賀さんの弁明書の中の、私信が自分の承諾を得ることなくして公表されてしまったということに対する抗議には一理あると、先輩裁判官の中には結構支持者がありました。家庭局の中でもそういう意見がありました。この点はいまだに果たしてそんなものかな、と左袒できないですね。だいたい若い時代は一途に考えても、歳をとると、言い過ぎかな、と反省することが多いですが、ここのところは平賀さんにはいまだに賛同できませんね。

――それは多分に、平賀さんのパーソナリティによるところがあるんですか。

大森　そう思います。やはり平賀さんは行政府に長くいて、民事局長まで法務省が長かったわけですね。そういう行政の体質が強くなってしまっていたのではないか。裁判所においてあるべき感覚が麻痺していたんじゃないか、ということを指摘する人もありました。たぶんそうだと思います。法務省では、局長がこうだと言えば、どんなに反対意見を持っていても、課長は従わなければいけませんからね。だから自分の意見を表明さえすればまかり通ると思っていたのじゃないですか。

――当時の家庭局の中での議論というのは、青法協会員だけというわけではなく、局長まで含めて、いろいろ皆でお話になったということですね。

大森 それは自由に言いたいことを言っていましたね。局議で集まって、必要な検討が済んで、まあビールでも飲むか、なんていうことはしばしばありました。そういう機会にはずいぶんわれわれの意見をぶつけていました。少なくとも家庭局に関する限り、局長も課長もちゃんと聞く耳を持ちました。その点では本当にいい先輩に恵まれたと思います。ほかの局には、神経質に目を三角にする人もいたようです。その点では、当時の家庭局長も課長もよかったですね。

本当にいい人だな、と思ったのは、当時の栗原平八郎課長です。最後は東京高裁長官で定年退官されました。東京高裁の前が名古屋高裁の長官で、その前が仙台高裁の長官でしたか。家庭局長から新潟地裁の所長に出まして、東京高裁に戻って、それからもう一度京都地裁の所長に出て、それから仙台高裁長官になりました。当時の外山四郎家庭局長も、名古屋地裁所長から、東京高裁の裁判長になって、その後札幌高裁長官で定年退官されました。本当に立派な先輩に恵まれたと思います。若い者の若気の至りの主張も、ちゃんと耳を傾けて聞きましたからね。そこが平賀さんと違うところです(笑)。

平賀書簡問題が収まるまでは、裁判官が青法協会員であってはならないとか、脱会すべきということは、直接表面化していませんでした。少なくともわれわれのレベルではそうでした。ところが昭和四五年四月に岸事務総長が談話を出しました。四五年度の司法修習生からの裁判官の採用に関して、裁判官不採用者三名のうち、二名が青法協会員でした。そこで最高裁に対して、思想信条で差別しているのではないかという抗議がなされました。それは放っておけないので、最高裁は裁判官会議を開いて、最高裁判所の公式見解をまとめて、それを岸事務総長が談話の形で公表したわけです。

その中ではいろいろなことを言っているわけですが、「裁判官は常に政治的に厳正中立であると国民全般から受け取られるような姿勢を堅持していることが肝要だ。裁判はその内容において公正でなければならぬばかりではなく、一般国民から公正であると信頼される姿勢が必要である。裁判官は各自深く自戒し、いずれの団体にせよ、政治的色彩を帯びる団体に加入することは慎むべきである」と、はっきり言い切りました。ここで初めて、青法協会員であるべきかどうかということが、正面から議論の対象になってしまったんですね。

最高裁がこういう公式見解を打ち出したことを受けて、待ってましたとばかりに、四月八日談話の一〇日後の一八日に、法務省が福島裁判官の忌避を申し立てました。法務省といっても、訟務ですね。被告代理人たる法務省が、「左翼青年法曹である青年法律家協会に所属している福島裁判長が、本訴訟のような国政を左右する重大な裁判に関与することは適当でない」と、裁判官の忌避を申し立てました。平賀書簡の対象となった長沼事件は仮処分事件でした。ところがその後、本訴の審理が福島裁判長のところで続いていた。たぶんこのままでは本訴も負けるであろうというおそれがあったんでしょうね。そこで忌避申し立ての理由として、青法協の会員であるということを正面から打ち出したのですね。もちろん却下にはなっていますが、そういうことがあってますます火に油が注がれました。

これを受けて、名古屋弁護士会の鈴木弁護士(どうして名古屋の弁護士なのか知りませんが)ほか一二〇〇人ぐらいの弁護士から、福島裁判官の訴追請求がなされました。これは青法協会員であることを罷免理由としていたので、ますます問題が大きくなっていきました。

そうこうしているうちに四五年一〇月になりまして、裁判官訴追委員会が、福島裁判官の訴追請求に対しては「訴追猶予」を決定したんですね。平賀さんも訴追請求されていたわけですが「不訴追」になりました。当時、それを聞いて、家庭局の局議の際などに、「そんなのは逆じゃないか。平賀さんが訴追猶予で、福島裁判官は不訴追でなければおかしいのではないか」と言ったことがあります。

それについては、矢口洪一さんが、「オーラル・ヒストリー」でそういう結論にねじれてしまった理由をちょっと書いていますね。当時、そういう事情を私は知りませんでしたが、結論だけ見ますと、われわれの年代の者はみな、逆じゃないか、と思っていた。理由がおかしいじゃないか、ということをさかんに言い合ったことがありました。

訴追猶予ということになりますと、札幌高裁が福島裁判官に追い打ちをかけるわけですね。一〇月二六日に訴追猶予の決定があって、その翌日には札幌高裁が上記決定に基づいて、口頭による注意処分を福島裁判官に告知した。そこで福島裁判官は、こんな裁判所ではやっておれんよという気分で、高裁長官に辞表を叩きつけました。ところがその際に、「処分は裁判所みずからが司法権の独立を放棄し、時の政治権力にすすんで迎合したもので納得ができない。このような体質がある裁判所にこれ以上留まっても裁判官としての職責を十分遂行できない」という捨てゼリフを声明書の形で出したのです。

それが波紋を大きくしたようです。翌一一月七日になって、今度は札幌地裁が福島裁判官に注意処分をした。その処分は、辞表を出す際の声明書の内容がよろしくない、ということでした。しかしその二日後に、辞意の撤回と声明の取り消しを所長に伝えていました。これはたぶん誰かがアドバイスしたのだと思います。こんなことをやっていたら、ついにやられるぞ、ということでしょうね。それで声明を取り消して、辞意を撤回した。

そういうことがあったので、札幌地裁は注意処分にはしたけれど、「貴官が去る一〇月二八日、退官の意を表明した際に出した声明は、司法権の独立について不当な疑いを抱かせ、それにより裁判所及び裁判官の名誉を著しく傷つけ、裁判に対する国民の信頼を損なうものであり、甚だ遺憾である。しかし貴官がその後右声明を撤回し、当会議で以上の点について自己の非を認め深く陳謝する旨表明したことを斟酌し、裁判所法八〇条により注意する」ということになりました。声明を撤回して非を認め陳謝した、だから注意処分にとどめておく、ということで、一応のケリがついたようです。

これが岸事務総長の声明を起点とする一連の波だったと思います。これは昭和四五年四月八日から始まって、福島裁判官への注意処分が一一月七日です。その間の憲法記念日の前日、四五年五月二日に石田最高裁長官が、憲法記念日にあたっての談話を出しました。この談話は毎年出すものですが、この年は「極端な軍国主義、無政府主義者、はっきりした共産主義者は、その思想は憲法上自由だが、裁判官として執務をすることには限界がありはしないか」というものでした。ここがしばしば引用されるのですが、「はっきりした共産主義者は、その思想は憲法上自由だが、裁判官として活動するには限界がありはしないか」とか、「裁判官が自分の思想と裁判を切り離すような器用なことはできないと私は思う。要するに、憲法と良心に従って裁判をするのだから、どんな思想を持とうと公正裁判ができるのだという意見には左袒し難い」というようなことを談話で述べたために、また一波乱起こった、ということだったのですね。

そこで二九名の学者グループが、石田長官の罷免訴追の請求をしました。これは小田切秀雄、井上正治、奥平康弘さん等が代表して、訴追請求をしたようです。その理由は新聞では要旨しか掲載されていないのですが、社説に引用されております。

これが直接のきっかけになって、四五年一〇月二四日には、国会の訴追委員会は、青年法律家協会会員であることを理由に罷免訴追の請求をされていた裁判官二百数十名に対して、現に会員である場合は回答を求めるという照会状を送っています。これは私のところにも来ました。

ということは、私もそれまでに罷免訴追請求されていたのですね。訴追請求がいつされたか正確な記憶がないのですが、福島裁判官の訴追請求が名古屋の鈴木弁護士ほか一二〇〇名からなされておりまして、一〇月二六日には訴追猶予と不訴追という処分がなされています。これに相前後して、同じ請求者からわれわれに対しても訴追請求がなされたのだと思います。ここのところの前後関係は曖昧です。

――正しいかどうか確信はないのですが、私が持っている資料だと、七月一二日に青法協会員の裁判官二一三名に対して訴追の申し立てが行われたという記載がございます。これが正しいかどうかはわかりません。先ほどから伺っている話と、ちょっと日付が違っておりますので。

大森　七月一二日ですか。だいたいそのあたりだと思います。要するに、「あなたは訴追請求されました」という通知があるわけではないのですね。「訴追請求されていますから、回答してください」という照会書は確かに来た記憶があります。「俺のところにも来た、お前のところにも来たか」ということを、家庭局の同期の局付の二人で話しました。「来たよ。まあしょうがないな、局長に『訴追請求を受けました、回答しろという照会状をもらいました』ということだけでも報告しておくか」といって、局長室に行ったことがあるのですね。そうしたら〔局長は〕渋い顔をしていました。

それからが問題なのです。その二百十数人が、それに対してどういう対応をすべきかということについて、いろいろな意見がありました。「国会の機関である訴追委員会から公式に照会を受けたんだから回答はすべきではないか」という意見、「まあ良識に従って処理しようか」という意見、「国会なんて、そんなもの放っておけばいい」という意見など、いろいろな意見がありました。しかし、青法協会員であることは罷免理由にはならないとみんな思っていましたし、また最高裁はともかくとして、一般にはそれを支持する意見のほうが強かったと思います。

岸事務総長の談話も、それが罷免理由だとは言っていないんですね。相当か不相当かと言えば相当でないというだけのことで、罷免理由に当たるかどうかは言っていないわけです。罷免理由にはならないじゃないか、という意見が強かったので、回答しなかった者が多かったと思います。もちろん私も同期の局付も回答をせず、そのうちに照会状はどこかに紛れてしまいました。

ただ、回答はしないけれど、事務総長談話にどう対応するかということで、これこそ人によって、また時期によって、対応が分かれました。中には、さっそく〔青法協の〕脱会届を出した人もいたと思いはます。しかし脱会届といっても、青法協はどこかの弁護士事務所が事務局をやっていたと思いますが、そこに普通郵便で発送しても届いたかどうかわからないわけですね。それを受理して名簿から削除するとか、そういう処理をしてくれるかどうかだってわからない。組織としてはいい加減なところですからね。

こういう動きを深刻に受け取った人もいました。東京在住者は官舎に住んでいる者が多いのですが、裁判官宿舎には、裁判長とか総局の課長とか、世代を異にして混住しているものですから、中には「いや、うちの主人はこういうところは脱退しました」と奥さんが先輩にご注進に及ぶような人まで出てきまして、疑心暗鬼になりかかった面もあったようです。

そこで、事務総局の局付が、だいたい時期を同じくして、結局青法協を脱会することになるんですね。ただ、局によって理由と経過が本当にまちまちに分かれました。総務局は、局長がはっきりしていまして、「これは職務命令だ」といって、脱会しろという職務命令を出したようでした。「応じなかったら局付を解く」と言ったかどうか知りませんが、要するに職務命令だという。本当に職務命令事項ですかね(笑)。

――何か違うような気がします(笑)。

大森　法律上の効果は生じなくとも、事実上の職務命令ですかね。ということで、それを理由にさっさと〔脱会届を〕出してしまった者もいる。

家庭局の三人のうち、一人は入会していませんでした。私ともう一人の同期である荒井史男君、名古屋高裁の長官で定年退官になりましたが、彼とさてどうするか、ということになりました。ちょうどわれわれは真ん中ぐらいの期でした。「脱退しなければならない理由はないと思う」と言っていたのですが、当時の栗原平八郎課長は、非常にリベラルですから、脱退したほうがいいとはひとことも言わなかったですね。それでは局長から局長室に呼ばれて説得されたかというと、そういうこともなかったです。

ただ、栗原課長の話の中で、事務総局では、総局会議を毎週水曜日にやっているのですが、「総局会議で、家庭局長が非常に苦しい立場に立っている」ということでした。そこで二人は困ってしまった。しかし刑事局では頑として頑張っているのが一人いますからね。それを残して辞めるわけにもいかんなということで、彼も説得しようかといって、二人でその彼を説得したのですが、若いせいもあるのでしょうが、頑として聞き容れませんでした。結局彼を残して、われわれ二人は、局長にそこまで迷惑をかけたらいかんな、ということで脱会届を出したのです。

それも普通郵便で手紙で出しますと、着いたか着かないかもわからないわけですね。だから、「郵便を出すのなら、配達証明が付くような形でやっておけよ」という助言があり、配達証明付で出しました。そうしたらそれをあとで、「配達証明付で出したやつがいる」と揶揄されたことがありました。そういうことで、局付会員の問題は終わりました。

飯守問題というのは付録みたいなものですね。あの人は前から極端な右翼だったのですね。たしか田中耕太郎さんの弟だったと記憶します。

――実弟です。

大森　それが昭和四五年一二月二二日に、鹿児島管内の裁判官一五人のうち九名が青法協会員だったようですが、そこに質問状を郵送した。内容もふるっていて、「最近の裁判の偏向、裁判官の政治的中立などの問題につき、国民の関心が高まっているので、左記の事項につきご回答の意思があらば、四六年一月二〇日までに回答されたい」という前書きで、「青法協加入の是非、そのほかに全司法の革命的体質について、現行憲法上の天皇制度と修正資本主義制度の是非、憲法論としての階級闘争をどう考えるか、この四点について伺いたい」という公開質問状を発送した、という経緯なんですね。

これは当時私のほうには波が来なかったのですが、狂信的な裁判官がいるものだな、ということを局内でしょっちゅう話題にしました。「まあ、あの人ならやりそうだな」というのが、当時の先輩クラスの人の感想でしたね。

ところが一人、私の友人で影響を受けた者がいました。同期の稲葉威雄《たけお》君で、京都大学の同期でもあるのですが、彼がたまたま鹿児島地裁にいて、この公開質問状を受けました。それがその後の彼の人生に有形無形の影響があったのだと思います。彼もそんなものは握りつぶして、回答はもちろんしなかった。「回答に及ばず」という最高裁の指示もありました。

この質問状のその後の経緯は、一二月二二日付で質問がなされ、二四日に石田最高裁長官から川井立夫福岡高裁長官に対して指示がなされました。指示の内容は、「公開質問状の形式で回答を求めることは明らかに地裁所長としての職務の範囲を逸脱した行為である。貴官〔高裁長官〕は同所長に対し、公開質問状を撤回するよう伝達されたい。また質問を受けた裁判官にも、質問に応じる限りではないことを伝達されたい」というもので、石田最高裁長官がはっきり指示しました。同時に、所長を東京高裁に転任させる決議を最高裁裁判官会議でしたわけです。〔飯守氏は〕頑としてそれを拒否したので、とりあえず所長の任だけを解いて、鹿児島地方裁判所の一判事という身分に陥らしめたという突発事件が起こりました。その後、〔飯守氏は〕辞表を出して依願退職したということでした。

ですから私の同期が一人影響を受けましたが、われわれは、とんでもない先輩がいるものだな、というぐらいの茶飲み話で終わってしまったのです。こういうことまでしないにしても、こういう考え方の人は、裁判所の古い人には結構いましたね。それはそれで終わって、その次に宮本康昭判事補の再任拒否という山場に移っていくことになります。

宮本判事補再任拒否

――当時は青法協の中でも、裁判官は裁判官という地位に応じて、他の会員とはやや違う立場に立つべきではないかというご意見もあったようですが、そのあたりについては検討されたのでしょうか。

大森　はい、その件は、裁判官たる青法協会員に対する風当たりが強くなり出した際に問題になりました。実態以上に強い非難を受ける理由の一つは、弁護士とか学者会員の行動に対する批判に由来するところが多いのですね。弁護士・学者会員と裁判官会員とのあいだには、かなり大きな立場の差があって、許される行動形態も違うのだから、青法協の裁判官部会を独立させ、建前として別個の行動をすることにしよう、という動きがありました。

それでわれわれも東京家裁で集会をやったことがありました。そこで、裁判官部会を独立させることにした経緯があります。ただ、裁判官部会としては、そんなに機能しませんでしたね。誰がリーダーシップをとるか、そもそも部会の長たる者を置くか置かないのかということは一切詰めずに、ただ裁判官部会を別にしよう、ということを決めたにとどまったのです。結局それでは事態の進展を食い止めることはできませんでした。

——大森さんは、裁判官の中の会員としてはおそらく早い時期に退会されたと思うんですが、そのときの率直なご印象は、いまから振り返ってどういうものでしたか。

大森　具体的な裁判において、青法協会員であることが、裁判の内容に実質的な影響を与えるという局面はほとんどなかったですね。そのために、青法協会員としての活動は、裁判実務をやっている際にだんだん希薄になっていきました。私は、事務総局から岡山地裁に出たわけですが、岡山地裁に出てからは、青法協の組織的な活動との接点がほとんどなくなりました。それは岡山が組織的にしっかりしていなかった地であるということもあるかもしれません。

ですから、退会により組織を離れて、自分の頭と胸の中でどれだけ自主的に生き続けているのかというところだと思いますね。それは生き続けていたか、生き続けなかったのか。私が裁判所を離れるまでの時期に限定すると、一三期の再任時は宮本さんと面識があったわけではないですが、その翌年の一四期の再任問題というのはまさにわれわれの問題でした。私自身の再任の当否が問題になるということは全然予想しませんでしたが、同期のうち三人が問題になりました。A判事補、K判事補、I判事補、そのうちの二人は、青法協活動その他を通じて非常に親しかった者です。A、I両氏の再任の当否が問題となり、万が一にもそれが現実化したときには自分はどうするかということを本当に真剣に考えた時期があります。

実はこの〔切り抜き等のファイル〕一式の中から、汚い字で殴り書きをした原稿が出てきました。これは岡山地裁の判決起案用紙ですが、この内容は何かといったら、われわれ一四期の再任候補者名簿を最高裁の裁判官会議で議決する時期の直前に、ある新聞の記者から電話があり、「もうすぐ決まりそうだ、決まったらその結果を知らせるから、所感を聞きたい」というアプローチがありました。それも逃げるわけにはいかないので、結果次第で、どういう対応をするか考えました。法廷で、合議体の右陪席の時には、他事考慮ぐらいの余裕はある。訴訟指揮は裁判長がやっていますからね。そこで、「I氏が不再任の場合」「二人とも不再任の場合」について、どうするのかということを殴り書きしたのがこのメモです。

ところが、結果として、K氏は本人が再任を辞退しまして、あとの二人は全然問題にされることなく再任決定を受けたので、これが陽の目を見ることはありませんでした。その後は、大阪地裁を経て法務省に出向したものですから、裁判所における青法協問題からは遠ざかってしまいました。

——いま若干話が出ましたように、宮本判事補を判事にしないという決定が下されることになるのですが、そのあたりについてお話を聞かせていただけるでしょうか。

大森 私の個人ベースの体験によれば、一三期の宮本さんが再任を拒否されるということは、私にとって突然降って湧いたような出来事だったのです。ただその伏線はあったのですね。昭和四六年一月に入って、二二日及び二六日に、最高裁で司法行政事務協議会という通例ではない協議会が開かれました。その出席者も、最高裁から一本釣りで指名されて会を構成したという非常に異例な協議会でした。これはまさにそのときの異常な司法界をどう考えるべきかということを協議するための会議でした。その当時、これが家庭局内で話題になった記憶もあります。

そこでは、「先輩裁判官の後輩裁判官に対する心構えについて」とかいう漠然としたテーマで自由討議が行われたようです。当然のことながら裁判官の青法協加入の是非論に議論が集中したようです。これは東京新聞の切り抜きからの抜粋ですが、事務総局側は、「青法協の中に裁判官部会が弁護士学者部会と分離独立したが、青法協という大きな傘の中に入っていることは事実だ」という説明があった。裁判官は青法協を脱会すべきだとする意見が、二二日の会議よりも、二六日にはさらにはっきりと打ち出された。そしてまた、一三期裁判官の再任にからめて、再任の際、問題になることも考えられるから早く脱会すべきだという強い議論もあった。こういう動きがあったのですね。

これがあとから思えば再任拒否の伏線だったわけですね。それに対して青法協の弁護士学者部会が臨時常任委員会を開いて声明を出した。「司法行政事務協議会は秘密のうちに非民主的な方法で招集した青法協対策会議にほかならない。最高裁は憲法を擁護する裁判官の再任・新任を拒否し、良心的裁判官を選別排除することを意図している。再任拒否を阻止する運動を繰り広げる方針である」という声明が新聞で報じられていました。

こういう一連の動きの帰結として、三月に最高裁によって、宮本判事補のみについて判事任命候補者名簿への不登載が議決される、という経過だったと思います。

それがその翌年のわれわれの再任の時期につながっていくことになります。われわれの再任の時期までの経過を含めて、宮本さんが何故再任を拒否されたのか、なるほど真相はそうか、ということをわからせる情報にはまだ一度も接したことがありません。何が理由だったのか、いまだに私はよくわからない。巷ではいろいろ言われていますよ、彼は隠れ党員だったとか、いろいろ言われていますが、最高裁の矢口さんは頑として口を開きませんから、一体何が原因だったのか、あの人の実態は一体何なのか、本当にわからないのです。ところが宮本さんは、虎ノ門に弁護士事務所がありますから、ときどき出会いますし、「元気ですか」というぐらいの挨拶は交わします。

われわれの再任の時には、矢口人事局長と懇談会を開きました。矢口人事局長は、要するに、「最高裁を信頼しろ。そんな無茶なことはやっていない」と言うのですが、その言のみでは信じられない。納得するためには、ノーティス・アンド・ヒアリングだ。私の同期の、飯守さんの質問状を受けた稲葉君なんかは、「あなたの言うことを信じろ、信じろと言うけれど、それはヒトラーと同じことを言っているじゃないか。まさにあなたはヒトラーだ」という言葉をぶつけていました。それぐらいつるし上げました。そのつるし上げ方も、同期のほかの者からはいろいろ陰口をたたかれました。「あの連中は、自分は大丈夫だと思っているから、あんな大きいことを言っているのだ」と言われたこともあります。

何が原因か。そういう場合は駄目な場合がある、ということぐらいは知らせたほうがいいのではないかと思います。

――「再任は権利じゃないのだから」という一本で答えていますね。いまのつるし上げという懇談会のお話は、一九七二年に入ってからのお話ですか。

大森　ええ、われわれ一四期のときの話ですね。

――その一年前に宮本さんの事件が起こったわけですね。

大森　一三期でそういう問題が起こったから、一四期でも起こりかねない、だから傾向と対策を講じたわけです。

――一年かけてずっとやっていたわけですね。

大森　そうそう、同期の弁護士もずいぶん心配をして、「裁判官の再任拒否に反対する一四期の会」とか「考える会」とかいろいろなものをつくってやっていましたけれどね。

――最後に一つお伺いしたいんですが、青法協に入らないというのは、日本国憲法の精神を持っていない、法律家としての意識に欠けたようなところがある、ということで、みんな入っていたというお話があったと思います。他方、飯守さんのお話が出てきたときに、「古い人」という表現をされていたと思います。古い人という感覚は、どこからどういう形で出てくるのでしょうか。逆に、栗原さんのようなタイプの方もいらっしゃったわけですね。

大森　結局、戦後に教育を受けたものと戦前派の違い、というぐらいの感じなのかもしれません。もちろん、戦前派でも、大阪高裁に集まっていた青木英五郎さんとか網田覚一さんとか児島武雄さんとか、そのあたりの人は非常に骨があった。日本国憲法下で育ったというところで、戦前派と戦後の一つの分水嶺があるでしょう。戦後派の中にも二種類あって、体制迎合派もいる。体制迎合に至らないけれど、損得勘定で世を処して行く人が学生時代からいて、それが一番情けない存在だな、と当時から思っていました。しかし、そのときに置かれたいろいろな経済的・社会的な背景その他があって、そういう自己防衛をしなければならなかった事情もあったのでしょうね。卒業したら直ちに就職しなければ家庭が成り立たないとか、いろいろな事情が個人的にはあるわけですから、一概にマイナス評価をするわけにもいかないでしょうね。

——戦前からおられた方でも、それなりの方で、われわれの感覚に合っているという方もおられるんですね。

大森 それはおられましたね。

——そういう方の中で印象深い方はおられますか。

大森 その一例が、まさに家庭局で仕事を共にした中では、栗原さんですね。あの人は父親が三高の柔道の師範だったようですが、吉田神社の鳥居の二筋ほど南に実家がありました。若い時代には海軍兵学校に入られたようです。平八郎という名前は東郷平八郎からとったとのことです。親がそういう名前をつけて、まさに海軍兵学校に入ったという。それで二年ぐらいで終戦を迎えた。そのときに、ある一つのきっかけで、目から鱗がポロッと剝がれ落ちたようなことがあったらしい。それまでは毎日朝、吉田山に上がって、東の方に向かって最敬礼していたとのことです。ところが、ある事柄(正確には忘れたけれど)があって、途端にそれをやることが馬鹿馬鹿しくなったという話を伺ったことがありました。

私が接したときには、リベラルそのものの考え方でしたね。ああいう立派な人も先輩にいるのだなというのが、私の接した限りでの印象ですけれどね。話されることも、若いわれわれの世代と全然差がない。期としては六期で、私の一四期との間で、八年ぐらいの差があるのです。

第四章　一四期再任問題を越えて

司法修習一四期判事補の再任問題

――昭和四六(一九七一)年から四七年にかけて司法修習一四期判事補の再任問題が生じました。「裁判官の再任拒否に反対する一四期の会」や「考える会」というものが結成されて、そこでいろいろ検討が行われたという話を伺いました。その経過についてお話しいただければありがたいと思います。

大森　われわれの期の再任時期は、昭和四七年四月六日か七日だったと思います。それが一つの区切りであって、その前の六カ月ぐらいが問題の時期だったわけです。当時の裁判官の研修のシステムとして、判事補一〇年研修、判事直前研修が東京の司法研修所で行われました。時期的には四六年の秋頃ではなかったかと思います。当然のことながら、その場でもいろいろな機会で再任問題が話し合われ、意見交換の懇談会が開催されました。

私は、すでに事務総局にいるあいだに青法協会員たることを辞めていますから、岡山へ転出してからは、青法協の裁判官会員の動きに直接には関与していません。まず全国ベースで「裁判官の再任拒否に反対する一四期の会」という会が組織されました。司法研修所の各クラスの代表者が、弁護士からそれぞれ一人ずつ決められ、それが世話人となってアンケート調査をした。これが四六年一二月二九日です。それをまとめた結果報告もあります。

そして四七年一月に「一四期弁護士と裁判官の懇談会」を名古屋で開くということで、一四期の全国の裁判官にも呼びかけがあり、私宛てにも出席されたい旨の通知がありました。このときは、たぶん裁判官は誰もその懇談会自体には出なかったはずです。

私も、名古屋までは行きました。しかし、同じように来ていた者が、「懇談会では、弁護士としての立場からの活動姿勢、反対姿勢を打ち出しそうだ。そして記者会見も予定しているらしい」ということで、われわれはあまり出たくないとして、喫茶店だったかホテルのロビーだったか正確には覚えていませんが、要するに、別のところで一四期の同期裁判官だけで意見交換をした記憶があります。

その懇談会のとりまとめとして、「一四期名古屋ニュース」というものに声明書が掲げられています。昭和四七年一月一五日付けで、「裁判官の再任拒否に反対する一四期の会」という名義です。これは、「本日、名古屋において全国一四期弁護士の会を開いた」ということで、「私たちは一層団結を固め、日弁連下の弁護士やその他諸団体に対する働きかけを進めるとともに、広く国民各層にもこの問題の重要性を訴え、今春に向け、再任拒否反対の運動を強力に推進する決意をここに表明するものである」との声明を出しています。

なぜ名古屋が中心になったのか。一四期に判事補として採用されたのは確か七六名だったと思いますが、一〇年経って、一〇名ぐらい減っていたと思います。そのなかで、再任拒否されるとしたら、いったい誰が候補者なのかという問題がありました。それが、当時全部、名古屋高裁管内に集まっていました。

それは単なる偶然の一致ではなかったようです。当時の名古屋高裁長官・内藤頼博さんは、非常に包容力が大きな人で、どうも内藤さんが引き受けたという面もあるようなことを当時聞きました。

――内藤さんというのはお殿様ですね。

大森　内藤新宿、新宿御苑、信州高遠藩の殿様の末裔です。本当に顔も殿様然としていました。「リベラル」という言葉がぴったりしているかどうかわかりませんが、鹿児島地家裁所長として問題を起こした飯守重任さんとは正反対の人ですね。そういうことで、名古屋の弁護士会は非常に強い関心を持って、名古屋弁護士会を中心としてこういう会が組織されたということだったと思います。

私は、再任拒否される謂れは一切ないわけですから、自分自身は再任問題、再任拒否を脅威として感じたことはありません。そのへんのところを、斜めに見ていた者もいました。

だから、同期の中でもある程度の疑心暗鬼があって、いろいろな立場の者がいたのです。もちろん、青法協会員であるべきではないという確信犯として当初から入らなかった人もいるし、途中で脱会した者もいるし、局付判事補のような経過を経て脱会した者もいる。いろいろいるわけですね。このような経過をたどって、最後に絞られたのが前回お話した三名でした。

――内藤さんというのはどういう方でしたか。先生ともしご関係ややり取り等がありましたら、少しお教えいただきたいと思います。というのは、私の研究室にも内藤さんがまとめた『終戦後の司法制度改革の経過』という本があるんです（副題「事務当局者の立場から」司法研修所、一九五九〜一九七一）。

大森　私は個人的に内藤さんと縁が深かったわけではありません。ただ、内藤さんは戦後の家庭裁判所制度に思い入れがある人で、私が家庭局局付であったときの東京家裁所長でした。家庭局と東京家裁というのは非常に連絡の密なる関係にあるので、家庭裁判所に関係がある問題について内藤さんの意見がどうかということは、家庭局としても非常に関心が高い。そういうことで、内藤さんは非常に近しい存在だったということですね。

裁判所の幹部として有力者であったことは間違いないですね。殿様の末裔だということからも尊敬されていました。あの当時、内藤さんは東京家裁所長から名古屋高裁の長官に出られ、最高裁判事として戻られるんだろうとみんな思っていました。ところが、結局戻らずじまいで、高裁長官で定年退官された。それは内藤さんとしても不本意だろうな、なんて陰では言っていました。

内藤さんと青法協問題で接点のある事柄がありました。全国の高裁長官と地家裁所長が一堂に東京に集まる機会として、六月には全国の長官・所長会同というものがあり、それから一月、いまでも一月だと思いますが、主として人事を主題にして高裁長官の「事務打ち合わせ」と称して最高裁に集まる例でした。これ以外に、裁判官は青法協会員であるべきかどうかということをテーマに議論をした会合があり、順次、各高裁長官や地家所長が意見を述べたようです。当時は森山欽司代議士をはじめとする自民党国会議員が裁判官の青法協加入を弾劾する声を出していた中で、内藤長官は、「一般的には裁判官は青法協の会員であるべきではないと思うが、政治の声を受ける形で、そういう見解を最高裁が打ち出すということは、裁判所の立場としてはよろしくない。いまはその時期ではない」ということを述べられた。その発言を契機に、各長官・所長の意見がガラッと変わった、ということを聞いたことがあります。

それは、まさに青法協問題が燃えさかっていた時期でした。内藤さんは、そういう点で、「リベラル」という言葉が適切かどうかわかりませんが、非常に中庸を得た人でした。

——内藤さんは確か退官後、多摩美術大学の学長になられていますね。かなり長いあいだやられて、「多摩美中興の祖」と言われているようです。

大森　学習院の院長もなされていたような記憶がありますね。

――なさいましたね。だから辞められたあと、大学関係でけっこう活躍されたのです。

大森　当時、私は駆け出し一〇年に満たない若造でした。内藤さんには、家庭局から岡山に転出する際に、東京家裁の所長室に挨拶に伺ったことがあります。その時に近くで接して話を聞くと、品格を感じましたね。

岡山地裁への転任

――次に昭和四六（一九七一）年四月、岡山に移られて判事になられるわけですが、まず岡山での職務内容にどういうものがあったのか、また、いよいよ判事補から判事になられるわけですが、その際に実際の職務のあり方としてどういう変化が出てくるのか、そういうお話をお聞かせください。

大森　裁判官の転任は、身分保障をされている反面として、一応任地の希望を聞いてくれる慣行になっています。家庭局三年というのは任期のように予定されていましたから、その前の年には、転任先の希望を出します。任地希望には、第一希望、第二希望、第三希望と希望地を三つ書くことになっていました。岡山は第三希望地でした。第一希望が高松、第二希望が松山、第三希望は岡山と書きました。要するに、私は郷里が神戸であることもあり、一度は瀬戸内沿岸の裁判所に勤務してみたいという希望を抱いていたものですから、代表的な都市として高松が一番住みやすそうだ。その次は『坊っちゃん』の土地である松山だ、それから岡山も神戸の隣だ、ということでそのように出しました。そうしたら岡山に行け、という内示がありました。私は非常に喜んだのです。

それで、総局内の親しい課長に挨拶がてら、「岡山に行くことになりました」と報告しますと、「お前は岡山みたいなところを希望したのか」と言うのです。それでびっくりしましたら、「岡山というのは非常に事件が難しいところで、決して東京から行って住みよいところではない。それに忙しい。忙しくて難しくて、民度が高い反面、接しにくいところだ。よくそんなところを希望したな」と言われましたが、後の祭りだったわけです。

赴任してなるほどと思いましたのは、岡山弁護士会から非常に身構えられたということです。よりによって事務総局から青法協を逃げ出した男が来た、ということだったのだろうと思います。

それからもう一つ、弁護士会としては、司法行政に関与している者、司法官僚といいますか、それに対する反感が結構あるわけですね。当然、三年間は現実の裁判はやっていないわけです。ところが岡山に行くと、翌日から法廷に立つわけですから、事件の処理をしなければならない。「お前は現場をやったことがないだろう、現場の経験が非常に乏しいだろう」という無言の意識もあったわけです。だから、初めの六カ月から一年ぐらいは、あまり住み心地のいい土地ではなかったですね。

ただ、そういう雰囲気は徐々に解消しました。四年経って岡山を出るときには、非常にいい思い出をたくさん残して去ることができました。そのように、徐々にそのような反感情が解消していった一つの原因は、地方にいる長老弁護士との交流です。弁護士には歳だけとって、どうにもしょうがない人と、傾聴に値することを言われる長老弁護士と二種類あるわけですが、傾聴に値することを言われる長老弁護士の人たちとの交流を通じて、だんだんそういう違和感が解消していったということがあります。一人は海釣り仲間であり、一人はまさに共産党の古強者弁護士でしたが、その人の刑事裁判の弁論は、耳を傾けて聞くのが楽しみだと言えるほどでした。

それからもう一つの特筆すべき事情は、当時は忙しかった。事件がものすごく多いのですね。私は着任した時から刑事部に入りました。民事部を希望していたのですが、民事部は空きがないということで、刑事合議事件の右陪席と単独事件を担当することになりました。刑事の担当事件は、当時単独事件が三〇〇件余りありました。証人尋問期日は、だいたい二カ月ないし三カ月後しか空いていない。当時は土曜日もやっていましたから週三開廷で、そのうち合議が一開廷、単独が二開廷という混合部の形でやっていました。

しかも、当時、家庭局の先輩が民事部の裁判長として在任し、「民事をやりたい」ということをその人に伝えていたら向こうは渡りに船と、「民事もやりたいのなら、民事事件を一開廷手伝ってくれ」ということで、やらされました。それを一年間やったのですね。さすがに音を上げて、二年目には返上しましたが、それほど忙しかった。

もう一つ、刑事事件では学園紛争の後始末がありました。全国で初めて学園紛争に関連して警察官が死亡したのは、岡山大学事件といわれるものです。投石が若い巡査の頭に当たり、死亡した事件がありました。誰が投石したかわからないのですが、その際に石を投げていた一団のものが一網打尽にされて、傷害致死の共謀共同正犯として起訴されたわけです。それを代表事件として、学園紛争の後始末が刑事事件の半分ぐらいのウェイトを占めていたと思います。

ちょうど田中角栄内閣の列島改造の最盛期で、最後の頃はオイルショックでした。でも当時は若かったから、せっせと一所懸命仕事をして、ピーク時三〇〇件のところを、出るときには六〇件ぐらいに戻し、後の人に引き継いで、大阪に去りました。

そのような多忙下でも岡山は海釣りのメッカで、オリーブ園で有名な牛窓などに、土曜日か日曜日にはしょっちゅう海釣りに行っていました。忙しいから遊べないというものではない。若い時代は苦痛ではなかったですね。

――岡山時代は、まさにおっしゃるように田中角栄の列島改造が進み、やがてオイルショックになりますね。このときには何かご感想がございますか。

大森　岡山でも、例に漏れずトイレットペーパーがスーパーから姿を消し、砂糖も姿を消しました。日常生活では典型的なそういう現象がありましたね。それからガソリンがなかなか入手できませんでした。特に年末年始、車で帰郷しますね。普通はガソリンスタンドがありますから、給油に心配はありませんが、当時は、それができるかどうか非常に不安だったのです。というのは、スタンドでは一〇リットルしか入れてくれないからです。給油のために並ばなければならず、すぐに給油できない状態がありました。長距離帰郷をする車は、ポリタンクにガソリンを詰めて、トランクに入れて帰ったわけです。警察は検問をして、トランクを開けさせて、あまりに大量のガソリンを積んでいるものは、それを出させていました。そういうことすら起こっていました。

ガソリン不足で車の走行距離が落ちました。そのために裁判所にとって幸いだったことは、これは国民にとっても幸いだったのでしょうが、交通事故死が激減したことです。当時で事故死者数が年間一万人以下になりました。そのために、裁判所の業過致死傷事件の起訴事件もガタッと減って、刑事部が一息つける一つの原因になりました。

東京地裁の刑事交通部はその恩恵を最も受けたのです。一番ひどいときには、一件三〇分で処理しないことには追いつかないというぐらいの状態だったのが、新受事件が減ったために、やっとまともな審理ができるようになった。ところがオイルショックの影響がなくなると、また死亡者数が年間一万人をずっと超えましたね。最近、安全対策のかいあって順調に減ってきて、七〇〇〇人を切りました。

——岡山の話は、ほかにございますか。

大森　岡山時代は忙しかったということのほかに、非常に思い出に残る事件が何件かありました。伊丹仁朗という青医連の医師、共産党よりもっと左の新左翼の医師がいました。事件自体は大したものではありません。ちょうど私が行ったときが起訴された直後で、暴力行為等処罰に関する法律違反事件なんですが、一年間、法廷闘争で空転させられました。

司法官僚がやってきたということで、まず公判期日には裁判所構内で支援者と一緒にデモをやるわけです。そして法廷へそのまま流れ込んでくるのです。まず「どのような基本的な考え方で審理に当たろうとしているか、自己紹介と基本的考え方を述べよ」と要求しました。私はあとで批判を受けたのですが、当時は自分の考え方ぐらい話してやってもいい、それでわかったと言えばかえって審理は円滑に行くだろう、というぐらいの気持ちで、基本的な考え方を話したのです。そうしたら、「わかった」ということにはならないのですね。また抗議が始まり、発言禁止命令にも応じない。退廷命令を出す。退廷しない。そこで監置処分を二回しました。

そのうちに、「お前の身上からすると不公正な裁判をするおそれがある」ということで、忌

裁判官時代

避申し立てを受ける。訴訟遅延を目的とするものだから簡易却下したら抗議を繰り返す。そこで、監置するなり、退廷命令のうえ警察官を導入して追い出して閉廷、ということを一年間繰り返しました。

当時はまだ若かったので、こちらが聞く耳を持つという態度さえ表わせば、相手は理解してくれるはずだと思っていました。甘かったのですね。こちらが一歩譲歩すると、向こうはさらなる譲歩を求めてくる。一切譲歩せずに強行した裁判官は、すぐに審理が軌道に乗るようです。ということで、一年間本当に審理を空転させられました。私はハト派であるべきだと思ったのですが、彼らにはハト派的な対応は通じないということを、一年かけてやっと悟りました。その後三年間かけて、岡山を去る直前に判決をして、大阪地裁へ転出しました。

ただ、その医師は、患者にとっては本当にいい先生らしいですね。あまりに激しいものだから、共産党系の病院からも解雇されて、ほかに移るのですが、患者まで全部ついてきたという医師でした。それから、後日、東京に戻ってから新聞で見たのですが、ガン患者に生き甲斐を持たせるために、引率してモンブラン登山をした、そのリーダーが伊丹医師でした。権力に対しては目の色を変えて反抗するのですが、人はそれだけじゃないということを感じました。

この事件の過程で派生事件が四件あります。本体の判決はわずか一二ページの紙数ですが、そのほかに忌避申し立て、監置、そして必ず不服申し立てがなされます。だから非常に思い出に残る事件の一つでした。

それから、倉敷には大原美術館があります。私が行く直前に、大原美術館の名画盗難事件がありました。まさに怪盗ルパンのような者が忍び込んで、名画を五点ほど盗み出したことがありました。それがたまたま、私が岡山へ行く直前に捕まりまして、窃盗本犯が二人と、それを教唆した黒幕が一人、名画を買い受けた故買者一人という四人が共同被告人として起訴され、誰が首謀者であるかをめぐり、かなり時間をかけて審理しました。本当に一巻のドラマのような事件でした。地方で仕事をしていると、その地方、地方の特色のある事件に出合うことがあり得るという典型例だと思います。

――最初のお医者さんの荒れる法廷ですが、向こうがいろいろやって駆け引きをするわけですね。大森さんとしては、毎回毎回、次にどういう対応をするかということは、ご自身でお考えになるんですか、それとも、こうしたほうがいいじゃないかという示唆を求めるとか、どうなんでしょう。荒れる法廷という事態は、あのときずいぶんありましたね。

大森　あの事件は始めから終わりまで単独でやりました。そうなると裁判官独立の原則に立脚し、自分で判断をし、対応しなければなりません。法廷における指揮のあり方について、同僚あるいは先輩に相談したことはあまりなかったですね。

東京地裁での一連の同種の事件に対する対応の仕方を、東京で垣間見ていまして、刑事裁判というのはああいうことではいけないのではないか、という批判的な気持ちも持っていました。話せばわかる、と言えば格好いいですが、予断偏見を持たずに誠実に対応すれば、彼らはわかって信頼してくれるはずだと私は思っていたのですね。ところが、一種の階級闘争みたいなものですから、そんなことでは到底理解が得られるはずがないということが、一年後にやっとわかりました。

一年間単独事件での法廷警備事件ですからね。しかも、こういう特定事件については、法廷警備あるいは庁舎警備の顛末は、最高裁まで報告が行っているようでした。だから一年間空転ばかりして、第一回公判にも入れないということは、最高裁事務総局も知っていたようですね。裁判官会合等で最高裁に行きますと、「お前、何をしているのだ」とか、「聞いているよ」と言われたこともありますし、極めて評判が悪かったらしい。
平賀書簡事件とは次元が異なりますが、当時の岡山地裁所長は、平賀さんの例もあるから、一切、批判的なことは言ってこなかったですね。もっと強硬にやれとか、そんなことは一切言いませんでしたが、自分の考え方でやれるというのが、裁判所のいいところなのですね。平賀書簡事件においてもあんな書簡をぶつけられたって、裁判官の独立は結果として害されることはないわけですね。裁判官の信念がしっかりしていればの話ですが。

——こういうことをやっておられて、身の危険を感じられることはなかったですか。襲われた判事もおられましたね。

大森　あれは、もう一段事態が悪化した段階の問題ですね。当時の学園紛争の後始末的な段階では、そこまで身の危険を現実に感じたことはなかったですね。ただ、岡山も盛り場は小さなところですから、食事に行きますと、その周辺でパッタリと伊丹仁朗の共同被告人に出会うことがありました。その次の法廷の冒頭で、「お前はやっぱりブルジョアだ。このあいだレストランに行ってご馳走を食べていただろう」と言われたことがあります(笑)。
それから監置一〇日にした後、倉敷の駅前で、抗議ビラをまかれたことがあります。しかし、身に危険が及ぶということはなかったですね。

大阪地裁と大型自動車死角問題

——それでは、昭和五〇(一九七五)年四月、岡山からいよいよ大阪地裁へと移られます。これは任地希望の通りになったということでしょうか。

大森　当時は大都市から地方に行って、また大都市に戻る。A、Bと、都会と田舎、あるいは本庁と支部と分けますと、AからBに行くとAに戻す。私は東京から岡山に行きましたので、普通なら東京に戻してもらってもおかしくなかったのですね。私は東京地裁へという希望は出したのです。ただ第二希望は大阪としました。大阪でもいやではなかったし、大阪というのも若い時代からの一つの希望地でした。そうしたら、当時の所長は、「最高裁は渋っている」とかなんとか言っていました。それで蓋を開けてみたら、大阪地裁へ行けということでした。神戸には両親もいましたから、大阪なら特にいやだという感じはしませんでした。

――最高裁が、というのは先ほどの問題等があったからですか。

大森　それは知りませんが、たぶんそうでしょう。最高裁の事務総局から出て、地方に行く、例えば札幌など北海道に行くと、自動的に必ず東京に戻す例でした。私は岡山という中途半端なところに出たから、そうはならなかった面もあるのでしょう。それとともに、かなり青法協脱退について躊躇・抵抗したから、という面もあるかもしれませんね。それは過去のエピソードみたいなものですからね。大阪については、そんなにがっかりしたとか、行くのがいや、ということはなかったですね。

――事務総局を出て（地方に行って）、普通はいったん東京に帰ってくるというのは、いまでもそうですか。

大森　そうだと思います。最近の現役の人との面識はほとんどなくなりましたが。

――先生の感覚としては、東京地裁へ行かなかったのはちょっと異例だなという感覚はおありだったんでしょうか。

大森　異例というほどでもなかったでしょう。大阪へ入りたいという希望の人もずいぶんいるわけですからね。そういうことを希望している人からは、「よかったですね」という挨拶を受けたこともあるぐらいですからね。そう悪いということは、客観的にもなかったと思います。

――それでは、大阪地裁における職務内容についてはいかがでしょうか。

大森　岡山では、初めはちょっと民事事件を手伝いましたが、刑事部で四年過ごしました。この年代になると、民事をもう一度やりたいなという気持ちは少し薄れた面もありましたが、それをやれる最後の機会でもあるから、民事事件を希望した面もあります。大阪あたりの大きな裁判所では、専門部がいろいろあるわけですね。民事は専門が多岐に分かれているわけです。ところが、刑事交通専門部に入れ、ということでした。一般事件部よりも専門部のほうが、やはりやり甲斐があります。刑事の専門部は、財政経済、それからこの交通で、令状部は願い下げです。刑事交通事件をやれということですから、ああそうですか、ということになりました。

交通事件というのは、法廷合議事件はほとんどなく、単独専門部で、週に三開廷、単独事件を専ら担当したということです。

ここで、昭和四一年、秋田地家裁の大曲支部時代に、将来を見越して運転免許を取ったということが非常に役立ったと思います。刑事交通専門部では、運転経験がすでに一〇年ぐらいになるわけですね。その運転経験が事件処理に非常に役立ちました。処理する方も楽で、苦労がないし、客観的にも適正な判断ができたと思います。運転経験がなくて、頭の中だけで業務上過失というのはこういうことで、現実の事故に即して過失要件に当たるのか当たらないのかと観念的に判断するほど、不確かで危険なことはないと思います。こういうことは運転経験があれば、直感的に判断ができますからね。

一週間三開廷で、普通の業過事件だと三〇分から一時間ですから、一日に午前中に二〜三件、午後三〜四件、期日を入れるわけですね。だいたい一カ月に五〇件ぐらい新受事件が配点されました。民事のように取り下げとか和解で終結することはないでしょう。みんな判決で処理しなければいけない。だから五〇件というのはなかなかしんどいですが、そんなに忙しくて苦労したという記憶はないですね。

――そういう経験が、「自動車の死角と業務上過失責任」という論文に結びつくわけですね。

大森　大型自動車の死角の問題は、岡山時代に死角が問題になった事件を二件ほど担当処理したことがあったからです。そのときに、自動車の死角と業過責任との関係について、ずいぶん考えさせられたところがありました。それが大阪時代にも非常に役立ちました。少し資料をまとめて、勉強してみようととりかかって、それが『判例時報』で活字になったのは法務省民事局に出向してからです。

それまでも、死角に関する断片的な研究は、ないことはなかったのですが、ああいうふうに死角に関するあらゆる問題を網羅的に整理したのは初めてで、実務に非常に役立っているはずであるという自負があります。現に東京高裁の裁判官も、「非常に役立った」というようなことを言ってくれました。少なくとも死角問題については指導的文献である、と自負しています。もう一つ派生的産物として、このごろ大型車のドアの下部にガラスがはめてあるでしょう。

――下の方ですか。

大森　ええ。こういう一連の死角問題が社会問題化して、遺族の会ができました。そこから車体のメーカーに働きかけて、ああいうふうにガラスがはめられるという結果になった。私が法務省に出向してから、ある日交通事故の被害者の遺族の方から電話がかかってきたことがありました。

それから、もう一つの刑事交通事件の研究は量刑です。「業務上過失致死傷事件の量刑について」です。大阪にはさすがにいろいろな裁判官がいるために、刑事事件研究会がもたれていまして、その研究会に発表したものです。判例タイムズがその研究会の財政支援をしていたという関係で、これは『判例タイムズ』上で公表されました。

それまでも、業務上過失致死傷の量刑については、いろいろな研究がありました。被害者との間で示談ができていると、それがどのように量刑に作用するかというような、それぞれの量刑因子ごとの研究でした。私は、もっと総合的な量刑予測のモデルが作れないかということを考えまして、だいたい過失の態様・大きさ、無免許・スピード違反・酒酔いが伴うかどうか、被害の結果について、死者が一人か二人か、傷害が重傷か軽傷かとか、それらの因子を総合したモデルをつくって、それに当てはめるとだいたい従前の結果が浮かび上がるものはできないかということで、「平均モデル」を考えました。被害者は死者が一人、交通前科がなく、示談が成立して、被害者や被害者の遺族が寛大な処遇を求めて宥恕しているというようなケースは、禁錮あるいは懲役何年何月がだいたいの相場である、ということが観念的には想定できる、という研究です。もちろんこれは観念的なモデルですが、それを基準にして現実の量刑を考えていく。これも一定の評価を受けていると自負できるものです。

最後に、大阪での裁判官の私生活のあり方について象徴的な事件として、裁判官の宅調日ゴルフ事件というのがありました。私は、いまは腰を痛めてゴルフをやる元気はなくなりましたが、大阪にいた当時は、よくみんなとゴルフに行っていました。

名前を言ってもいいとも思いますが、H判事が、最高裁の事務総局人事局の課長から東西交流人事で大阪地裁にやって来ました。私は知己でしたので、一緒にゴルフをすることもありました。彼は徹底して平日ゴルフにのめり込んでいましたが、平日に大阪のよみうりカントリークラブでプレイしている状況を盗撮されまして、テレビで流されたのです。裁判官が平日にゴルフをしているのはおかしいじゃないか、というニュアンスで放映されました。

その登場人物が、ある意味では最高裁のお目付役として大阪にやって来たのではないかと言われていた判事であるために、余計に物議を醸しました。要するに、「大阪の青法協派がテレビに情報を流したに違いない」と疑ったわけです。本人は「そういう情報をテレビにたれ込んだのはI判事である」と名前まで挙げましたので、裁判所の中は疑心暗鬼になりました。

私はI判事とも一緒に仕事をし、人柄はよくわかっていたものですから、それは違う、同判事が犯人ではない、と思っていたのですが、誰かが通報したことは間違いないですね。いまだに真相はわかりませんが、庁内が疑心暗鬼になって、私なんか癪なものですから、「ゴルフに行くときには、『明日ゴルフに行くぞ～』と大きな声を出してから行こう」なんて冗談で言ったりしました。

H判事は、最高裁から大阪に来て、東西交流人事ですから、本来なら東京に戻らなければおかしかったのですが、札幌に転出しました。その後札幌から東京に戻りましたが、早く辞めて、公証人となりました。このように、非常に不幸な事件が起こりました。

この対応策としてどういうことが行われたかというと、裁判官については、当時、休暇制度があるようで、なかったのです。夏に、二〇日間まとめてとる。全庁一斉ではなくて、半分ずつ（東京なら三分の一ずつ）ずらして、二〇日間とるということで運用されていたわけです。それで、夏以外でも休暇制度をつくろうということで、制度が整備されました。裁判官休暇制度がゴルフ事件を契機に作られたわけです。平日ゴルフをやろうと思ったら、休暇を取っておけば、形式的にはあれこれ言われることはなくなる。

ただ、背後にはドロドロしたものが残っており、そういう不幸ないやな事件が、たまたま大阪在任中、しかも私の周辺で発生しました。H判事とも親しいし、疑われたI判事とも親しい仲だったものですから、非常に不愉快な事件でした。

第五章　法務省民事局への出向

裁判所から法務省へ

――昭和五三（一九七八）年四月、いよいよ裁判官としての生活を離れられます。当時は、いったん離れるというだけのおつもりだったのかもしれませんが、東京地方検察庁、法務省民事局第二課長というポストに就かれることになります。これは「裁判所から法務省への出向」ということでしょうか。

大森　俗には「出向」と言いますが、本来、身分的には判事を依願退職するわけです。両方を兼務することができないからです。裁判所法で、判事の欠格事由として検察官がある。検察庁法のほうでは、裁判官が欠格事由になります。だから、形式的にいうと、判事を依願退官して法務大臣により検事に任命されるのが本来の手続ですが、慣行上は、それを一つの行為で行っています。つまり、法務大臣が判事を検事に任命します。検事に任命されたら、判事のほうが当然欠格事由になるので失職する。だから裁判官を失職させるために検事として任命するという方式をとっているようです。行政府の一大臣が裁判官の地位を失わしめる行為をできるということです。だから、相当な人事慣行だな、というのが陰の声です。しかし本人の意思に基づくわけですから、違法ということではなく、従前からそういう慣行になっているようです。

法務省に出向することになったのは、当時、法務省民事局が戸籍事務の充実に力を入れようとしていたからです。戸籍事務というのは、当時の改正前の旧地方自治法上の機関委任事務で、国の事務を市町村長に機関委任していました。法務省が監督官庁で、内部的には民事局が分掌していました。戸籍事務というのは親族法の手続法ですから、身分法に詳しい者が必要である。しかも課長ということになれば、人事上の適齢期があるわけです。適齢期で身分法に詳しい者を課長としてほしいという強い希望を、当時の香川保一民事局長が持っていたそうです。私は、最高裁事務総局家庭局の家事事件担当局付の経験があるし、ちょうど本省の課長の適齢期の期でもあって、しかも異動期であるという条件にも合って、狙いをつけられたということです。あとからわかった経過ですが、そういうことのようです。

その際に、これもあとからわかったことですが、尊敬する栗原平八郎判事が最高裁の家庭局長の任にありまして、法務省民事局の希望を受けて、家庭局として私を推薦したということもあったようです。あれやこれや、そういう人事上のやりくりから、私が大阪地裁から転官して法務省に行くことになりました。これも形の上では、裁判所の中で、大阪地裁判事が東京地裁判事にまず転勤しまして、東京地裁判事として、東京地検の検事になり、そして法務本省の勤務を命ずるという形で民事局に行ったということになります。

ただ、東京地検検事というのは、検事の給与をもらうための表札に過ぎず、私は一度も検察庁の建物の中に入ったこともないし、座って仕事をしたこともない。検事といっても、まさにニセ検事の最たるもので、「秋霜烈日バッジ」をもらわなかったのです。しかし月々の給与は、東京地検に取りに行っていました。当時はまだ振込ではないですからね。

私が法務省に在職したのは五年七カ月になりますが、最初の四年が民事局第二課長、あとの一年七カ月は民事局参事官でした。私自身が関与して取り組んだ大きな事柄は、第二課長時代は、出向した事情からも、全国の市町村の戸籍事務の充実強化策をどうするかということでした。そしてアドホックなテーマとしては、人名用漢字すなわち、子の名に用いる漢字の範囲について検討するということがありました。戸籍法では常用平易な漢字を用いると定めるのみで、具体的な漢字の範囲は戸籍法施行規則(省令)で決めているわけです。当時、人名用漢字の範囲を拡大するという要望が非常に強く、それを検討するために民事行政審議会を開いて、人名用漢字の取り扱い及びその拡大範囲を決める作業に主管課長として関与したということが、非常に大きな思い出です。

そして参事官になってからは、民法八一七条の二～一一の特別養子制度の創設に関係しました。加藤一郎先生とまさに共同でという表現がぴったりしていると思いますが、法制審議会民法部会の身分法小委員会に、主任幹事として関与しました。ある程度の見通しをつけるところまで審議を続けて、途中で内閣法制局に再出向して、今度は民法の一部改正法案を法制局の第二部長として審査する立場に立ったということです。このように、特別養子制度の創設に非常に熱意を注いだということです。

――第二課長としての主たる職務は戸籍事務の充実強化にあったということですが、当時の問題の背景と、その改革案の中身などについてお話しいただけるでしょうか。

大森　私は第二課長として出向したわけですが、この人事自体が、行政庁の人事としては異常な人事でした。というのは、私は司法修習一四期ですが、同期が四人、連続して第二課長を務めるということになったからです。その最後が私でした。しかも私は四年やり、その前任の乙部二郎君が二年、その前が稲葉威雄君で、その前が加藤一旭君で、全部同期です。だから同期が合計七年ほど第二課長をリレーしたわけです。

当時の戸籍事務は、先ほど説明しましたように、市町村長に対する機関委任事務で、法務大臣の管理の下で実際に指導監督をやっていたのは法務局・地方法務局の戸籍課です。市町村の戸籍事務担当者、法務局の戸籍事務の指導担当者は、高度成長期に比重が低下しているのですね。というのは、高度成長期には市町村職能が非常に拡充拡大して、福祉・土木建設その他の経済的側面のウェイトが大きくなって、市町村職能もその部分が膨らんで、相対的に戸籍事務の比重が低下しました。

もう一つは、かつては東京の区役所でも地方の市役所でも同じですが、戸籍事務は、戸籍課という戸籍だけを専門にしている課が担当していました。ところがその後、総合窓口制になりまして、市民・区民を相手にする窓口を一本化して、そこに人を配置したわけです。したがってその担当者は、戸籍事務だけをやるのではなくて、ほかの市民・区民関係の事務を併せて行うことになりました。結果として、戸籍事務の専従者が非常に減少したという現象があって、戸籍事務の処理能力が弱くなっていたというのが実情でした。そこで、市町村側も法務局側も、戸籍事務の充実強化を図らなければ戸籍の機能が損なわれかねない状態になって、香川民事局長は非常に危機感を持ったわけです。わが国の戸籍は、身分登録制度としては世界に冠たる制度なのに、それが損なわれる可能性が出てきたということで、正さなければならないという状況でした。そこで、戸籍の主管課である民事局の第二課は、課長のみならず課長補佐、係長も含めて、戸籍事務処理体制を強化するという客観的な必要性が生じていた、ということです。

そうはいっても、それは一つの社会情勢の流れの中で生じた現象ですから、一人の課長が短時間にその流れを完全に変えることはそう簡単ではありません。結局、何をしたのか。まず人事上は法務局側の戸籍課長とか戸籍係長、あるいは支局の場合、大きなところは課が設置されますが、普通は係単位で、戸籍指導の担当をする総務係長・戸籍担当係長に人事上の配慮として戸籍事務の経験者を配置すべし、ということを口を酸っぱくして言い続けたわけです。というのは、それを言わなければならないほど、戸籍事務の経験をしていない者が戸籍課長になったり、戸籍あるいは総務係長になったりしていたからです。まず人事のあり方としてできることをなんとか実現すべし、ということを、あらゆる機会に話しました。

それからもう一つは、経験者に濃淡があり、また完全に数を揃えられるわけではないので、そういう知識・能力を早急に充実させなければならない、ということで、あらゆるレベルで戸籍の研修体制を強化しようと考えました。それとともに日常の事務処理に役立てるための執務資料を整備しようということになりました。

大別すればこの三点に力を入れました。それが成果としてどれだけ残ったかというと、あまり誇るに足るほどのことはできていないのかな、という忸怩たるものがあります。そういう時代でした。

行政庁の本省の課長というのは、上司に恵まれさえすれば、やる気があれば、自分の考えでいろいろな仕事ができる立場ですね。それを非常に感じました。

人名用漢字の拡大

大森　人名用漢字の取り扱いも、第二課長時代の一つの大きな柱になりました。私が第二課長に出向したときに、すでに人名用漢字の取扱いの真剣な検討が迫られており、課長の引き継ぎの中にも挙げられていました。というのは当時、当用漢字表を改めようという審議が、文化庁に置かれている国語審議会で、大車輪で進められておりました。それとの関係で、人名用漢字の取り扱いも必然的に検討が迫られるという事情がありました。

人名用漢字はすべて子供が生まれれば当面する問題です。親として親権の行使の最初の行為が、命名ですね。現行の戸籍法では、五〇条で「子の名には、常用平易な文字を用いなければならない。常用平易な文字の範囲は、法務省令でこれを定める」と決めてあるわけです。その省令である戸籍法施行規則六〇条では、「片仮名又は平仮名(変体仮名を除く)」の外、私が着任した当時は、「当用漢字表に掲げる漢字」、もう一つは「人名用漢字別表・同追加表に掲げる漢字」と定められていました。昭和二三年当時は、漢字は、当用漢字に限られていました。

ところが当用漢字表というのは一般社会で使用する漢字の範囲を決めるということで、まさに限定的な表だったのですね。戦後も進みますと、漢字制限がひどすぎる、もっと自由に漢字を使わせろ、という声が強くなりました。そこで、国語審議会では、漢字の範囲を定めるのではなくて、一般社会で用いる漢字を目安として示す目安表に変えよう、しかも掲げる漢字もその範囲を拡大しようという方向で、検討が進んでおりました。ちょうどその検討も終わりに差しかかったところに、昭和五三(一九七八)年四月、私が第二課長として行ったわけです。

同年七月に、文化庁次長から法務省民事局長に対して「国語審議会は漢字表の検討をしてこういう段階に達したけれど、人名用漢字の取り扱いについては国語審議会は建議しないことになりました。したがって法務省において、国語審議会と並行して人名用漢字の取り扱いについて検討をお願いしたい」旨の通知がありました。

なぜこのような通知があったかといいますと、それまでは人名用漢字も国語政策の一環だから、国語審議会で審議をし、意見を述べるという取り扱いできていました。当用漢字表は昭和二一年一一月に制定されました。これは国語審議会の建議に基づいて、内閣がこれをとり上げて、内閣告示を出したものです。その後、字体表が昭和二四年にでき、字体の標準を決めました。そして二六年に、当用漢字の範囲内では、人名に用いる漢字としては範囲が狭すぎるからということで、これも国語審議会の建議に基づいて、「人名用漢字別表」を制定し、九二字、漢字を増やしたわけです。この時も国語審議会が意見を述べて、それを内閣が受けて「人名用漢字別表」という告示を出し、それを戸籍法施行規則で引用したという形になっています。

さらに昭和五一（一九七六）年には、それでも狭すぎるということで、「人名用漢字追加表」で二八字追加した。このときの原動力は市町村の協議会（全国連合戸籍事務協議会）でしたが、それを国語審議会が了承するという了承手続を求め、それを人名用漢字追加表として内閣告示をして、その内閣告示をまた省令（施行規則）が引用する、という手続をとっていました。要するに、人名用漢字の範囲をどうするかというのも国語政策の重要な一環だから、国語審議会の意思に基づいて決めるという建前でずっときていたわけです。

ところが常用漢字表の審議に際しては、国語審議会は「いまの法制上は人名用漢字については、国語審議会が意見を述べることにはなっていない。戸籍法五〇条では、子の名には常用平易な文字を用いなければならないということで、その範囲は法務省令で定めるということになっている。だから国語審議会としては意見を述べるのはやめよう。それは法務省に任せよう」という態度変更をして、その旨の伝達が、文化庁次長から民事局長にあったわけです。

そういう経緯がありまして、これにどういうふうに対応するか甚だ頭を悩ませました。私が民事局第二課長に着任したのが五三年四月で、翌年に民事行政審議会に対し、「戸籍法施行規則六〇条の取り扱いについて」という諮問をいたしました。そこで、二年あまり審議をしまして、昭和五六年五月に「五四字を追加する」旨の答申がなされました。この審議会の主任幹事を民事局第二課長が務めたわけです。

東京大学の加藤一郎先生にも民事行政審議会の委員としてお入りいただきました。加藤先生は自由主義者ですから、文字も制限するのはおかしい、自由化しろ、すべきであるというご意見でした。だから加藤先生はご不満だったと思いますが、自由化論者を審議会の会長にするわけにはいきません。幸いにして、有泉亨先生が前回の民事行政審議会の会長をなさっていたものですから、「会長は前例があるので、有泉先生にお願いしますが、ぜひ加藤先生もお入りいただけませんか」ということで、先生に頭を下げに行きまして、お入りいただきました。加藤先生は、俺の自由化論は通らないな、と感じられたでしょうが、加藤先生のご意見を大幅に取り入れて、制限方式は維持するけれど、範囲を大幅に広げ、五四字追加しようということになったわけです。

そうなりますと、戸籍法施行規則上、既に人名用漢字別表、同追加表とありますから、今度は再追加表になるわけですね。それでは紛らわしく複雑になりますので、一本の人名用漢字別表にしました。しかも、当用漢字から常用漢字になるときに、一八五〇字から一九四五字に、漢字の範囲を増やしました。増やしたものの中に人名用漢字として追加する予定のものも八字入っていましたので、差し引きすると、常用漢字のほかに一一二字の人名用漢字を追加することになりました。そこで一一二字の人名用漢字別表を新しく、内閣告示を経ずに、直接、規則の別表としました。なお、常用漢字表は従前のまま内閣告示によりました。

これらの作業がすべて終わったのが昭和五六(一九八一)年一〇月です。私は五三年四月に法務省に出向しましたので、三年半が経過したことになります。

身分法担当参事官への横滑り

大森　翌昭和五七(一九八二)年四月には、第二課長在任は四年で、民事局内の人事としては期限が満了する予定でした。

私は裁判所に復帰する、裁判所から法務省に出向する際には、三年後には東京の裁判所に戻すという一筆が入っていましたから、裁判所に復帰することが客観情勢としては自然の成り行きだったわけです。その流れに乗っていたほうが、司法修習終了時に裁判官を志した私の人生としては真っ当だったのかもしれません。ただ民事局というのは、一般法務行政の外に、「民事に関する法令案の作成」という立法事務を所掌しています。その立法事務を民事局参事官が担当していたわけです。そういう参事官の仕事を横目で見ていまして、私は商法にはあまり興味がなかったのですが、民法改正については、関与してみたいという色気が常にありました。そういう希望を述べたことがありました。

当時は、香川局長が裁判所に戻られて、中島一郎民事局長の時代になっていました。中島局長というのは司法修習三期ですが、最高裁家庭局の局付としても先輩です。しかも私が担当していた家事担当局付の大先輩でもありました。そういう関係でよく知っていたものですから、中島民事局長も、「参事官をやりたいのなら」ということで、参事官が一人裁判所に戻ったあとに私を横滑りさせるということになりました。五七年四月に、私は第二課長から参事官に横滑りして、民法担当参事官として民法部会担当幹事となりました。民法部会は、財産法小委員会と身分法小委員会という二つの小委員会がありましたので、私は身分法小委員会を担当することになりました。

法務省では、参事官の位置づけは、刑事局と民事局では少し違いがありました。刑事局のほうは、参事官というのは課長のスタッフという位置づけで、参事官を課に張り付けていました。したがって、課長よりも若い者を参事官として課長の下に置いた。ところが民事局のほうは、課長よりもシニアな者を参事官にあてて、参事官室でもっぱら民事関係法令の改正を所管するという位置づけになっていました。

そこで身分法小委員会の担当幹事たる参事官として何をなすべきかということになりますが、当時は、民法部会長は加藤一郎先生で、民法関係の改正には加藤先生の影がすべてにつきまとっており、加藤先生の全盛時代だったと思います。加藤先生とは私は出身大学を異にしますので、学生時代は全然知らないわけですが、非常に柔軟な発想の自由人だな、と感じておりました。民法部会の財産法小委員会で次に何を取り上げるか、身分法小委員会で何を取り上げるかというのは、だいたい部会長の意向と、民事局との相談事として決まります。歴代の民事局長は、財産法のほうに関心がありまして、身分法にはあまり関心がないものですから、身分法については担当参事官の意見にウェイトが置かれるので、結局、加藤先生と私とのあいだで、当時休止中であった身分法小委員会の審議マターを何にするかという相談をいたしました。

「養子制度の全般的な見直し検討をやりましょう」と提案したところ、加藤先生も異議なく賛成されまして、検討が始まりました。

養子制度の検討開始

大森　民法中親族編、相続編は、戦後大改正を受けたわけですが、昭和二九(一九五四)年七月に法制審に対して一括諮問がなされました。戦後の行き過ぎた改革の再検討という意味があったと思いますが、「民法に改正を加える必要があるとすれば、その要綱を示されたい」という抽象的諮問がなされました。

それに基づいて、親族編についてはずいぶん検討が進められました。そして一年間の検討の結果、三〇年六月に、さらに、四年後の三四年六月に、民法部会に対して「仮決定留保事項」という表題で報告が出されました。その中に種々の検討課題が含まれていましたが、特別養子という項がありまして、「留保事項」として、次の事項が検討課題とされる、とありました。その第二七に、「通常の養子のほか、概ね次のような内容の特別養子の制度を設けることの可否についてなお検討する」ということがありました。それは、「特別養子となるべき者は一定の年齢に達しない幼児に限る」とか、「特別養子はすべての関係において養親の実子として取り扱うものとし、戸籍上も実子として記載する」とか、「養親の側からの離縁を認めない」という内容の特別養子の制度を設けることの可否について検討すること、ということでした。「留保事項」の中に、こういう事項が入っていましたので、これについてもう一度検討を再開しようということになりました。もちろん、初めから特別養子の検討というよりも、まず一般的な養子縁組制度の検討をした上で、という順序で進んだわけです。

私は、昭和五八(一九八三)年一一月、内閣法制局に出向するまで、明けても暮れても、もっぱらこれに取り組んで、途中、世界の養子制度の調査のためにヨーロッパにも二週間ほど出張しました。なぜヨーロッパが検討に際して参考となり得たのか。これには理由があります。一九六七(昭和四二)年、ヨーロッパ理事会(カウンシル・オブ・ヨーロッパ)で養子縁組に関するヨーロッパ協定が締結されました。その協定に基づいて、締約国が自国の養子縁組制度を、ヨーロッパ協定の方向に沿って大改正を始めました。欧米の養子制度は非常に大きな改革を経たのに、わが国では検討が頓挫・中断したままになっていた、という時期でした。

──それはなぜ頓挫・中断したんでしょうか。

大森　それは、養子縁組制度について議論し始めたら、各人いろいろな意見がありまして、なかなか意見の集約ができなかったということです。昭和三四年六月に、二回目の仮決定報告をいたしまして、そこで「特別養子についてなお検討する」ということになったわけですね。そして三年後、三七年一一月から三九年九月まで、ちょうど二年間、身分法小委員会でまた集中的検討をしました。ところが見解の対立が深く、一致点を見出すことが困難、ということで投げ出しました。片や財産法の分野で早急に検討すべき事項が多々出てきたので、そちらに重点を移すために身分法小委員会はしばらくお休みということで閉じられて、そのままになっていました。

財産法の分野は、経済界や社会がそれを求めたら、大きな見解の相違があって集約が困難、ということは普通はありません。ところが身分法のほうは、世界観に関わるものですから、言い出したら妥協が困難で、意見を集約しようと思ってもできなかったのだと思います。

欧米の状況は、ヨーロッパ協定に基づいて、イギリスもフランスもイタリアもスウェーデンも、契約型縁組を廃止して、宣言型縁組に変えました。宣言型というのは、裁判か行政処分で成立させるわけです。デンマークだけが行政庁の行政処分で縁組を成立させるということでしたが、それ以外は裁判で縁組を成立させるという制度に改め、特別養子か完全養子のみか、併存させるか、という改革をしました。欧米のそういう傾向は、日本の特別養子の導入に無言の影響を及ぼしました。

もう一つ、特別養子の制度ということで民法改正に大きく寄与したのは、わが国社会情勢の変化が背後にありました。いまも続いておりますが、子の出生数は当時からずっと減少傾向が続いています。合計特殊出生率は、昭和二二年には四・三二だったのですが、同二七年には二・九八、同三六年には一・九六、同三八年が二・〇〇で、同四九年まではだいたい二・〇〇は維持していました。ところがこの養子制度の検討を始めようとした直前、同五六年には一・七四に低下してしまった。それが平成一七年には一・二五まで落ちてしまった。当時は、一・七四ではありますが、ずっと低下していました。そういう点では、養子の給源になる子の数が減少して、養子制度によって子の処遇を考えようという必然性は、その限りではあまりなかったのですね。

しかし養子縁組制度自体は活用されていました。当時は養子全体の三分の二は成年養子でした。これは、いわば扶養や相続の目的を有する養子縁組の活用が三分の二を占めていたわけです。あとの三分の一弱は未成年養子ですが、これは離婚の増加の半面として、連れ子縁組が九割を占めていた。しかも連れ子縁組というのは、夫の連れ子と妻の連れ子とあるわけですが、その比重は、妻の連れ子を再婚した夫が養子にするというものが九割を占めていた。そういう非常に偏った現象を示していたわけです。

それだけでは、特別養子の必然性・必要性は出てこなかったのですね。それでも特別養子制度あるいは完全養子制度を採用すべきであるという声が相当大きくなっていました。それはなぜかといいますと、菊田医師事件というのが起こったからです。菊田昇医師というのは仙台の産婦人科の医師ですが、男女の関係は時代の進展とともに、フリーになってくるわけですね。そうなると必然的に自分の望まない子供を妊娠するという事例が多くなってくる。望まぬ子を妊娠した女性の嬰児殺や中絶を止めさせたり、生みたくないという気持ちを翻意させて、生まれ出る子を健やかに成長させるために、菊田医師は虚偽出生届出に協力した。要するに、出生証明書の母欄を偽るわけです。これは虚偽診断書作成罪で犯罪です。

それをめぐって、それは違法でけしからんという意見と、そういうことをしてでも子供の生命を救いたいということを社会として受け止める法律制度(実子特例法)を作るべきだ、という意見に分かれたわけです。

この菊田医師事件があって、そういう出生子を実子同様に育てることができる養子制度を用意すべきであるという声が、マスコミに非常に大きく取り上げられました。それが昭和四八年のことですが、明治学院大学の中川高男教授が理論的な支援をしたということもありました。養子の給源としての子供の数はどんどん減っている。しかしその一方では、望まれずして出生する子が相当いる。片や、子供の出生を希望しながら、心身の故障のためにそれを果たし得ない夫婦が相当数いる。そのアンバランスを是正することを可能にするような制度を、養子制度の改善によって設けたいということを前面に押し出して、加藤一郎先生と二人で、法制審身分法小委員会で検討作業を行いました。

私の当初の予定では、この民法改正をなし終えたら、裁判所に戻ろうと内心秘かに決意しまして、この法改正だけは、なんとしても最後までやりたいと思って、しこしこと作業をしていました。ところが、一応の粗検討をして、それまでの検討結果をまとめてみようという中間取りまとめ作業を始めたときに、突然、昭和五八（一九八三）年一〇月頃に、内閣法制局に出向しないかという話が舞い込みました。

そこで養子制度の検討続行は私の後任者に委ねたわけです。それで、私は昭和五八年一一月に内閣法制局に出向し、昭和六二年二月、法制審議会（総会）は民法の一部改正を答申します。そのとき私は、法務省を所管する内閣法制局の第二部長をしていましたので、自分が法務省において検討を始めたものを、内閣法制局で第二部長として最後に審査をしたわけです。そして閣議決定の上、法案は国会に提出されました。その国会では議了に至らず継続審査になったのですが、同年九月の臨時国会で可決成立しまして、翌六三年一月一日に施行されたということです。

法務省民事局参事官としては、もっぱら養子法の改正作業をやっていました。主観的には、加藤一郎先生と協同作業で、民法八一七条の二〜一一の部分の改正を主導したと思っています。私の内閣法制局転出後は法務省の担当参事官は順次引き継がれ、国会の法案審議の際は、後輩の細川清君が参事官として担当しました。民法の該当部分の注釈民法（有斐閣）とか、民法コンメンタール（ぎょうせい）とか、いろいろなところで、私が執筆を担当することになり、壮年時代の思い出の一つになりました。

ところがその後、相当な期間は、特別養子制度があまり活用されず、いささか残念至極でした。典型的な特別養子というのは、家庭裁判所の審判が確定すると、実親とのあいだの法律上の親子関係を消滅させるという断絶型をとったものですから、そこのところが日本人には合わないんですかね。法律上の親子関係を切りますから、もちろん相続権もないわけです。養親が、実親としての法律上の地位に立つわけですね。

それから、特別養子はあくまでも養子なのだ、近親婚を防止するために、実親はほかにいて、それが誰かということは、戸籍上追跡すればわかるようにしておかなければならないという要請があまりにも強すぎて、戸籍を見れば、これは特別養子だということがわかる記載になっています。戸籍の記載は、「民法八一七条の二の規定により審判確定」「誰某届出」となってしまいます。「審判確定」なんて書いてあって、その条文を見たら、特別養子だということがすぐわかるわけですから、それでは意味がないじゃないか。私が最後まで参事官をやっていたらそんな案にはしないんですが、私の後を引き継いだ人は、そこまで隠す必要はない、隠すべきではない、という考え方だったのですね。フランスではそうではないですね。身分証書を書き直して、養親を実親、父と書くわけです。だからまかり間違ったら、非常に低い確率だけれど、近親婚というのがあり得ます。しかしそれはコンマ以下の確率ですから、そういうものは飲んでしまったほうがいいという意見のようですね。ところが、世界で一例か二例、兄妹同士が恋愛をして、夫婦になったという例があったようです。そういうことがあったから、それが生ずるような制度は駄目だ、ということになったようです。

司法試験考査委員をつとめる

大森　法務省時代の事柄として付け加えておきたいことがあります。法務省民事局の課長・参事官は司法試験の民事関係法の考査委員を務めるという慣行になっていました。私は民法担当を五年間やりました。旧司法試験ですから、まず五月に実施される短答式の問題作成があります。採点はコンピュータでします。それから論文式の問題作成と採点も五年間やりました。これは法曹養成制度はいかにあるべきかを考える機会にもなりましたし、担当分野、私の場合は民法の再勉強の機会としても非常に有用でした。

その代わり、民事局の課長・参事官の五年半の間は夏の期間が大変でした。私が考査委員をやっているあいだ、短答式の合格者が多いときは四〇〇〇人を超えました。ということは、採点対象の民法論文答案もほぼ同数の四〇〇〇通あることになります。これは一人ではとてもできない。四〇〇〇通を公平にバランス良く採点することは物理的にも不可能です。当時は学者と実務家が二人でワンペアになりまして、四〇〇〇通を半分に割った二〇〇〇通を責任部分として採点しました。さらに時期配分として、半分に割りまして、まず、一〇〇〇通を学者委員、あとの一〇〇〇通を実務家委員が採点します。採点期間の中間で〔それぞれが採点したものを〕交換して、学者委員が採点したものを実務家がまた独自の立場から採点する。

ということで、七月下旬にまず一〇〇〇通受け取って、八月中旬に交換して、九月上旬に責任分（全体の半数）の採点を終わる。それで合計約二〇〇〇通です。だから一つの答案に実務家と学者の二人の採点があるわけです。それを足して二で割るという形で、本人の評点を決定するということをやっていました。それでも、採点を始めたときと、採点の最後あたりのものとの採点基準が動かないようにする必要がありますから、前半分については、初めの一〇〇通ぐらいは採点基準を作るための採点として、それをもう一度最後に採点して、なんとか自分の基準がブレないようにしていました。だから結局、前半分で一一〇〇通、後半分で一〇〇〇通、合計二一〇〇通採点することになりました。

だから夏は決して楽ではありませんでしたが、それが自分自身にも役立ちました。また、受験者の人生を左右する問題ですから、いい加減な取扱いはできません。不思議なことに、自分で単純平均点を出してみて、前半・後半の単純平均点をそれぞれ算出してみると、一点は違いませんでした。満点は五〇点ですが、満点の答案なんてないという前提で、一番よくつけても三五、六点という採点区分をまず示されます。だいたい合格水準を二五点と決めますと、不思議なことに単純平均で二二、三点ぐらいのところに落ち着くのですね。

実務家と学者とのあいだには、採点基準に関して、考え方とかやり方に違いがありました。学者先生はザーッとめくって、「これは文章に勢いがあるから加点する、パッサブルである」とかするらしい。こちらは、この論点とこの論点がちゃんと書いてあるかどうかということをある程度累積して採点します。どちらがいいのかわかりません。一説によれば、学者の考え方のほうがいい、ということです。サッと読んで、力があったらパス、とするわけですね。

——法曹養成のあり方についても考えさせられたとおっしゃいましたが、どういったことがありましたか。

大森　旧試験は、論文だけではなくて口述試験があるわけですね。口述は一人が一〇分か一五分、やはり二人チームで午前、午後とびっしりやるわけです。午前に学者が主査をやると、午後は実務家が主査をやる。それで受験生が次々入室して来るわけですね。そうしますと、予備校教育で面接技術というか口述技術が徹底していまして、物の言い方までマニュアルがあるようですね。服装についてもあるようです。私のときは、ネクタイは赤いものをした者もいましたが、だいたい紺の背広を着ていましたね。それで、「よろしくお願いします」と言う。答弁に対し「君そこはおかしいじゃないか」、オウム返しに「あっ間違えました、只今のは訂正いたします」と言う。そうやれと言われているのですね。そういうことだけに気を遣った教育を予備校で受けてくるというのは、そもそも試験制度が歪んでしまった一つの徴表だな、と感じたこともありますし、その他いろいろありました。

いまのロースクール制度が本当に成功するのか失敗するのか、まだまだ相当期間経ないとわかりませんが、新しい制度が旧試験の問題点を解消しきれるのかどうか、まだわかりませんね。しかし失敗したら大変なことですよ。あとあとに影響が出ますからね。ちょっと余分なことですが、それだけ付け加えさせていただきます。

第六章　内閣法制局へ

出向となった経緯

――それでは、いよいよ内閣法制局の話に移りたいと思います。まず出向された経緯についてお伺いしたいと思います。

大森　まず昭和五八(一九八三)年一一月というのは、任命されたのが一一月ということです。法制局側で、総務主幹のポストが空いたから補充する必要が生じたのは八月です。当時の長官(角田禮次郎)がリタイアしたのが八月です。国会は八月前後に閉会になりますね。それで当時は、長官が四年経ったからということでリタイアしたのです。そうなると、法制次長が長官になり、第一部長が法制次長になり、シニアの審査部長が第一部長になり、ということで、最末端の幹部である総務主幹のポストが空くわけです。したがってそこをどこの省庁で埋めるか、ということが問題になってくるわけです。

これは各省庁の睨み合いもあって、しばらくは空けたままにしておくのが慣例でした。しかし長期間空けたままにしておくわけにはいかない、将来の審査部長の候補でもあるから、ということで、話が法務省に持ち込まれたのは、法制次長が法務省出身の味村治さんだったからです。法務省に持ち込まれたのがたぶん九月頃だったと思います。法務省で誰が適任か、いろいろ考えて候補をノミネートして、法制局に返答した。それを法制局で検討した。当時は中曽根行革などいろいろな事情で、長官は早朝から夕方遅くまで国会審議に縛りつけられていて、この件で法制次長と話し合う機会もなかった、と言っていましたが、一カ月ぐらいまたブランクが生じました。それで一一月一日になってしまったという経緯があったわけです。

この問題については、当時の内閣法制局の人事構成、人事慣行がどういうものであったかということからお話したほうがわかりやすいと思います。内閣法制局は、法令案・条約案の審査と、法律問題について内閣総理大臣・各省大臣に意見を述べるという、「審査部」、「意見部」の二本立てです。職務を直接担当するのは参事官です。参事官は各省の課長相当職ですが、これをどこから採るのか、というのが曰く因縁がある問題です。当時は、参事官は文部省を除く各省と警察庁から、一名ないし二名の出向を受け入れていたのです。その参事官の任期は原則五年、五年経ったら原省に戻るという人事慣行がありました。

それから幹部ポストは、総務主幹と、部が四つありますから四人の部長、それから法制次長、長官という合計七人で、「七人の侍」と言っていました。その七人の幹部をどこから採るかということでは不文律がありまして、「四省庁責任体制」と言っていました。昭和二七年四月、平和条約発効とともに法制局が法務府から内閣に復帰した後の慣行として、長官・法制次長は、法務省、大蔵省、通産省、自治省(庁)の四省庁のどこかからの出向者がなる。だから、長官・法制次長には四省庁以外の出身者は就任したことがありません。これは不文律です。部長職にはもう一つ農水省が入りまして、五省体制になります。だから農水省から来た部長は第一部長までで、第一部長が終われば、そこでリタイアするなり原省に戻るなりするという人事慣行になっていました。

しかし幹部ポストは、長官から総務主幹まで七つあるわけです。そして幹部になるのは五省庁。だからどこかの省が複数のポストを占めることになります。それがまた微妙で、人事に貪欲なところと、貪欲でないところがある。旧大蔵省(現財務省)は、所管法案が結構多いせいもありますが、その所管部である第三部の部長を大蔵出身者が占めたいという願望が非常に強かったのです。ところが、第三部は自治省(庁)も所管していまして、自治省(庁)も税法をはじめとして法案が多いものですから、部長は自治出身者が占めたいという願望が同様に強い。通産省も経済関係法案が多いので、できるだけ所管の第四部長を自分の出身省で占めたいという願望が強い。そのせめぎ合いで人事が行われて、結局、長官・法制次長が別枠になりまして、ほかの五幹部に五省庁出身者が一人ずつ対応するということになるのですね。

だから長官が例えば法務省ですと、その所管部である第二部長または総務主幹を法務省が占める。当時は法務出身の法制次長が、同省出身者を総務主幹に充てるということに、なんとなくなっていたようです。例外がないことはないですが。逆に、自分が法制次長になると、必然的にその時の関連人事で最末端の総務主幹が空きますね。そこに自分の後輩を据えようとする。法制次長は各省の事務次官と同じく人事の実質的な主導権を持っています。

そこで私のときも、味村さんが第一部長から法制次長になって、総務主幹が空いたから、総務主幹に法務・裁判所出身者を、ということで、法務省に適任者の推薦を依頼したわけです。

そういう動きの中での人事ではありましたが、普通は法制局のヒラの参事官を四、五年務めた後、いったん原省に戻る。戻るときは必ず課長で戻りますから、課長を二、三年続ける間に、その省内で、部長、審議官、局長等に昇進するコースに乗るか、入省年次で適齢期のものが法制局の幹部ポスト(総務主幹)に戻される。ところが私の場合は、法制局参事官の経験はないのですね。法制局参事官を経ずして直接、法制局の最末端ではありますが、幹部ポストの総務主幹になったということは前例がなかった。それで、当時の長官は、そんな参事官の経験もないのに将来の審査部長が務まるのかと考え込んだ面もあったのだと思いますが、なかなか判を捺さなかったということです(笑)。人事が非常に異例でした。

法務省にも参事官経験者はもちろん戻って在籍しているわけですね。なのに、何故そうなったのか、ということが一つの問題ですが、それは生存している人の機微に触れることですから、神のみが知ることです。

そこで、ポストの適齢期というのはどういうことかについて若干触れておきます。審査部の部長と意見部である第一部では、意見部の部長がシニアで、通常は、法制次長待機ポストです。次に三人の審査部長がいて、それは第一部長よりは入省年次が若い。〔総務主幹は〕それよりも入省年次が若い人でなければならない、というのも役人の世界での不文律なのですね。

では入省年次に、司法修習の期をどういうふうに当てはめるのか。これは司法修習生になった年に入省したという換算をする。私は昭和三五年に司法修習生になりましたから、昭和三五年入省相当と考えるようです。私が法制局に入ったときに、一番若い審査部の部長(前任の総務主幹)は昭和三二年入省でした。私は昭和三五年ですから、あいだが三年空いている。それが適齢期だったようです。だから法制次長のほうから、適齢期は昭和三五年か三六年、だから〔司法修習なら〕一四期から一五期ぐらいという指定をしたようです。たまたまそのときに私はまだ法務省の民事局参事官でいたから、私の運命がどうも狂うことになったわけですね。

——直接大森さんに、どうかね、という話を持ってきたのはどなたなんですか。

大森　おそらく、推測ですが、当時の法制次長から、人事担当の法務省の官房長に話が行ったと思います。官房長は事務次官に、こういう話が法制局から来ています、ということで上げる。それで法務省の中で誰を送るかということを検討したと思いますね。本来は、法務省は刑事局が主流ですから、刑事局に適任者がいたら自分のところから出したかったと思います。しかし法案としては刑事関係法案は非常に少なくて、法務省としては民事法関係が多いですから、民事局から出すこと自体には特に異存がなかったと思います。

そういうことで、法務省の人事当局として検討した結果、民事局でうろうろしている大森参事官がいいだろうということになり、裁判所復帰が予定されている関係上、本人の承諾がなければ行きませんから、民事局長から打診されました。

その頃になりますと、私は立法関係にも関心はありましたが、それも人生の仕事として悪くないか、やり甲斐があるかな、ということで断わりはしなかった、ということです。そこで第一の人生が終わるんだという、そこまでの覚悟があったかといえば、気持ちの何割かは裁判所に戻る可能性も残しながら行った、というのが真相です。しかし、すぐにまた荷物をまとめて飛び出すという気持ちにはならずに、結局最後まで内閣法制局で、第一の人生を終わることになった、ということです。

——その話が大森さんのところに来たときに、意外という感じでしたか。いま、進んでお引き受けになったというお話でしたから、決定までは短かったんでしょうか。

大森　でも二、三日してから回答しました。誰に相談するか、一、二の人には相談しましたけれどね。「悪い話じゃないんだから行きなさいよ」ということでした。

——身分としては、それまで東京地検の検事でおられたわけですが、東京高検の検事になると同時に、法制局にも行かれるということですね。この場合、検事という身分ではありますが、承諾が前提となるんでしょうか。

大森　総務主幹というのは、内閣法制局設置法施行令六条で「長官総務室に総務主幹一人を置き、内閣法制局事務官をもつて充てる」となっています。だから、東京地検検事は変わらない。兼ねて内閣法制局事務官を命ずる、というもう一本の辞令が出て、新しい職責を背負うわけです。だから、意思に反してそういう任命をするわけにはいかないということで、承諾を得るという話ですね。

それから高検検事の問題は、当時の人事当局者というか、民事局長が、「法制局に行くんだから、地位を一つあげて行ったほうがいい」というようなことを言っていました。というのは、東京地検検事よりも東京高検検事のほうがかっこいいだろう、というぐらいの意味でしょう。だから高検検事になっても、その時に月給が上がったわけではないです。東京高検検事に兼ねて、内閣法制局事務官を命ずるという辞令をもらったのです。

――もう一つ、第一部参事官を兼ねられますが、これはどういうことなのでしょうか。

大森　それもまた兼ねて、内閣法制局参事官を命ずるという辞令がもう一本出たわけです。はっきり言いまして、総務主幹というのは長官総務室の総括者として、その所掌事務である「機密に関する事項」とか「長官の官印及び局印の管守に関する事項」とか「各部の所掌事務の連絡調整に関する事項」とか、各省の大臣官房の事務と同じ事務を所管しているわけです。だから、各省の官房長相当職なんですね。所帯自体が当時は七三名でしたか、そのうち参事官が二四名という非常に頭でっかちの組織なんですね。部下が少ない。所帯が小さく、しかも各省との折衝事務はあまりないわけです。本来、官房長はそれが大変なんですね。ところが内閣法制局は各省庁から閣議請議されたものを審査する組織ですから、総務主幹は、官房長相当職だと言いながら、たいした仕事が実はないのです。要するに、将来の審査部長の待機ポストなのです。だから、総務主幹として行ったというより、将来の第二部長候補者として行ったという感じです。だから法律家としてやるべき仕事はほとんどないわけです。そのために、第一部の参事官として、各省から照会を受ける意見事務を担当する、それがないと暇でしょうがないだろう、ということですね。だから少しやり甲斐をもってやれたのは、参事官も兼務していたからだと思います。

――総務主幹をやられて第一部参事官を兼任される方は、例がないと思いますが。

大森　全員そうです。総務主幹は全員、第一部参事官の兼務。私が第一部参事官として担当したのは、法務省と宮内庁です。法務・宮内を所管する第一部参事官ということです。法務省は、自分が法律関連のプロだと思っていますから、法制局に法律問題の照会をしてくることなんてゼロに近いわけです。そんなもの聞かなくても自分のほうがわかっている、ということですから、もっぱら宮内庁の専属参事官みたいなことになって、宮内庁の参事官、総務課長あたりがしょっちゅうやって来ていました。

――それは文書で出すだけではなくて、宮内庁からいらっしゃったところで意見を言う、ということも、かなりの数あるんですか。

大森　かつては文書照会をして、それに対して法制意見を書面で出しました。

――『内閣法制局意見年報』に載っていますね。

大森　あの時代は、その都度会議をやって、ときには長官以下の総局会議をやって意見を出して、理由も付けて、文書で返答していたのですね。法制意見は最高裁判例と同じように権威がありました。ところがそれをやっていたらキリがなくなって、到底やりきれなくなったようですね。だから口頭照会に対する口頭回答、口で述べただけでは、結果・理由が不分明になる可能性があるから、メモにして渡すということに、最近はとどめていまして、いまもそうだと思います。

宮内庁との仕事

——もっぱら宮内庁の相談役として働いておられたということですが、その中で扱われた案件としてご記憶に残るものなどお伺いしたいと思います。

大森　向こうは何かちょっと気にかかる問題でもしょっちゅう聞きに来ていました。天皇の行為を憲法上分析しますと、国事行為と、象徴たる地位に基づく公的行為と、それ以外の行為(私的行為)というように、大別すれば一応三分されます。

国事行為は定型的行為ですから、そんなに大きな問題はないわけです。ところが公的行為というのは定型的ではない。そうなりますと、天皇の行動の制約原理として、国政不関与というのが一つ、それから宮中祭祀との関係で政教分離というのがもう一つです。国政不関与と政教分離という原則に触れたら大変なことになる。したがって、これはどうでしょうか、という照会があるわけです。

いろいろ思い出してみますと、韓国の金大中大統領が国賓として来日されたときに、向こうは戦前の謝罪を要求するわけですね。中国から国賓が来日した際にも、謝れ、という話になってしまう。総理は政務ですから、謝らなければならないときには謝ればよいわけですが、天皇として宮中晩餐でお言葉を述べるときに、歴史認識その他をどういう表現で表わせば問題がないのか、非常に微妙な問題がありました。国政関与のそしりを受けないでしょうか、という感じなんですね。それは第一次的には、内閣官房のほうが非常に関心を持たなければならない問題ですが、宮中晩餐は天皇の公的行為として、宮内庁も責任ある事柄なのです。

それから侍従による宮中三殿の毎朝御代拝というのがありました。毎朝、本来は天皇みずからが宮中三殿に礼拝されることを、侍従が代って行うのですね。それはわれわれから見れば宗教行為そのものなんですが、政教分離の原則に反しないか、と国会で追及されるわけです。かつては宮中三殿に神職の伝統的な装束で行っていたようですが、宗教的活動をしていることになるといって、その後はモーニング姿で行っているようですね。モーニングで行ったらなぜよくなるのかという問題もありますが……。そういう問題も、質問が予想され、あるいは質問の通告がされると、その答え振りについて、法制局に確かめておくということがときどきありました。

それから、今後も問題が続くと思いますが、皇室典範にある皇位継承原則、男系男子主義と憲法一四条との関係がありました。これも好きな国会議員がいまして、ときどきそういう質問をする。それに対してどう答えるか。過去の答弁が積み重なっていますから、それと矛盾してはいけませんし、新しい切り口で質問されると、あらかじめ対応調整しておかなければならない。法制局としても憲法問題についていい加減な答弁をされたら困るわけです。

それが昭和から平成へ、ということになると、これは私が第二部長から第一部長という時代ですが、あらゆる皇室関係問題が集中して現われてきました。

――こういう重要な問題についても、口頭ないしメモという形ですべてお答えになるわけですか。

大森　照会者が関係資料と、こういう方向でどうでしょうかという案を持ってくる。それを検討するということで、こちらでメモを書いて渡すというより、口頭で議論して、お互いに修正するということが多かったですね。

――ということは、公的には質疑があった場合に国会議事録としてしか残らないということですね。

大森　そうですね。ただ、その持ってきた資料はちゃんと残っているんですよ。その時のメモ、こちらで修正し、加除添削したものは残っていて、綴って代々引き継ぎますからね。本来それをずっと残しておくことは、文献として意味があるのですね。ところが行政情報公開時代になりまして、情報公開を求められるようになりました。私は、そういう意味のあるものは残して公開したらいいじゃないですか、と言っているのですが、どうも秘密主義者が多くて、保存しておくと公開して見せなければならないからと、最近保存期間を短縮するなりしては保存する資料を少なくしてしまうのです。

――そうですね。なるほどと思いますが、天皇の行為が国政関与にあたるかどうか、お言葉をどうするかなどは、もともと日本国憲法に照らし合わせてみて、すべてかなり危ういところですね。その危ういところについて、大森さんの場合は、こういう問題はこうだ、という感じが、相談された瞬間にわかりますか。感覚的にこうだ、ということがおありでしょうか。

大森　法務省から法制局に出向して、宮内庁担当ということになれば、宮内庁の旧担当参事官から引き継ぎ資料がくるわけですね。戦後三〇年も四〇年も経ちますと、かなりの問題が議論され尽くし、資料も蓄積されている。引き継ぎますと、まずそれを読むわけです。そうなりますと、だいたいこういう線だなという判断の基準、スタンダードが摑めます。その点はあまりブレはないと思います。

第七章　法令審査の実際

参与会

——今回は、まず参与会についておうかがいできればと思います。

大森　まず参与会ですね。参与会の運営状況などは『内閣法制局百年史』に記載されていますから、詳しいところはそれで補っていただきたいと思います。

その構成メンバーは、学者参与と長官ＯＢ参与の二種類になっています。学者参与は、行政法、憲法、民法の分野から然るべき権威に入ってもらっています。戦後は、憲法では宮沢俊義先生に長らくお入りいただきまして、現在は高橋和之先生、行政法は田中二郎先生、次いで雄川一郎先生、雄川さんが亡くなられて塩野宏先生に引き継いでもらいました。民法関連は、加藤一郎先生がずっと占めておられて、そのあとを森嶌昭夫さんが引き継いでおられる。それから誰を引き継いだということではないんですが、いまは民事訴訟法の竹下守夫先生にもお入りいただいております。

参与会は学者にとっても研究題材の宝庫ですね。だからずいぶん熱心に毎回出て来ておられる。あらかじめ送付される資料を丹念に読まれて、法制局も有益なご意見を得ています。

長官ＯＢでは、常時出席する恒常的なメンバーでは、工藤敦夫さんが一番年上で、その次の大出峻郎さんが亡くなりまして、その次が私です。最高裁判事在職中の津野修君は出て来ませんで、その下の秋山收君がいま一番若い長官ＯＢです。今度は、阪田雅裕君も出てくるでしょう。

恒常的には、月に一回ないし二回、第二火曜日と第四火曜日の夕方、場所は原則として長官公邸で開かれます。食事をしながら時の話題を話し合い、そのときどきの法制局が抱えている当面の課題を、各部からの参事官が提案し、問題について、参事官がまず説明をして、それについて各参与が意見を述べるという形で進行するのが通例です。その議事概要は、発言の主要な要旨だけを残すということになっていて、議事録は作成されません。

参事官が、判例があるものは判例、それから学説、国会の議論など、詳細な関係資料を作成し、議事概要にも参考資料として添付して後に残します。そして、ある一定の回数がまとまると、それを活字にして冊子にして保存します。

参与会の設置法令は何もありません。いわば法制局長官の私的諮問機関という位置づけです。辞令も出さず、口頭で委嘱するだけですから、本人が辞めたと言うまでは続くのが常例で、任期もありません。ただ、加藤先生のように、「八〇になったらこの世とは縁を切る」と言って、「さようなら」という年賀状を出されるようなことになれば、後任を選びます。

ただ、長官ＯＢのほうは自然に出て来られなくなります。まだ存命中の人で、吉國一郎さんとか、茂串俊さんとか、角田禮次郎さんは出て来られないですね。年に一回開催されている忘年会だけは出て来られます。法制局としては、公式には非常に役立っている、有益な意見をいただいている、ということになっています。

ただし、長官ＯＢ参与にしろ学者参与にしろ、自分に直接の責任が生じないものですから、比較的自由に意見を言い、結論を述べられます。

法令文平易化研究会

大森　その次は、法令文平易化研究会ですね。私が法制局に行った翌年の昭和五九(一九八四)年一〇月三〇日に、「法令文平易化研究会の設置について」という形で幹部会の了承を得まして、研究会が始まりました。

この発端は、当時の味村治法制次長の提案です。法制次長は実質的には法令審査の最終決裁者です。国会開会中は、長官は予算委員会に縛りつけられて、細かいところまで目を通す余裕がありませんので、法制次長が最終決裁者のつもりで、完全にチェックせざるを得ません。味村法制次長はそういう役割以上に丹念に見られて、「このごろの法令文は非常に難読・難解になってきているので、少し法文の平易化に関して検討してみてはどうか」という発案をされました。

「法文平易化に関する問題点」と題する五九年九月七日付けのメモを渡されまして、「ひとつ総務主幹の立場で、これについて検討してみてくれないか」という提案を受けました。総務主幹と法制次長とは同じ法務省の出身で、しょっちゅう部屋も往き来して、意思疎通のいい仲でしたし、事柄としても総務室の所管事項ですから、私がそれを引き取って、法令文平易化研究会を設置することになりました。総務主幹が責任者になって、各部(第一部から第四部)の首席参事官、一番シニアの参事官をメンバーとして研究会を始めたわけです。

一年後の六〇年一二月二日に「中間報告」という形で、「法令文平易化研究会の研究結果について」をまとめまして、幹部会に提出しました。その結果について、どういう形で後に残すかということを長官が考えて、「今般、法令文平易化研究会から法令文の平易化方策についての中間報告が提出されたが、その内容は適当であると考えるので、当面、法令案の審査に際しては、これに依拠して法令文の平易化に務められたい」という形の訓令を、部長および参事官に出しました。

毎年通常国会には八〇本から一〇〇本の法案を内閣から提出します。そのすべてについてこれが守られているかといったら、決してそうだとは胸を張っては言えませんが、法令文の平易化に努力しなければならないという牽制にはなりました。法令文もかなり短くなりましたし、読みやすくなったという成果はあったと思います。

――そもそも法令文が難解・難読であるということですね。昔はそうではなかったのかもしれませんが、そうなってきた背景は何でしょうか。

大森　それはいろいろな原因があります。一般法はだいたい、そんなに複雑ではないわけですね。ところが年代を重ねるにしたがって、特別法が積み重なってくることになりますと、特別法の特別たる所以を書き込まなければなりませんので、複雑になる。特に複雑なのは行政法の分野ですね。行政法については、私は法制局に行くまでまともに読んだことはなかったとは過言になりますが、よくこれだけ丹念に複雑なことを書くものだな、と思われるものが多々ありました。しかも、法令文を平易化しようという意識がない。歴史的には戦前から言われていたことですが、どうしても各省がもってくるものをベースにして審査するものですから、どんどん難解・難読になっていったのです。

この報告書の中でも、難解・難読の法令文の類型化をしまして、それぞれについて、どういう類型化方策があり得るかを検討しています。研究会は毎月一回ぐらい、全部で七回やりました。難解・難読な法律あるいは条項を、各人が自分の担当分野から抽出しまして、それが難解・難読な理由は何かを分析し、それを読みやすくするにはどういうふうにすればいいかということをみんなで検討し合いました。

——日々、税法などに苦しめられている私としては、なんで平易化されないのかと思っていました。一部改正法令などは少し難しい点があると思いますが、そういうものを除いて、必ずしも徹底されない理由は何でしょうか。

大森　記述の対象が複雑で、非常に複雑な条件をいろいろ付け加えるということが一番の原因だと思います。さはさりながら、それを一文で書き直してしまうというところにも技術的な難点があります。そういうことは、各号列記とか、技術的な工夫によってかなり改善されるということもあるわけです。行政の分野で、いかに行政施策が細かくなったかの反映でもあるのでしょうね。一番平易な条文は例えば民法八五条の「この法律において『物』とは、有体物をいう」で、そのコンメンタールが何十ページにもなるというのが一番反対の極ですね。ところが、非常に長文化するというのは、コンメンタールのほうを法文にした、というような感じです。

——会社法とか民事訴訟法、民法が全面改正されたというのも、いま言われた検討を背景にしているのでしょうか。直接に、ではないかもしれませんが。

大森　それは法制局次元の問題ではなくて、カタカナ文語体が社会の若い世代に受け入れられなくなったという時代の移り変わりが背景になっているのでしょう。商法も社会情勢、経済情勢の変化にしたがって、枝番、孫番でどんどん新しい制度を付け加えていきました。特に会社法は、全部で何個条にわたっているのか、誰も数えたことがない世界です。これは税法も同様です。やらなければならないと思いながら、ほかのことに追われて、そういう整理をするいとまがなかった。それをやっと実現できたということでしょう。

私が最も改めなければならないと思ったのは、二重括弧、三重括弧を平気で使うことです。法文を本当に解明しようとしたら、カラーペンを三色も四色も置きまして、これがどこに続いていくか色を塗り分けないことには文章を解読できない。そういうことを平気でやっていたのですね。所得税法だって、当初はすらりとした法律だったのです。昭和三六年ぐらいですか、所得税法を全文改正した。その後少しずつ一部改正を付け加えていった際に、括弧で抜いたり加えたりして、まかなえるものは全部その方式でやったのですね。そのたびに三重括弧、四重括弧ができてしまった。

内閣法制局百年

――『内閣法制局百年史』と『内閣法制局の回想』はだいぶ重宝させていただいています。

大森　私は総務主幹としてその編集に関与しました。昭和六〇（一九八五）年一二月二二日のちょうど百年前の明治一八（一八八五）年一二月二二日に戦前の内閣制度が発足して、その翌日の二三日に法制局官制が制定されて法制局が創設された。そこから数えて、昭和六〇年一二月がちょうど百年目に当たる。だいたい日本で戦前から継承した組織は、その頃みな百年を迎えたわけですね。それで到る所で百年、百年という声が出たのですが、少なくとも内閣制度については、内閣制度百年記念式典をやろう、「内閣制度百年史」を編纂しよう、ということが内閣官房の事業として提起されました。

内閣制度百年事業をやるなら、法制局も一日遅れで百年なんだから、別組織として百年事業を立ち上げなければならないのではないか、所管は総務室であるということで、法制局に行った早々から、それを見込んで着手しました。初めは百年事業としていろいろ書き上げました。小さいところだと切手の発行から、国際会議まで大風呂敷を広げて検討を始めたんですが、検討すればするほど萎んでいきました。

切手の発行は郵政省の郵務局が握っていましたが、郵政省は法制局の第二部の所管という関係から言うことを聞いてくれるだろうと思って、切手の図案をどうするか、などと考えていましたら、駄目です、と断わられました。あとで思えば、組織の百年の記念切手をいちいち出しているとたまったものではない。少なくとも大きな制度の百年ということでしか出せないのですね。

国際会議についても、フランスのコンセイユ・デタとの連携で国際会議でもやろうかといっても、なかなかそれだけでは成り立たない。アジアの隣近所とは、当時は国レベルで国際会議を開くという情勢ではなかったわけです。台湾はああいう状態、韓国もああいう状態、中国とはなかなか波長が合わないということで、それも諦める。予算の関係もありました。ということで、最後に残ったのは式典と百年史、それから百年史関係者の回想録の出版物合計二冊、ということになってしまったわけです。

式典は中曽根総理を主賓として、衆参両院の法制局の関係者を迎え、各省の事務次官の参加を求めて、貧乏組織にしてはずいぶん盛大な式典とパーティをやりました。残るは法制局史です。この『内閣法制局百年史』の中にも少し引用していたと思いますが、これに先行する下敷きがありました。法制局が戦後解体されて法務府の一組織になって、その後平和条約の発効とともに内閣の直属機関として復帰してから一〇年を記念して、編集したものがありました。それをベースにして、その後の経過を付け足し、内容もできるだけ充実させようじゃないかということで、内閣法制局百年史編集委員会を発足させました。委員として名前を連ねているのは、法令文平易化研究会と同じで、各部の最もシニアな首席参事官です。最後の四人は事務官です。そういうメンバーで手分けをして作業を始めました。

しかしそれだけではどうも物足りないということで、過去の法制局関係の存命者に、当時の思い出を語ってもらおうじゃないか、それを活字に残すことに意味があるということで回想編を別冊として編集しました。ですから回想編は全部書き下ろしです。あとで思えば、よくあの安い原稿料で、皆さんお忙しいのに書いてくださったものだな、と思います。全部書き下ろしで、期限を守って、原稿を提出いただきました。そういうふうに一巻のボリュームとしてもほどほどのものにまとまったわけです。

百年史中には組織の概要と、法令審査提要のようなものも一応書き込まれています。そのあたりになると、自分のノウハウを活字に残すいい機会だということで、参事官がずいぶん熱意を込めて執筆しました。法案・政令の審査については、この前にも元法制局長官林修三さんでしたかその前の人でしたかの執筆にかかる「法令審査提要」というものがありまして、それが下敷きになっています。ただ、条約審査の部分は、外務省から出向してきている参事官がずいぶん意欲を燃やして書き下ろしました。

――いまの先生のお話に、年史をつくるのは法令審査のノウハウを残すいい機会だった、というお話がありましたが、年史をつくる以外に、先輩参事官からノウハウを伝えるようなことは、どういう形でされているんですか。

大森　これはまさに組織の年史ですが、「執務提要」が各先輩の編集で出されています。参事官に出向してきますと、まずそれを読むのですね。ぎょうせいから出版されている『ワークブック法制執務』(前田正道編)、もう一つは『例解立法技術』(学陽書房)です。事案のあらゆる類型毎に、それには、こういう場合にはこういう表現をとるのだ、というようなことが、いちいち書き上げてあります。各省でもそれを持っていて、文書課で法令担当になると、まずその本を読んで原案を起案し、それを法制局に持ち込むわけです。参事官は参事官で、その本を頭に叩き込んで、審査を開始するわけです。だから、ぎょうせいの本は、隠れたるベストセラー、ロングセラーですね。

林修三さんの小さな本で『法令作成の常識』(日本評論社、一九六四)と、『法令解釈の常識』(日本評論新社、一九五九)というのがあるでしょう。あれはちょっと簡単すぎます。

もう一つは、『法令用字用語必携』というのを総務室で別に編纂していまして、法令で使える漢字の範囲を指定しています。日本語には同音異字などの紛らわしいものがたくさんあるわけで、こういう意味で使うときにはどの漢字を使うかということまで決められています。カナでは「トル」だけれど、「採る」なのか「執る」なのか「とる」なのか、一応決めてあるのですね。そういう用字用語集関係の冊子がハンドブックとして用意されておりまして、それも各参事官に渡されていて、それも座右の書として、審査に臨むわけです。

——先ほどおっしゃっていたのは、一九七五年、全訂一九八三年ですね。

大森 もう一つは、吉國さんと林修三さんが編集執筆した厚い本です(六〇〇ページ)。

——用字用語集のお話があったんですが、読みぐせといいますか、「定める」を「ていめる」と読んだりするのは、口伝というか、決まり事なんですか。

大森 法案の最後の読み合わせ、原稿と原本たる法案、閣議に付議して国会に提出されるものの読み合わせには非常に気を遣うわけです。「ていめる」というのは、その読み合わせの際に、俗語のように、誤読・誤聞を防ぐために、いろいろあるというだけのことです。

——技術を伝えてもらうのは、先輩方が編纂された書籍を読む以外には、オン・ザ・ジョブ・トレーニングということになるわけですか。

大森　結局そうでしょうね。しかしそんなに難しいトレーニングではない。その参事官が適任かどうかというのは、三カ月から六カ月で決まるのじゃないでしょうか。前にもお話したかもしれませんが、参事官には標準任期は五年と申し渡してあります。経済官庁は四年ぐらいで逃げてしまうのが多いです。一年目はかなり部長のお荷物になる。部長も手が抜けない、目が離せないという状態ですね。しかし、二年目ぐらいからは普通になって、三、四、五年目は、あの参事官が審査したものは大丈夫、喩えて言えば、忙しければ手を抜いて判を捺しても大丈夫、という感じになる。最初の一、二年間にお荷物になり通す人と、六カ月もすれば三、四年目の人たちと同じレベルに達する人というのは、その人の才能と素質ですね。他の世界でもだいたいそうじゃありませんか。

内閣・各省庁との関係

——それでは引き続き、内閣との連絡について、どういうあり方であったのか、お願いします。

大森　総務主幹は、各省の官房長相当職です。内閣との関係では、当時は内閣官房に内閣参事官室というのがありました(いまは、内閣総務官室と名前を変えています)。そのトップが首席内閣参事官です。総務主幹として対応する相方は、当時は首席内閣参事官でした。だいたい向こうのほうが三年ぐらい先輩ですね。法制局のほうが若いのに、えらそうな顔をしているのですが、各省との関係もそうです。

ほかの内閣のポストと法制局はどういう関係になっているかといいますと、長官は、総理と国務大臣たる官房長官に対応する。法制次長は事務次官等会議のメンバーで、各省事務次官待遇です。これは事務の官房副長官に対応します。事務次官等会議は、建前は官房長官が主宰することになっていますが、官房長官は一年に一回ほど顔を出すだけで、事務の副長官が司会をするのですね。法制次長はそのメンバーでもあるわけです。

法制局部長は、各省との対応では局長と対応している。部長に用があるときには局長がやって来る、という関係です。

では参事官はどうなのか。法制局設置法上は、法令審査は参事官が行うということで、参事官の所掌事務になっています。参事官は各省庁の課長相当職ですから、各省庁の課長に対応する。ところが、法令審査にやってくるのは、法務省を除く省庁は課長補佐あるいは係長です。それが審査テーブルにおける対応ですね。

ところが法務省の法令審査だけは、法制局の法務担当参事官と、法務省側の参事官あるいは課長が同じテーブルでやり合うのですね。だから担当参事官も容易ではないのです。自分と同期あるいは自分より期の上の者がやって来て、「法務省での局内の検討はここまでで、お前の言うことを聞いていたら法案の内容がますます悪くなる」というようなことを大きな部屋で公言することさえあります。隣の審査テーブルでやっているほかの省庁は、みんなびっくりします。ほかの省庁がそんなことを言ったら所払いになって出入り禁止にされてしまうところ、法制局参事官にそんなことを言って大丈夫なのか、と。法務省だけは違うので、大変なのですね。

——なぜ法務省は、課長がやってくるんですか。

大森　やはり自分だけが専門だと思っているのですね。法務省の特殊性ですが、本来法務省のメンバーは法務事務官でしょう。外務事務官、大蔵事務官、農水事務官とみんな事務官ですね。ところが法務省の課長・参事官には、検事をもって充てられています。参事官と課長の主要なところは全部アテ検です。検事をもって充てる。だから逆に、課長・参事官は、自分は検事で、法律関係の専門職は自分だけで、他の事務官は補助職だ、と思っているわけです。だから任せられないということで、みずからやって来るのですね。だいたい対応関係はそういうことですね。

——そうすると、法務省が来た場合、法制局としては法務省出身の参事官を当てるんですか、それともそういうことは関係なく当てるんですか。

大森　それは第二部の所管のところでお話ししようかと思っています。いまは省庁再編でずいぶん変わっていますが、当時の第二部の所管というのは、内閣(内閣官房)、総理府、法務、文部、建設、郵政、防衛庁、警察庁です。この中で、権利義務関係が主たる内容となる法律を抱えているのは法務と建設ですね。建設省というのは権利義務関係法令をずいぶん抱えています。

当時は、法務・裁判所からの参事官が第二部には二人いまして(他に第一部に一人)、その二人が、法務と建設をそれぞれ半分ずつ受け持っているのが通常の姿でした。それだけでは分担が足りませんので、防衛も、法務・裁判所から来た参事官がもっていた。防衛はほかの参事官も回り持ちでやっていた時期があります。法務省・裁判所の法案は、法務省から来た参事官が原則として担当する。ただ、どうしても法案が多くて処理しきれないときには、ほかの参事官に、あまり権利義務のシビアでない部分を若干やってもらう。そういうことはもちろんあるわけですが、原則はそういうことです。

しかも法務省からは、検察出身と裁判所出身が一人ずつ〔法制局に〕来るという慣例があるのですね。そこで両者をどういうふうに割るかというのは、そのときどきで若干の仕切りの違いはありますが、民法関係は裁判所出身者、刑法その他刑事法関係は検察の出身者、ということも揺るがないですね。監獄法の改正なんていうと、検事出身者ですね。だいたい、そういう分担です。

警察からは別に参事官が来ていますから、警察法プロパーはもちろん警察出身の参事官が担当します。防衛と警察というのは、治安関係と安全保障の関係で隣接していますから、警察出身者に防衛を任すことが多かったですね。

もう一つは郵政ですが、半分は法務参事官。郵政のうちの貯金と簡易保険はまさにその実体は商事関係ですから、だいたい裁判所からの参事官が担当しました。他の郵便・通信・電波関係は郵政省出身の参事官が担当します。

――大部屋でそれぞれ机を囲んで審査しているときに、裁判所とか法務関係の場合は関係が違うというのは、よその省の人も、そういうものだと納得するんですか。やはり法務省はえらいんだね、という感じでしょうか。

大森　えらいというよりも、すごいな、という気持ちはあったでしょうね。それは両者の関係が、まさに同期で、司法研修所で一緒に研修した者が、たまたま一人は法制局に出向して、一人は法務省にいるというだけの関係ですからね。二人は何も違和感がありません。法制審議会で議論しているのとまったく同じ意識です。しかし最後に、駄目だ、という決定権は審査側にありますから、なかなか折り合えないときは本当に大変です。ほかの省庁は、法制局がこうだと言えば、唯々諾々と諦めるのですが、法務省は諦めませんから、それは大変です。

――諦めない場合は、どこで調整なさるんですか。

大森　そういうときは、審議官あたりが部長のところに来たりするわけですね。最後の最後は、どこかで折り合わなくてはしょうがないわけですね。しかし法制局のほうが、泣く子と地頭には勝てないわい、と思うこともあります。まあ許容範囲内の、表現だけの問題が結構ありますからね。法制局のほうが諦めることだってあり得るわけです。

ときどき最高裁が関係してくると困惑します。私が本当にまいったなと思ったのは、刑法の全面改正があったときです。例えば一九九条が殺人、二〇〇条が尊属殺。尊属殺の条文を落とすとなったときに、本来だったら、「第二〇〇条　削除」という形で残すのは、全面改正ですからおかしいのです。だから「詰めて、条もずらせ。当然そうであるべきだ」と強硬に主張しましたが、最高裁の刑事局から、とうとう総務局まで引っ張り出してきました。総務局は、司法統計で何条違反というのが統計上の一つの指標だというのですね。だから統計処理に連続性がなくなるとかいうのです。事件局のほうは、いままで実務家は頭の中で、殺人と来たら一九九条、二〇〇条が抜けて、二〇一条が殺人予備と、この犯罪といえば何条というのが頭にこびりついている。それを今回のようなひらがな化によって、ずらしたら実務上支障がある、とかいうことでいろいろ反対されました。さらにまた、これは全面改正といっても本来の意味における全面改正ではないのだと言って、刑法学者まで動員してきました。法制審議会の刑事法部会の総意であるとかなんとかいって、そのテープを持ってくるわけですね。体裁だけの問題ですから諦めましたけれどね。だから法務省への対応は大変なのです。

第八章　靖国懇談会・事務の電子化など

靖国懇への関与

――次に、靖国の問題が生じた背景、そもそもそれを担当されるようになった経緯について、お願いします。

大森　これは前にもお話したとおり、本来、総務主幹は第一部の参事官を兼任する立場では、靖国を担当する必然性は何もなかったのですね。ところが当時の前田正道第一部長が突然入院されました。結果的にはちょうどそのとき、靖国懇談会(閣僚の靖国神社参拝問題に関する懇談会)における検討の大詰めの時期でして、急遽私が第一部長代理として関与したということです。

靖国懇にはだいたい全部、傍聴の形で顔を出しました。靖国懇の報告をまとめるときには、憲法問題では法制局がまとめる一方の主役です。そして片方には、内政審議室長が取りまとめの主役です。憲法的な側面は法制局の厳密な関与が必要なので、当時の味村法制次長と第一部長代理たる私、そしてＳ担当参事官の三名が汗をかきました。

――大変なことが降って湧いたような感じですね。ご本(『二〇世紀末期の霞ヶ関・永田町――法制の軌跡を巡って』日本加除出版、二〇〇五)では問題の背景も書いてくださっていますが、お願いできますか。

大森　靖国問題は、特に遺族会あたりの政府に対する要求内容が時とともに変わっていたのですね。

かつては靖国神社を国家護持、国営神社にしろという主張がありましたが、それは宗教法人だからとても駄目ですよ、ということで見切りをつけて、今度は内閣総理大臣が内閣総理大臣の立場において公式に参拝すべしという要求に変わっていったのです。当時の総理は中曽根さんですから、それを正面から受け止めて、公式参拝をしたいと言い出しました。翌年からは、国際情勢上、私的参拝もできなくなったのです。甚だ不本意なのです。

それだけ苦労したのに、一年で身動きがとれなくなってしまったというのは、東南アジア情勢の認識について中曽根総理は非常に甘かったということで、政治家としてもどうかと思います。それとともに、われわれのあの苦労は何だったのだろうという気持ちです。それから、あれほど仕分けをして、限界づけしたのに、小泉内閣になったら、かつてのそういう議論を詰めたことが無に帰してしまった対応ですね。いやになってしまいます。

――靖国懇のことでお伺いしたいことは、一つは法制局内部でどういう意見の集約の過程があったのかということです。これには昭和六〇(一九八五)年七月の段階で参画されたということで、最後の段階だけになります。もう一つは、靖国懇それ自体がどのように運営されていたのかということです。これはこれまでなかなか語られてこなかったところでもありますが、可能な範囲でお話をお聞かせ願いたいと思います。まず、法制局部内で、いかなる議論があったのかというあたりからお願いします。

大森　靖国公式参拝問題の意見の集約にも長い歴史があります。基本的な考え方は、昭和五五(一九八〇)年一一月一七日、衆議院議員運営委員会の理事会において、当時の宮澤喜一内閣官房長官が、政府統一見解として、次のとおり答弁し、昭和六〇年に至るまで、質問を受ければ同様に答弁してきました。

「政府としては、従来から、内閣総理大臣その他の国務大臣が国務大臣としての資格で靖国神社に参拝することは、憲法第二〇条第三項との関係で問題があるとの立場で一貫してきている。

右の問題があるということの意味は、このような参拝が合憲か違憲かということについては、いろいろな考え方があり、政府としては違憲とも合憲とも断定していないが、このような参拝が違憲ではないかとの疑いをなお否定できないということである。

そこで政府としては、従来から事柄の性質上慎重な立場をとり、国務大臣としての資格で靖国神社に参拝することは差し控えることを一貫した方針としてきているところである。」

それからもう一つの観点は、従前の私的参拝において、公用車を使って靖国神社へ行く、あるいは記帳で「内閣総理大臣」という肩書きを付するということから公的参拝ではないかという議論がありましたが、それについては、そうであるからといって必ずしも公的参拝と断定する必要はない。だいたいその実体面と手続面の二つの見解を、口癖のように国会で答えていたんですね。

ところが、中曽根総理がぜひ公式参拝を行いたいという。そこで、違憲とも合憲とも断定し難いではなく、どちらかに断定することを迫られて、法制局としては、そうはいってもなかなか決めかねる。決めかねるという趣旨は、最高裁の津地鎮祭判決に「最終的には社会通念によって決するべきである」というくだりがあります。社会通念がいずれにありやという判断は、法制局の検討だけでは決しかねるということから、広く意見を聞く機会を持ちたいと希望したのです。これは私は関与の外です。

そこで各界の有識者を集めた靖国懇の開催に至りました。だから法制局の靖国懇に対する当初の期待は、前記目的効果論の立場から、あの要件に当てはまるのかどうかを社会通念で決めてくださいということです。ところが靖国懇は靖国懇で、最終的な断定的なことはなかなか言えない。懇談会内部でも若干少数説が生じましたので、あのように問題の考え方だけ示して、それに基づいて、政府でよく検討しろと、ボールを投げ返されたわけです。

そこで長官、法制次長も「困ったな」と呟いていました。もっとはっきり結論を示してもらったら、それに乗るつもりだったのですね。

靖国懇の運営のほうは、官房長官の私的懇談会といいますか、行政事務運営上の会合ですから、当時は内閣官房の内政審議室の所管事項で、内政審議室がその運営の庶務を担当していました。しかし、問題の中心は憲法問題ですから、法制局もそれに密接に協力するという位置づけでした。だから、その式次第の決定、提出資料など、庶務的なことは内政審が責任を持ってやっていた。資料の提供は法制局からもしたことはいうまでもありません。

――それで先生が関与された七月あたりから、いよいよとりまとめに入りまして、第一次、第二次、第三次と案ができ、最終的に八月七日に報告書が提出されます。九日かもしれません。その案はどこで作られたのでしょうか。

大森　報告書の原案の作成は庶務事項で、ドラフターは内政審が務めました。しかしその中で、肝心の憲法問題の要点部分は、法制局のほうでいろいろ注文を出しました。

――特に憲法問題を中心にして、内容が変わっていったやに聞いているのですが、その過程では、法制局の見解が憲法問題を中心に反映されたということでしょうか。

大森　第一次、第二次、第三次と、どういうふうに変わっていったか、正確な記憶はありませんが、最初のドラフトが最後まで維持されるということは一般に少ないので、いろいろな観点から議論をしていて、内政審あるいは法制局側の意見とともに、靖国懇の委員の意見も非常にいろいろ出されて、それが反映されました。

概していえば、委員がいろいろ意見を出して、それを集約していって、最終的に報告書の内容に落ち着いた、ということだと思います。いまでは詳しいことはあまり覚えていませんが、少数意見で違憲じゃないかという意見もあったわけですね。そういう少数意見をどのように表示するかということについて、初めは両論併記にするとか、いろいろなことがあったわけですが、多数意見を中心に書いて、主要な問題について少数意見があるものは少数意見も付記するという形にしたと思います。そういうことが報告書のまえがきに書いてあります。

――社会通念というものが私的懇談会で導ける、と法制局はまともに期待していたのでしょうか。

大森 だいたい、これについての社会通念とはそもそも何なのか、社会通念という概念の中に実体があるのか、あるいは外に実体があってそれを映す鏡ではないかとか、そんな言葉を使って、内部で長官、法制次長あたりが長時間延々と議論していた記憶があります。しかし新聞の社説その他マスコミを通じた見解も社会通念を知り得る一つの有力な資料でしょう。しかしマスコミの社説だけでは偏りがある、結局、この問題に関心を持つ社会各界の有識者を入れて議論してもらうのが、現実としては社会通念を知る最もよい手段であろうという結論になったわけですね。

だから社会通念を知るというのはなかなか難しいし、そのための決定的な手段はない。極端にいうと、じゃあ国民投票で行くかということになりますが、それも一つの探求の方法かもしれません。現実の国政運営上、〔靖国懇は〕隠れ蓑だと言われながらも、社会各界の有識者を集めて時間をかけて論議してもらった結論というのは、一番妥当な意見であると言わざるを得ないわけですね。憲法は芦部信喜先生も入っておられました。

——芦部先生が一番コミットされましたが、小嶋和司先生、それから佐藤功先生、田上穣治先生ですね。

大森　だから、そんなに一方に偏っていないですね。憲法学者もできるだけ右から左まで入れなくては客観的で妥当な意見が集約できないということで、田上先生も一方の代表として選んだ記憶がありますよ。そのへんは、憲法学者は誰がいいかといろいろ聞かれたのですね。

——先ほどおっしゃった一つの社会通念というものが、その会議を一年間ぐらいやることによって一つの方向が出てくるという見込み、期待があったのかどうか、その点はいかがでしょうか。

しばらく意見が嚙み合わないままずっと進んで、それで両論併記なり、さまざまな意見の羅列になって、あとは政府の責任において選んでくださいという方向になるはずだった、と芦部先生は回想しておられます。ところが八月が近づいてきて、七月のとりまとめの段階で、急に一つの方向にまとめないといけない、唐突に、新聞のニュースなどでそちらの方向であるということを知って、自分はびっくりしたとおっしゃっています。そうなった背景について、何かご存知のことがあればお願いします。

大森　それは何から取ったものですか。

——これは『宗教・人権・憲法学』（芦部信喜著、有斐閣、一九九九）という書物に収められている一部ですが、もともとは、『ジュリスト』の「靖国神社公式参拝緊急特集」、まさしく八五年に出たものに載ったものです。これには、先ほど申し上げました第一次案、第二次案、第三次案と芦部先生の意見が採り入れられ、「両論併記の形に実質的に近づいていった」という回想と、「さはさりながら自分の意見がよく反映されない、特に他の憲法学者が、自分が両論併記にするといったときに何も発言しなかったことは私の一つの大きな驚きだった」という赤裸々な回想まであります。

ただ実際の当事者でもあり、お書きになったのが八五年で生々しかったので、審議結果とそこに関わった限りでの個人的な思い出を述べるという趣旨で、ほかの人がどういう意見であったのかということはわかりません。

大森　そのへんが憲法学界における議論と違うところで、靖国懇自体が、中曽根総理が「戦後四〇年を期して靖国神社に公式参拝したい、ついては、いままでは違憲とも合憲とも断定できないといって結論を述べてこなかったけれど、結論を出してもらいたい」と求めたことがきっかけですから、やはり結論を出さなければなりません。延々と議論することが目的ではなくて、駄目なら駄目、いいならいい、どういう形ならいいかという結論を出す、という実践的な目的の懇談会ですから、単純な両論併記というわけにはいかない。いろいろ意見はあるけれど、大勢としてはこうだ、しかしそれにどうしても承服しかねるという人は、主要な点だけは少数意見を付記しましょう、というまとめになっても致し方ないということです。

そのへんの基本方針は、誰がリーダーシップをもって決めたか、私は知らないのです。まだ第一部長代理の立場ですからね。官房長官と法制局長官あたりで本音の合意があったのかどうか、そのへんはよく知りません。

――もう一つ、参拝の方式が問題になるんですが、この報告書を読んでいますと、これは政府で然るべくやってくれとして下駄を預けた形になっています。これは具体的には、靖国懇あるいは事務方で検討があって、しかし書かなかったということなのでしょうか。

大森　当時の味村法制次長と私が二人で靖国神社に行きまして、到着殿というのはあそこだな、あそこから入ってまず手水の儀があって、修祓を受けて、本殿まで進んで、玉串を捧げて、〔二礼二拍手〕一礼する。そういう正式参拝の方法をまず文献で調べ、あそこでこうするんだ、ということを実地に当たりました。特に修祓、手水で手を清めてお祓いを受けるということは宗教行為そのものだから、そういう方式は避けなければならない、それは抜いてもらわなければいかんということですね。最もシンプルな、国民が行う参拝としての社頭参拝でも、二礼二拍手一礼ということになると神様を拝む礼式だから、社頭で一礼するというぐらいなら宗教性が薄められるだろうとか、そのへんは法制局内部というか、私と法制次長とのあいだでいろいろ議論した記憶はあります。だから、「正式参拝の方式によらずに、社頭一礼または本殿一礼方式によれば」というところは、そこから出てきたのですね。

ところがその後、これらの方式すら守られず、事前に私的とも公的とも表明しない。当初はあらかじめ公的参拝をする旨を明らかにして、その目的は戦没者の追悼であるということを事前に明らかにしていました。というのは、「参拝」は心の中の問題でもあるわけですから、神に祈るのか、戦没者の追悼のために行うのか、外形的にはわかりません。だからあらかじめ神に祈るのではなくて、戦没者を思い出して偲ぶという気持ちで行くのです、ということを明らかにしてもらわなければ駄目ですよ、ということです。

然るに、それが必須の要件であるという理解が持続されていません。毎年八月一五日が近くなると、かつては新聞記者が国務大臣を取り囲んで、「今度は公式ですか、私的ですか」といろいろ群がって聞いていたでしょう。あれを見苦しいという揶揄もあったわけですが、やはりあらかじめどちらか明らかにしてもらうことには意味があったのです。

――そういう具体的な方式も、ある程度法制局の内部でも詰められていたし、靖国懇でも問題になっ

た と回想している方もいますが、それが報告書にはほとんど書かれずに、「政府に任せる」という書き方になったのはどうしてでしょうか。

大森　どうしてかよく覚えていませんが、最高裁津地鎮祭判決の趣旨に従い社会通念によれば良いか悪いかの結論を報告書に書くことを法制局は期待したにもかかわらず、丸投げしようとしたら、半分ボールを投げ返されたわけですね。要するに、「方式」を工夫すれば憲法二〇条三項に抵触しない方法もあり得る、その部分が核心として投げ返されたのでしょう。だからよく考えろ、決して全面的にクロではない、という結論だと理解すべきなのでしょう。

——その検討をしたところが、最近はあまり顧みられなくなっている。

大森　小泉内閣になってから、私的参拝か公的参拝かの区別も曖昧になってしまいました。靖国神社に参拝に行くこと自体の当否が、中国、韓国との関係で問題になった。それまでは、私的参拝だったら何もとやかく言われることはない、それを内閣総理大臣の立場で公式に行うとなると問題だ、という仕分けがされていました。ところが私的参拝もできなくなってしまいましたね。それは小泉総理がそのへんを厳格に峻別して言動しなかったことにも一因があります。あの人は本当に憲法問題については議論の肌理《キメ》が粗すぎます。頭の構造がそうなんでしょうか。

——林修三さんは、この時期まさに最晩年だと思いますが、靖国懇で座長代理をされていたかと思います。この時期ほかにもかなりいろいろな審議会の座長などをされていました。林さんと法制局とのこのころの関係はどのような形だったのか、お伺いしたいと思います。

大森　法制局長官OBとしては最年長だったと思いますね。ただ靖国懇では、林修三さんではなく、林敬三さんが座長となりましたがそのようになった経過は、私は覚えていません。これがあとで国会で問題になりましたね。林敬三さんはたしか自衛隊の草創期の統幕議長だったか、幕僚長だったかですね。

――警察予備隊の中央本部長から自衛隊の初代幕僚長をされています。

大森　その人が座長をやったから、懇談会は信頼できない、報告書の結論に反対する理由に取り上げられてしまったこともありましたね。たしか日赤の総裁をされておられたと思います。林修三さんが座長にならなかったのは、法制局があまり正面に出たくないということがあったのかもしれません。

法制局第二部長に就任する

――では、総務主幹時代は以上でひとまず終えまして、次に第二部長になられます。その前後の経緯からお願いいたします。

大森　第二部長になった経緯ですが、前にも話したように、私が法務省から内閣法制局に出向した目的は、法務省裁判所関係の法案の審議を所管する第二部長に法曹関係者を充てたいという願望に基づく人事だったのです。直接そうするわけにはいかないので、それに至る過程として、まず総務主幹に就任しました。だからまさに予定された人事だったのです。

では第二部というのは他にどこを所管するか。審査部として第一、第二、第三、第四の三カ部で霞ヶ関を三つに割ってそれぞれ所管していたので、第二部は内閣、総理府、省では法務、文部、建設、郵政という一府四省を所管していました。総理府には外局があって、その外局の中で、国土、警察、防衛、宮内、北海道開発庁が二部の所管でした（後日、総務庁が追加）。さらに公害等調整委員会がありましたが、そこはほとんど法令事項がありませんでした。

所管省の中心の一つが法務省で、他に法案が多かったのは建設省と郵政省です。だいたい権利義務関係法令、民法の特別法なども審査しなければなりませんので、第二部長が法曹出身であることがふさわしい分掌だったわけです。法務省としては、生粋の行政官が部長をやられると困るのですね。なかなか議論が嚙み合わない。当時農水省の出身者が二部長で、法務関係法案の審査は大変でした。やはり打てば響くといいますか、共通の理解の地盤がある法務省あるいは裁判所からの出向者が部長を占めることが、裁判所、法務省の願望だったのです。法制次長の味村さんがそうです。味村さんは振り出しに第二部長をやって、第一部長、法制次長となって離れていくと、幹部の人的構成として、あとは必ず法務省出身者というわけにはまいりません。それで生粋の行政官出身の第二部長の時代が六年間ぐらい続いていていました。

——その第二部長としての具体的なお仕事、職務内容については、どのようなものでしたか。

大森　それは、社会情勢を反映して、時代の推移に従い、いろいろなものがあります。第二部長四年間でいろいろ思い出に残る法案もありました。

毎年どういう法案が審査の対象になったのかを見るには、一月の冒頭に、各省庁からの次期通常国会に提出する予定法案の件名と要旨を総括記載した冊子を見ればわかります。予定法律案・条約について「件名調」「要旨調」と、当時は別々に作っていたもので、件名だけを書き上げたものと、それぞれについて要旨を付記したものですね。件名と要旨は、若干固まる時期がずれるものですからね。ところが後は、「件名要旨調」と合体されました。当時は別々の冊子にしていて、その「要旨調」を見ると、だいたい第二部はどういうものが審査の対象として予定されるかということがわかります。

これによりますと、私は昭和六〇（一九八五）年一一月に第二部長になりまして、本格的な国会は六一年の通常国会ですね。まず審査部の合計でみます。法律案が九一本、条約承認案件が七本提出されています。その次の六二年の通常国会では、法律案は九一本、条約承認案件が一七本、当時は毎年この程度で、多いときで一〇〇本、少ないときで八〇本台でした（その他に、政令案が年間四〇〇本ぐらいあります）。

第二部として思い出に残る法案ということになりますが、通常国会に法案を出す際の、内部における提出へ向けての手続の流れを、立法過程としてお話するのが有益です。

国会への法案提出のプロセスは、前年の夏、八月の末に予算の概算要求が、各省から当時の大蔵省主計局に出されます。その際、予算に伴って法律的な措置が必要なものは、その法案の概要をつけて出さなければいけないことになっています。そこで霞ヶ関の希望レベルにおける通常国会の予定法案がおぼろげながら把握できるわけです。

そのうちに各省が財政当局と予算折衝をやるわけですが、ものになりそうなもの、あるいは大蔵から「それは法律に仕組めるのか」と指摘を受けたものなどは、法制局の担当参事官のところに相談に来ます。そして予備審査といいながら、実質的には担当課と担当参事官の共同作業で、その案を、練り上げていく。そういう作業が前年の第三・四半期中続くわけです。そして年末に予算の概算決定がなされます。

そこでいよいよ枠組が確定して、一月、御用始めとともに法案作業が本格的になり、各省の文書課長会議が開かれます。これは法制局と内閣官房参事官室の共同主催ということになっていますが、実質的には法制局で責任を持って進めます。その文書課長会議を、一月の御用始めの次の次の日ぐらいに各部ごとに開きます。これは朝から晩まで各省庁を順次呼んで提出希望法案の概要を聞き、問題点を指摘するものです。部長が司会しますが、部長は、事前に各参事官から報告を受けて、問題点の粗検討は経ているわけです。その文書課長会議の二日ぐらい後に、法制局の幹部会議を開きまして、それぞれの予定法案ごとに、長官主宰の下で問題点を徹底的に洗って問題点の残っているものは、それを追加検討・資料提出させる。文字どおり、朝から夜中まで丸一日かけて幹部会議で検討し、その上で、各参事官は本格的な審査作業に入っていく。文書課長会議と幹部会議が、出発点の重要会議です。

その結果、提出予定法案の件名が確定する。件名でも、誰に命名権があるのかというのが難しい問題で、議員連盟その他を背負った各省の願望と、法制局としてあるべき題名には若干ズレがありますので、「(仮称)」とつくのが結構あります。しばらくして「要旨調」が出ますので、それを印刷して冊子にして、それを内閣官房から国会の衆参の議院運営委員会に出す。もちろん与党にも出す。そういう手続があります。

その次に来るのが、内閣総理大臣の施政方針演説です。その日に予算を提出するわけですね。国会の審議としては代表質問が衆参三日ずつ行われます。予算提出日が一つの大きな基準になるのは、法律案の提出について、予算関係法案は予算提出から三週間以内に出し尽くすという至上命題があるからです。それを守らなかったら予算審議を止められてしまうことがあるので、参事官はその期日に間に合わせるために徹夜しなければならないという超繁忙期が続くわけです。

——そのときは予算付きの法案のほうが優先的に審査されるんですか。

大森　順序としては当然そうなります。ただ、予算関係法案というのは、本当に難しい検討を要するものは少ないです。税法改正案などはボリュームは大きいですが、課税要件その他をずっと書いていけばいいわけですから、作業量は多いけど、法律的には難しくないというものが多いですね。

それでも大蔵省担当の参事官は、これは第三部ですが、この時期は大変です。ちなみに予算関係法案というのは、「それが制定されなければ予算および予算参照書に掲げられた事項の実施が不可能なもの」という定義がありまして、特定の法案がそれに当たるかどうかがまた一つのせめぎ合いになります。三週間以内という制約が外れますから、省としてはこれに当たらないほうがいいわけですが、逆に予算関係法案だったら、三月中に成立に持ち込める一つの口実にもなります。だから予算関係法案かどうかと首を傾けるときに、「いや、ぜひ※印を打ってください」と希望するところもあるのです。

――※印を打つのは法制局ですか、それとも内閣官房と法制局とで決めるんですか。

大森　それは両方が口を出し得るのでしょうが、最終的には法制局が法案内容に照らし合わせて、予算に掲げた事項の実施に不可欠かどうかを判断するわけです。

それからもう一つは、※印ではない、非予算関係法案です。これは予算関係法案の期限後四週間内ということになります。通常は三月一〇日前後ぐらいが最終期限になるのです。ただ、これは提出期限がすべて守れるものではないし、膨大な内容の法案もあるので、四月いっぱいまでかかる法案が結構あります。

なかには五月の連休にかかってしまうものもあって、そのときは与党の国会対策委員会のほうが文句を言うんですね。「国会対策上、こんなに遅く出してもらったら責任を持てない」という話になります。そういう流れで、内閣提出法案は処理されていきます。

審査のプロセス

――次に、審査する際の実際の観点ということについて、お願いします。

大森　審査自体は、参事官が審査テーブルの主役となって、法案提出を希望する各省各局の担当課を相手に審査します。担当課からやってくるのはだいたい課長補佐か係長クラスで、それに若い係員がついてくるというのが各省の通例です。こういう単位でやるので、部長はみずから審査テーブルには座りません。ただ、部長によっては「総括説明」と称して、審査の初日には、局単位で、局から出そうとする法案の概要説明を局長に求めるところから始める方もいました。私はそんな儀式をやってみてもしょうがないので、総括説明はほとんどやったことがありません。

もう一つ、私はヒラの参事官の経験はありません。総務主幹の当時に三件ぐらい、第二部の忙しい参事官の割り替えを受けて審査をやったことがあります。審査は丁稚奉公みたいに何件もやらないことには適切な審査はできないというものではないですね。

審査の手順はどうかというのは、具体的な法案によりけりで、いろいろポイントが違うわけです。ただ、法制上、例文というのがあるでしょう。こういう事柄はこういうふうに表現するというものですね。それは『ワークブック法制執務』にほとんど例示されていますので、必要があればそれを参照します。あれは本当に網羅的に書かれています。そのほかに、こういう場合にはこういう表現で書きますという、法制局の幹部会の決定があります。「行政調査で立入権等を認める場合には、必ず捜査のために認められたものと解してはならない」という一文を付加すべきこととされています。そういう約束事を自分で本や資料を読んで頭に叩き込むという作業は必要です。それ以外は、実情はどうかといったら、『内閣法制局百年史』に参事官によって分担して書かれている「法令案の審査」という項目に、概要は尽きているわけです。それ以上は個別案件ごとに異なりますから、一概に言うことのできない性質のものですね。

――そこを敢えて伺いたいと思います。一つは、政令案よりも下位の命令については全く念頭に置かない、考慮しないのか、という点です。それから法律案、政令案、条約案とそれぞれ審査しますが、その審査のプロセスは、大きく言って違うところがあるのかどうか。

大森　上位法令と下位法令との問題は、特に委任規定を置く場合に問題になるわけです。法律で全部を書き切るのはなかなか難しい問題で、それをやると法律としての弾力性を失いますね。それで委任規定を置くわけですが、審査のときには、政令案まで正式に書かせはしませんが、どういう事項を政令で具体的に書く予定なのかということをペーパーにして出させます。それによって、委任の趣旨・目的を具体的に限定していく。白紙委任にならないようにする。その作業は必ずすることになっています。それは審査録の中にも残してあります。だから時代が下って、とんでもないことを政令で実現しようと思っても、当時はそんな趣旨ではなかったということで、政令の範囲の限定にも役立ちます。それは政令ともう一つ下の省令、規則に委任する場合でも同じです。

――審査の際に、政令だけではなく、省令、規則についても書こうとしている事項を出させるということですか。

大森　そういう場合もあります。さらに、法律案、政令案、条約案で審査の仕方に違いがあるのか、ということですね。まず法令と条約ですが、条約というのは要するに国際約束ですね。法制局で審査をした上で国会に付議した場合には、承認案件として、締結を承認するかどうかという観点で国会が関与する。承認を求めて提出するわけですね。だから、法制局の審査に付される際には、すでに少なくとも署名はなされていることが多いわけです。特に多数国間条約の場合は、だいたい締結会議が開かれて、署名せずに帰ってくることもありますが、だいたい署名ぐらいはしてある。内容も、このごろは英語が多いんですが、マルチの場合、英語レベルでは成文が確定されているわけですね。それを日本語に直すというのは法律問題であるかどうか怪しい作業ですが、しかし既存の言葉の使い方がありますから、その整合性が必要になります。それとともに、わが国は条約と国内法との関係で、self-executingという考え方をとっているものですから、その条約を締結すると、ほかの国内法の規定と抵触しないかどうかという検討が必要ですね。抵触してもいいのですが、その場合は国内法の抵触規定を手直しする必要がある。そのへんの検討が重要になるわけです。

二国間条約の場合には、もう少し前の段階で関与します。署名する前に、そういう合意で署名して大丈夫かという検討を事前に参事官レベルでやって、その結果は部長の了解を得て、外務省が署名する。法令案と条約案については、性質の違いから事務処理の違いがあるわけですね。

法律と政令ですが、法律案は国会の審議の対象案として出す。しかし出してしまうと、内容をなかなか変えられない。ところが政令案は行政府の中で決められる問題ですから、だから手を抜くということはないと思いますけれど、どこか支障が生じたらすぐに改正すればいいわけです。しかも委任政令と実施政令で、そんなに難しいものはないですね。法制局全体として年間四〇〇〜五〇〇本の政令の制定・改廃があります。三月にそのうちの半分ぐらいが行われる。一カ部で一〇〇件ぐらい、しかも月末の一、二週間でやらなければならないわけですね。参事官の法案審査が山を越えたら、今度は政令審査です。それも予算関係政令が結構あります。数は多いけれど、内容はあまり大したことはない。

――政令の下の省令とか規則まで書いて出されるという話を伺いましたが。

大森　予定事項で要するにメモ書きですね。

――そこから実際につくられたものには、特に関与されないということですか。

大森　関与していたら大変でしょう。大変というのは、あとから、「何だ、この書き方は」なんていうのが結構あるのです。しかし「まあ、あなたが勝手にやったことだから」ということになる。

――法制局として関知することではない、ということですね。

大森　はい。ところが参事官のところには、問題が生じそうな案件については、事実上の相談には来ていますね。

――ちょっと話が変わりますが、法制局で考えている法律事項の中身は、私が見た感じでは、昔の侵害留保理論そのままである、それについて学説では、そのまま捉えている人はほとんどいないと思うのですが、それを法制局として検討されたことはありますか。

大森　正面からそういうこと自体の検討の機会を持ったことはないですが、それは逆に言うと、法令、法律の所管事項ですね。それは憲法を頂点として、特定の憲法の下においてはおのずから決まっていく問題だと思います。

――藤田宙靖先生などは、いまの実務では侵害留保理論に則ってやるから合憲なのであって、その立場に立たなかったら違憲の法令はたくさんあるんだ、という言い方で、最高裁におられるわけです。参与の塩野宏先生は、侵害留保理論というのは厳然たる実務である、という説明に終始されています。

大森　お二人の説は知りませんというよりも、そんな説を一所懸命調べる必要をあまり感じたことがありません。まず憲法でどう規定してあるかというところから出発するのですね。

――その憲法の規定の、中身の解釈の問題だと思うんですね。前には、内閣が単独で定めてはならん事項は何だとか、ということでした。いまは高橋和之先生とかがそうですが、むしろ法律事項が原則としてすべての事項に及び得るという前提で、国会で必ず法律で定めなければいけない事柄は何か、ということになっている。だから逆転しているわけですね。昔は侵害留保だったものが、そこからの転換という話が学説では唱えられて久しいのですが、それが法制局をはじめとする実務では全く受け入れられないのは何故なのか、疑問ではあったのですが、どうも検討する必要すら感じられないということですね。

大森　早稲田大学法学部の立法学の講義では半日ぐらい、法令の形式的所管事項は何か、という関係で取り上げています。その過程で、上位法と下位法の関係では、委任の問題を取り上げるわけです。しかしそんなに学説の重大な対立があるということは、あまり感じたことはありません。委任の範囲の点から問題にすることだと思います。租税法律主義で、どこまでの要件を法律で決めなければいけないかということで問題になります。

現実問題はたしかに難しいですね。租税法律主義だからといって、法律ですべての要件を書いて、税法の施行令は実施政令事項だけだ、と言ったのでは、税務行政は動きません。税法の施行令の中では、実質的な要件を相当規定しているでしょう。それはそういうもので、いまや誰も疑問を持っていないですね。

事務の電子化を進める

――わかりました。それから最後に、先生がおられた頃から電子化がどんどん進んできていますが、それで審査の仕方が変わったということはございますか。

大森　それはあると思います。私が法制局に出向したときは、まだ法制局の中にワープロすら一台もなかった。私が法務省にいたときは、パーソナルのワープロがやっと普及し始めて、一台一〇〇万円ぐらいするオアシスGが金持ちの局の総務課あたりに一台置かれていた程度でした。おいおい霞ヶ関でも、法令関係文書のワープロでの作成が始まりました。それまでは小説家の原稿のように、マス目の原稿用紙に一字一字書き込んでいたのですね。題名は上から四字落としだとか、附則と書くときには、「附」と「則」のあいだを何字空けるかとか、そんなうるさいことばかり言う。知っているのが事務官のベテランだということになっていました。それがそのうちに、まずワープロレベルで爆発的に普及を始めました。

そこで何が起こったかといいますと、それまでは審査対象は手書きの案文だったわけですね。それに加除添削をする、どこがどう直されたか一覧性があって、後日にその経緯が残っていったわけです。ところがワープロが普及し始めてから、「ここはこう直しなさい」と参事官から言われますと、翌日にはきれいなものがプリントアウトされてくるわけです。しかし、どこが直されたかわからない。それには「何月何日版」として年月日だけ打たれてくる。そういうものが積み重なってきまして、審査の過程がわかりにくくなった面はありますね。しかし事務的には本当に早くなりましたね。きれいな文書を整えるためには速くなった。

しかし、閣議請議案は和紙にタイプで打つべきだ、永久保存のためにはそれが必要だと、まさに信仰の如く信じられていました。それで事務処理の中でも完全に遅れた存在になってしまった。そこでレーザープリンタが普及し始めた。レーザープリンタならかなり長期保存ができるということになって、ワープロ作成でもよろしいということになった。このあたりは内閣官房、参事官室が最終的な決定権を持っていましたね。それで閣議関係、官邸向け文書も全部ワープロ、プリンタでよろしいということになりました。

それから審査資料で、一カ所条文を直すと、それがほかの法律にどういう波及効果を及ぼすかということは、形式的な面ではありますが、絶対に必要な作業ですね。改正漏れがあってはならないのです。それを確保するために、従前はある程度の案文が固まると、全省庁にそれをばらまくわけです。それで「こういう改正を考えておりますけれど、おたくの所管法律の中で関連改正を要するものは、何月何日までにご連絡ください」という法令検索の作業を経て、改正漏れを防いでいました。

ところが総務庁で、法律と政令まで、コンピュータに入れたでしょう。そうすると関係法令の調査が非常に楽になった。それで事務官の仕事は楽になったようですね。参事官の仕事も、各省の担当者の仕事も楽になった。

――従来、変えなければいけない関係法令は、各省が持ってくるというより、参事官の側でチェックしていたのではないんですか。

大森　そんなことはできません。各省が各省の責任でチェックします。

――いまは検索システムが充実したから、各課にばらまくということはしないんですか。

大森　それは別の目的がもう一つあるのですね。結局、政策レベルでこの法律改正、あるいは新法によって、こういうことをやろうとしていますというと、それについて所管争いがあるわけです。

例えば、郵政の簡易保険法の改正ということになりますと、大蔵省の銀行局が所管している保険法とバッティングするわけです。簡易保険で新しい保険を何本か売り出すということになれば、必ず毎年簡易保険法の一部改正が必要になる。銀行局のほうは生保のパトロンみたいな面がありますから、国営保険でそんな人気の出そうなものを出されたら生保が困ります、ということで最後の締切ぐらいになると、必ずといってよいほど徹夜交渉となります。そうなると、その前日の夕方頃に、簡易保険局長が第二部長の許に挨拶に来まして、「今日何時から大蔵省と最終協議をいたします。例によって非常に遅くなりますから、悪しからず、よろしく」という。「よろしく」というのはどういう意味かというと、「帰らずに部屋で待っていてくれ」ということです。そんな馬鹿馬鹿しい、明日の朝まで続くに決まっていることを部長まで待っている必要はないじゃないかと言って、普通は郵政担当の参事官が徹夜で待っているわけですね。

そういう問題があるから、いかにＩＴ化が進んでも、各省にばらまくということはなくならないと思いますね。また、必要なことなのです。

第九章　昭和末期

バブル期の立法

――今回は、第二部長時代(昭和六〇(一九八五)年〜平成元(一九八九)年)に関与された案件について、おうかがいします。

大森　第二部長時代に関与して、記憶に残っていて、お話しすることになりますと、次のように分けることができるかと思います。第二部長時代当時はいわゆるバブル期で、バブルによる地価の高騰抑制のための「地域整備と地価対策」関係の法案のグループが一つあります。それ以外には、それまでの「高度成長のひずみを是正する関係法令」がもう一山あり、毎年の臨時行政改革推進審議会の答申の実施として「行政改革関連法」というのがもう一つあって、それ以外に「昭和から平成への代替わりに関連する法案」があります。大分類しますと、そういうふうに分けることができます。

まず、バブル期における地域整備あるいはそれに関連した地価高騰対策法案のグループとしては、「東京湾横断道路の建設に関する特別措置法案」があります。これはバブル期における地域整備の一つで、それまで高速道路関係は道路公団が施工主体として整備してきました。それに対して中曽根内閣が「民活」をキャッチフレーズにして、民活による高速道路建設を行うという典型が東京湾横断道路建設でした。

当初の計画では、神奈川側から房総へ通行料が片道五〇〇〇円、往復一万円でした。株式会社による道路建設という形式をとって、右の法律を作り、建設を始めたのですが、いまから見れば、高速道路建設の中での最も失敗した例がこれだと言われています。しかも当時は、五〇〇〇円ぐらいだったら誰でも払うから、大いに活用されるだろうという予測だったのに、閑古鳥が鳴いて、いまや片道二五〇〇円ぐらいです。完全な失敗作で、この処理が大変です。

それからもう一つ思い出にあるのは、「国土利用計画法の一部改正」です。これは地価の高騰を防ぐ一つの手段として、地価監視区域制度を設けました。監視区域を定めて、一定期間内、土地に関する権利移転等の場合には届出義務を課して、場合によっては売買契約の中止の勧告措置等を行うことができるという仕組みを作りました。これが有効となり、この制度の運用によりずっと地価が落ちていって、地価の高騰だけは止まりました。

それからもう一つ、馬鹿馬鹿しい思い出ですが、「大深度地下利用法案」というのがありました。そのときは陽の目を見なかったのですが、発端は首都圏の通勤地獄を解消したいということで、当時の運輸省の某局長がご執心でした。当時メトロの半蔵門線は、靖国神社のところだけ買収ができなくて、半蔵門線の建設計画が大幅に遅れていました。それは当時の美濃部亮吉知事が、地権者の反対するものについては、収用委員会をサボタージュさせたため、革新都政時代には、土地収用法による権利の取得はほとんど絶望的でした。

スイス民法では、利益の存する限度でしか土地の所有権は及ばない、とされているのに対し、日本民法では、「土地の上下に及ぶ」となっています。だから解釈によっては、上空もはるか上まで、地中もはるか下まで利用できる範囲内は全部、ということになる。そこで、土地所有権の効力を一定の深度までに限定して、その下に自由に鉄道を通すことができるようにしたいという案でした。

これを聞きつけた他省庁が蜘蛛の糸にぶら下がるように、遅れてはならじということで、農水省は地下の灌漑用水路をつくりたいと言い出し、郵政省まで、郵便地下鉄をつくりたいという。ロンドンかどこかの地下鉄で郵便物の輸送をしているところがあったらしいです。通産省は、大深度地下都市を建設したい、そのために大深度地下空間利用法をつくりたいという。しかもそれぞれが、相乗り法案ではなくて、自分のところの所管事項のみを規定する各特別措置法案を出したいと言い出しました。結局、一番筋がいいのは大深度鉄道だったのですが、それも潰してしまった。あれやこれやしているうちに、結局、期限切れで終わってしまったのです。

その後、平成一二年には、議員立法で「大深度地下の公共的利用に関する特別措置法」が陽の目を見ました。しかしこの法律に基づく公共的利用がまだないというのは、地価が沈静化したから、わざわざ高い費用を投じて、大深度地下まで掘る必要性がなくなったからです。いま首都圏では、各鉄道が複々線化していますが、いずれも地上でやっています。それはそのほうが安上がりだからです。しかも住民運動が収まりましたから、遅れながらも、土地収用法を背景とするミニ買収で事が進んできている。これは非常に思い出に残る企画でした。

その次は、「総合保養地域整備法」で、これは昭和六二年、バブルの真っ最中に、まさにバブルの象徴として整備された法律です。法律の第一条では「ゆとりのある国民生活の実現と地域の振興を図るため、リゾート地域の整備に関する措置を定める」と言っています。題名もリゾート整備特別措置法として、「リゾート」という用語をぜひ使いたいという。これは、各省が仲良くやろうということで、手を組んで一本の法案を推進したのです。みんな相携えて「法律の題名にリゾートを使わせろ」

というので、参事官は、まあいいじゃないかと陥落しかけましたが、「そんな生煮えの外来カタカナ語の題名は絶対駄目だ」といって、私は断固拒否しました。

なぜ「リゾート」を使いたいかというと、表面上は「保養」とは違うということでした。「『保養』というのは、小原庄助さんがどんちゃん騒ぎをやって、温泉に浸かりながら、翌朝二日酔いでまた朝酒を飲む、というイメージである。われわれが考えているのはそうではなくて、(当時の)一〇万円ぐらいの費用で一家族が保養地に一週間か一〇日滞在して、家族が文化的に高められて家に帰る。それが『リゾート』なんだ、フランスではそうだ」ということでした。

もう一つは、すでにリゾート地域整備議員連盟という名称の議員連盟ができていたからのようです。だから先生の顔を立てる必要があるのだ、ということだったらしいです。こちらはそんなしがらみはありませんから、「概念の包容力豊かな漢字文化を日本は持っているのだから、漢字で表わせないはずはない」と言って横を向いていました。そうしたら諦めて、「総合保養地域」といって、「総合」という字をかぶせることによって満足したのです。それで、めでたく陽の目を見ました。

ところがその直後にバブルが弾けまして、この計画に乗ったリゾート地域整備が全部破綻しました。その一つが、宮崎県のシーガイア。それから、長崎のハウステンボス、あれも一度傾いたでしょう。あの種のものが全部アウトになった。

それからそのとどめが、「土地基本法」の制定です。基本法というのは理念法で、法律自体に直接の施策効果はないのですが、ここで理念を確立したら、それをいろいろなところで援用できるので、意外と土地基本法の制定はその後の土地政策に大きな意味を持ったと思います。われわれ法制局として少し議論したのは、「公共の福祉優先」ということを明記したいということになったからです。しかし、民法第一条の理念とどう調和させるか、「公共の福祉優先というのはおかしいよ」と言っていたのです。しかしこれは、とうとう政治的に押し切られた。とうとう法律の中に「優先」という用語が生きてしまいました。

次に、高度成長期のひずみ是正関係の中では、「公害健康被害補償法の一部改正案」を昭和六二年に審査しました。当時、公害、大気汚染はかなり収まって、公害患者の新しい認定制度は必要ないという時代になったのです。ところが既認定患者が多数存在して、補償のために毎年金が要るわけです。だから、第一種地域を全部指定解除するとともに、かつて既認定患者の疾患の原因を作った事業者からそれに対する継続補償金をどう取るかということが、法技術上も理念上も難しい問題でした。

これは当時の環境庁もずいぶん頭を抱えて、法制局丸抱えのような形で改正の仕組みを作りました。これは環境庁からはずいぶん喜ばれました。

それからもう一つは、今日的な問題にも絡むのですが、平成元年に「大気汚染防止法の一部改正案」を出して、アスベストによる大気汚染を未然に防止するために、アスベスト製品を製造しているところに対しての規制を導入しました。その際、提出された資料によりアスベストの悪さ加減は頭に染みついていたのですが、いまになってガンの問題が表面化してきました。あの当時に一応の措置を講じて健康悪化を抑止していたはずですが、どうも十分な対策とはならなかったようです。アスベスト製品の製造施設から外へ飛沫しないような措置だけだったのです。だからかつて製造中とか、アスベストを使用した建物内で吸い込んだものが、中皮腫という形で発症してしまった。非常に患者にとっては気の毒なことです。

――土地基本法についてお聞きします。日本では、いまでも「建築自由の原則」がとられていますが、諸外国では、ご存知のように「建築不自由の原則」に立脚しています。土地というのは有限の財だからということで、公共性を読み込んで通常の基本権よりも制限の幅の広い解釈をすべきではないかというのが、最近よく言われることです。土地基本法をいま見ますと、そういう傾向の考え方をとっています。しかしその当時は、こういう考え方はまだ萌芽が見えてきたばかりだったと思いますが、憲法第二九条との関係で、法制局の中でどのような議論があったのでしょうか。

大森　当時は国土庁がありました。だから国土庁が立案して参事官のところに持ち込むわけですね。そこで、審査を進め、ある程度詰めた段階で部長に上げてくる。そこで説明を聞いて、「公共の福祉の優先」というか、用語まで議論するわけです。この部分は結局、土地高騰を抑えるために基本的な理念を盛り込んだ土地基本法を制定したい、という政治的な要請が非常に強かったので、内閣として土地政策上の必要性が優先したことになるのだろうと思います。いったんは、「優先というのは駄目だ」と言って、第二部長の立場でハネたのですが、そうならなかったのですね。

——法制局としては、そういう他の基本権とは異なるような大幅な制限は駄目だ、というのが基本的な立場だったんですね。

大森　法制局としては、というより、私はそう考えていました。民法の第一条二項の用語の使い方と、憲法第二九条の用語の使い方からして、公共の福祉優先というのはいかがなものか、と私は考えたわけです。いちおう法制局の第二部長説明が終わって、その段階の案を各省に投げるわけですね。それから党とのあいだの調整も始まる。そこで粉砕されてしまいました。だからどこが一番意見が強かったのか、確たることはわかりませんが、どうも党関係の意向が非常に強かったのかな。最後は、この点はこう直されましたという形で持ってこられましたからね。

当時は自民党の部会とか政務調査会が非常にしっかりしていて、議院内閣制がある意味では理念通りに動いていました。それが駄目になったのは小泉内閣で、あれで実質的には議院内閣制は崩れてしまったのですね。だからあの当時は、政調の部会は通っても、審議会が通らなければ、法案の内閣提出はできないものだというぐらい、党の了解の強さがありました。それが議院内閣制というものだ、という理解でした。党が反対しようがしまいが、出して通ってしまう、ということになったのは小泉内閣になってからですね。

――小泉的な決め方のほうが、法制局としては、自分たちの趣旨が貫徹されることが保証されているという考え方になりますか。

大森　法制局は政策のあり方、企画については決定的な関与はしない。企画されたものを法制的にどう仕組むか、というところから始まります。しかし企画段階では、小泉的な考え方というのは議院内閣制の理念型には合わないのではないかと思います。

民法に特別養子制度を導入する

大森　その他の法案で非常に思い出に残るのは、特別養子制度を導入する「民法の一部改正」です。先に述べたとおり、私は法務省時代に民事局参事官として法制審の身分法小委員会の主任幹事でしたが、そこで加藤一郎先生を部会長として、養子制度の全般的検討審議を立ち上げました。そこでは最後までやらずに法制局に出向してしまい、法制局の第二部長として今度は法案の審査の立場に立ちました。

ところが近時、「赤ちゃんポスト」がマスコミでとりあげられています。ドイツで「赤ちゃんポスト」という俗称で呼ばれていることから、日本でもそう呼ばれているのでしょうが、当の産婦人科病院は「こうのとりのゆりかご」を自分のところで用意しますと言っている。その問題点は赤ちゃんをそうっとポストの中に入れて母親は姿を消す。子はそこに入れられたら、病院のほうで責任を持って育てられる人に斡旋するということで、母親が誰であるかということが、戸籍上も実際上も確保されない。誰が実親かわからないままになる取り扱いですね。だからやはり問題です。

特別養子法制化のための調査をみても、子供は大きくなったら必ず自分の実親は誰かということを探し求めるようです。また、それを隠しては養子のためによくない。できるだけ早い時期に、「育てる自分たちは実親ではない、あなたの実親はほかにいます。可愛かったから来てもらったのですよ」ということを告知したほうがいいと当時は言われていました。いまもそうだろうと思います。

「赤ちゃんポスト」は、テレビでも法の運用の適正を確保するため、病院からの市長に対する報告書が出されたとか放送されていましたが、少しずつ前に進んでいるようです。あれは、いまの状態はよくないと思います。養子斡旋制度をある程度、公のコントロールの下に置くことが必要です。残念ながら日本には公的な養子斡旋制度がありません。ヨーロッパでは、両者はワンセットで整備されました。わが国においても、早く養子斡旋制度を整備して、誰が実親で誰が養親かということも、最終的には確保されるような制度となることが望まれます。

——そこで一つ確認なのですが、戸籍上も実親がわかるようにすべきだというのは、大森先生が立案されたときに、実際にそう考えておられたということですか。

大森　フランスでは、身分登記簿の記載は養親を実親と記載します。しかし実親が誰かを明らかにする出生証書は別にある。だから調べようと思えば調べられる。戸籍上、はじめから養親を実親として記載する方法と、それは一度養子として記載して、子供がある程度大きくなるまで、他人が陰口をたたくのを防止することは必要ですから、戸籍面上の記載はそれがわからないような記載にする方法と、どちらがいいかということで、後者を選んだ。養子だということを表面上は書かないという記載方法になっているんですね。

——以前お伺いしたときに、見る人が見たらわかってしまうのが、この制度が活用されなかった一つの背景だということでしたが。

大森　私はもう少し実親らしい記載方法にすべきだという説だったのですが、あとを引き継いだ関係者の検討の結果いまのような記載方法になってしまったのです。

平成への改元作業

大森　それから、昭和から平成へという関係法案として、第二部長当時は、「昭和天皇の大喪の礼の行われる日を休日とする法律」と、「国民の祝日に関する法律の一部改正」、それから、「元号を改める政令」がありました。

そして第一部長に異動してから、「即位礼正殿の儀の行われる日を休日とする法律」がありました。大喪の礼と即位の礼の二本の法律があったんですね。だから関係法三本と元号政令一本に関与したわけです。法律自体は、技術的に何も難しい問題はありません。ただ、休日と言われても、公務員はその日は有給休暇となりますが、日本国民全員については、大喪の礼の行われる日を休日とすると法律で決めても、そのままでは休暇日とは必ずしもならないのですね。その点で、「休日」というのは複雑微妙な不思議な概念だということで、それを具体的に検討する際にはいろいろ問題がありました。それがその後、「行政機関の休日に関する法律」においても休日の効果に関する規定ぶりに影響を及ぼしました。

「国民の祝日に関する法律」というのは、要するに天皇誕生日を四月二九日から一二月二三日に移すための改正です。これは、なぜ天皇誕生日が休みなのか、という共産党の反対から、二九日が平日になるのか、しかし、なかなかそういう気分にはならないので、それをどうするか、という議論までありました。あのときは、春の新緑の季節だから「みどりの日」としたわけですね。ところが最近、「昭和の日」になり、「みどりの日」は、五月四日に移されました。当時から、「昭和の日」にしろという意見はありました。しかし当時は、まだそれが大勢ではなかった。

それから元号政令ですが、昭和天皇の病状が悪化して、ご不例が始まった当時、第二部長は在京張り付けになりました。下血が始まった九月一九日から一月七日までのあいだ、常に連絡がとれて、いざとなれば登庁できる態勢にしておかなければならない、という状態に置かれました。この元号政令案に決裁印を直ちに捺すために拘束を受けたのです。

審査する内容は何もないわけです。昭和を平成に改めるというのは政策として、現実には総理の意見が非常に強く働いて決まり、元号法では「元号は政令で定める」となっておりますから、政治決着問題です。ところが現実にはそれで割り切れるような社会情勢ではなくて、天皇の勅許を受けろという意見が右の方から強く出されたようです。われわれは、「元号法では『政令で定める』となっており、政令というのは内閣の定める法令形式だから、効力発生に天皇の勅許が要る問題ではない」との意見でしたが、たぶん陛下の意見を伺ったのでしょう。追号として「昭和天皇」とされるのでしょうから、ゆくゆくは「平成天皇」となるわけですからね。したがって、陛下の意思を完全に無視して処理しないほうがいい事柄ではあります。

では「平成」というのは何に拠ったかというのは、然るべき有識者にいろいろ案を考えてもらって、数案が総理の許に届けられ、総理がこれがいいでしょうと思われた。最後の時まで金庫に入れておいたというのが真相だと思います。われわれは、そういう準備ができているということはうすうす知っていましたが、内容がどういうものであるかということはわからない。政令案が内閣官房から持ち込まれて、参事官は実質的には何も審査の余地はないが、それが常用漢字表に載っているかぐらいは押さえておかなければいかんな」と、常用漢字表を持って私の許に、決裁をとりにきましたので、判を捺すだけのことです。そのために、四カ月近く拘束を受けた。

このように、新元号が「平成」だということを、ほかの人よりも少しばかり早く知る立場にあったということですね。当日の手続としては、内閣官房が政令案を起案して、法制局に持ち込み、法制局内では長官の最終決裁を受けたうえ、内閣に返戻し、それから閣議にかけて、官房長官が発表するという順序です。閣議は午前八時か九時頃の臨時閣議でした。

元号内容はそれだけのことですが、政策としては、いったい元号がいつの時点から変わるのか、というのは難しく悩ましい問題でした。天皇が崩御したら、皇位の継承だけは即時、これは皇室典範にそう規定されていますが、元号の改元は、表裏一体で即時に変えなければならないという必然性もないし、現実性もないわけです。政令制定の手続が要るわけですからね。

明治から大正、大正から昭和というのは、旧皇室典範では即時改元しかあり得ない規定になっていました。当時はどうもそのように考えたらしい。ところが明治から大正への改元については、通信手段としてテレビやラジオがあるわけではないし、全国に周知徹底するまでにかなりの時間がかかったはずです。そのあいだに例えば出生届、あるいは死亡届が出されたときに、明治四五年七月三〇日と記載するのか、あるいは大正元年七月三〇日と記載するのかなど、戸籍の記載だけでも混乱が生じました。

ことほど左様に、社会生活の混乱を防止するためには、即時改元ということはあり得ない。しかし即日改元もかなりズレがあるわけですね。だから、代替わりが一体いつ行われるかによって柔軟に対応しようというのが、当時のほぼ一致した考えでした。例えば一二月三〇日に崩御があるということになれば、踰年改元の方がいいじゃないか。昭和六三年は一二月三一日まで昭和にして、一月一日から新しい元号で、極端な場合はそうしよう、そうすべきだというのが大勢だったんですね。ところが一月に入ってしまった。そうなると、踰年改元という必然性はないので、結局、即日改元か翌日改元かということになる。即日改元になると、崩御が午前五時頃だったでしょう。だから七日は真夜中から五時までは昭和で、その時以後平成というのも、あとから、一月七日生まれの人は、いったい昭和に生まれたのか、平成に生まれたのかわからなくなる。現実性に乏しいということで、翌日改元になりました。

それで政令の附則で、「この政令は公布の日の翌日から施行する」としたのですね。翌日改元であることを附則で表わしたわけです。政令の審査自体は二部の所管ですが、この辺の作業は、内閣官房と法制次長、一部の担当参事官、そして、法制局長官が、かなり前から代替わりについて検討準備した事項に含まれていたようです。

――元号の政令の話とか、先生が九月から四カ月間張り付けになっていたというお話ですが、ある程度前の段階から、変わる法律がわかりますね。例えば、「昭和何年まで」という日切れを指定してあるものをどうするかというような問題が出て来ていたと思うんです。第二部として、代替わりについての準備はどのようなことをされていたか、教えていただきたいのですが。

大森　代替わりは、主として内閣としての対応でした。宮内庁は宮内庁として別の観点から対応して、内閣官房と、法制局は長官、法制次長、第一部長と、一部の特定の参事官(筆頭参事官)だけが関与して、場所も庁舎ではなくて、赤坂プリンスホテルの部屋を借りて、「赤プリ会」と称して、そこで延々とやっていたようです。

大喪の礼をどうするかというのも、憲法の政教分離原則との関係で、昔通りにやるわけにはいかない。それから陵墓をどうするかということもありますね。明治天皇は京都の桃山御陵でしょう。大正天皇は武蔵陵墓地。しかし高尾に場所がどれだけ残っているか。あらゆることを検討したようです。だから、さきほど話したように、法律二、三本と元号政令、これだけは審査の対象ですから、末期になってくると関心を持つ。その前に元号法をやりましたからね。元号法は二部所管でやりましたから、そのときに元号自体は審査の前提として勉強したようですね。元号法のときはまだ私は法制局にも来ていませんでしたから、全然関与していません。要するに一部の限られたものだけが、ひっそりと、準備・検討をしていた。それは事柄の性質上そうなります。崩御を前提としたことですから、オープンな検討ができたものではない。常に内密に検討する。となれば、一部の者だけ、本当に限られた範囲の者だけが関与するということだったようです。

元号法の運用については、法務省民事局の第二課長として若干関係を持ちました。戸籍の問題で、改元の際にどう取り扱うか。届出人から戸籍を西暦記載にしてくれと言われたらどうするのか。いまでも届出は元号使用の義務はないですから西暦で届け出たければ自由にできる。しかし戸籍記載は、公簿の記載の統一性を確保するために元号に引き直して記載すべし、ということを戸籍法施行規則附録の記載例で示しています。

それに関連して、官房のほうと少し衝突したのは、些細なことといえば些細なことですが、行政法令の付録として届け書等の様式を定めているものがあるでしょう。その様式の中には年月日記載がたくさんあるわけですね。その様式の中に、「年　月　日」という漢字だけ書いてあるものと、「昭和年　月　日」と書いてあるものと両方あったわけです。法令の一部ですから、それは改正しなければいけない。改正後は元号を落としてはどうかと、私は途中からそう提案しました。それで「昭和年　月　日」とあるのを、「年　月　日」と改めるとする。

そうしたら意外なところから反発が出ました。というのは、改元関係を事務的に処理していた部局から、自分たちが苦労して元号改正に関与してきたのに、平成に改めるのではなくて、昭和を消すにとどめるというのは、どうも納得がいかないと言い出した。彼らがそんなことを言っているうちはどうでもよかったんだけれど、法制局がこんな不埒なことを言っていますという形で、わざわざ官房副長官に直訴した。それで副長官が当時の法制局長官に苦情を漏らしたために、長官に止められてしまったことがありました(笑)。

官邸と対立したのはそれが象徴的でした。いまでも馬鹿馬鹿しいと思います。将来、平成が変わるときに、また直さなければならないわけですよ。そんな手間、負担を将来に残すことはないじゃないて考えないと理解困難なこともあるのですね。

か、といまでも思います。やはり元号に対する思い入れがそこまであるのかと、冷静に胸に手を当て

―もう一つお伺いしたいのですが、大喪の礼の当日を休日にする法律と、第一部長になられてから即位の礼のときに関わられたということですが、大喪の礼そのものの準備に関しては、何かご関与されたのでしょうか。もしくはその当時どういうことをされたとかいうお話があれば、伺いたいと思います。

大森　それも、秘密検討段階で全部決められていました。だから本当に大喪の礼に関与したのは、新宿御苑に赴いて参列したことです。自ら志願してというよりも、人数を揃えなければいけませんから、霞ヶ関だと部局長以上、法制局の部長というのは局長待遇ですから、法制局では官房長相当職の総務主幹以上が新宿御苑に行ったわけです。それが、本当に身をもって関与した唯一のことです。

―大喪の礼とか即位の礼については憲法第二〇条の問題があると思うんですが、そういうことも「赤プリ会」で議論されていたわけですか。

大森　そう、即位の礼はともかくとして、大喪の礼については、戦前からの大喪令という勅令によりまして、葬場殿の儀というのがあって、それはまさに神社に見立てて鳥居を立てて、左右に真榊を立てて、そこで儀式が行われる。それ自体は、われわれから見れば神式で、宗教儀式そのものです。昔はそれが大喪の礼だったのですね。葬場殿の儀が大喪の礼の中心的な儀式だった。しかし、さすがに官房のほうでもそれは国の儀式としてやるわけにはいかないということで、葬場殿の儀と大喪の礼の二つに割りまして、そのあいだに官房長官が、「ただいまから大喪の礼を挙式いたします」という宣

言をして、葬場殿の儀と分けました。

しかし片や葬場殿の儀のほうには鳥居が立って、真榊が立っている。これは宗教施設そのものではないかということで、当時の法制局長官が大喪の礼の手続に入ってからは、葬場殿の前にある鳥居と真榊を撤去するよう主張しました。それでずいぶん官邸のほうと対立しまして、感情的なしこりが残ったようです。当時は味村長官ですが、味村さんもさすがに頑張って、「鳥居を立てて、真榊を立てると、その中は神域になる。だから宗教施設そのものだ。だからそれを含めた大喪の礼をやると宗教儀式そのものだ」と言ったのです。それは一理あるので、渋々官房副長官も撤去することに応じて、政教分離については問題がないような形で行われました。

即位の礼のほうは、宗教的な色彩はそもそもないので、あまり検討する必要事項はなかったのですが、それは私が第一部長になってからの検討事項でした。

第一〇章　即位の礼・大嘗祭

即位の礼と大嘗祭の準備

――前回は、大喪の礼の一通りの話をいただいたと思います。その代替わりがあって、即位の礼、大嘗祭というあたりを、法制局としてどのように準備して実施されたのか、そのあたりの話を伺いたいと思います。

大森　大喪の礼が終わりまして、残るは即位の礼と大嘗祭です。だいたい即位の礼はお祝い事で、皇室の喪が明けてからやるのが例であるということで、即位の礼は翌年(平成二(一九九〇)年)一一月に挙行する。大嘗祭は一世一代のことで、例年の新嘗祭の期日である一一月二三日に行われる例です。初めは即位の礼もその直前にやるのかと思っていたら、即位の礼は大嘗祭よりも少し前にやるのが例であるということで、一一月一二日に行うことになりました。

まず「即位の礼検討委員会」が平成元年六月二六日に設置されますが、その段階では私はまだ第二部長です。そして八月に私は第一部長に就任しましたので、その段階から、即位の礼の準備委員会の幹事として、直接に関与することになりました。

即位の礼自体はお祝い事で、宗教的な色彩は一切ない儀式ですから、宗教問題は検討する必要もなかったのです。ただ、世界中から参列者がみえますし、気の遠くなるような式次第を滞りなく終えるために、内閣官房のみならず、政府を挙げて準備をしたわけです。

　その前提たる原則がありまして、即位の礼については明治以来の皇室の伝統がある程度積み重ねられてきているので、憲法上問題のない限りは、皇室の伝統等を尊重した儀式にすべきであるということと、当然のことながら憲法の趣旨に沿ったものでなくてはならないという二つの原則を立てて、式次第が決められました。

　問題になったのは、即位の礼の中心儀式である即位礼正殿の儀、即位を宣明される儀式です。すでに皇位継承当日、「剣璽等承継の儀」が行われました。天叢雲剣《あまのむらくものつるぎ》と八坂瓊曲玉《やさかにのまがたま》の承継ですが、これは崩御の当日の朝に行われているわけです。これは皇室経済法上は、「皇位とともに伝わる由緒あるもの」という位置づけです。皇室経済法の観点からは無味乾燥な捉え方ですが、歴史的には、剣というのは天叢雲剣、璽は八坂瓊曲玉で、これを皇位とともに伝わる由緒あるものとして承継する儀式です。

　これに関しては神話がからむわけですから、宗教色があります。それを即位礼正殿の儀でどう取り扱うかということが、政教分離との関係で問題になりました。昔のような、アマテラス以来の神話に基づく儀式で承継したものをそこに飾るというのは、日本国憲法の趣旨に添った儀式という観点からはどうなのか。しかし崩御の当日に、皇位を継承された新天皇が皇位とともに伝わる由緒あるものとして、その側面に着眼して既に継承され、「剣璽等承継の儀」も行われているのだから、即位の礼の儀式には姿を現わすべきである。それをどのように神話色を除いて説明するかということで、かなり議論がありました。

　もう一つ天皇として承継されているものとして御璽、国璽があります。官報上で法律の公布文に「御名御璽」とありますね。あれはいったい何のことか、学生がよく間違えるのですが「御名御璽」

という文字が原本に書かれていると思う者が少なからず存在します。「御璽」は天皇印です。もう一つ、「国璽」は、日本国を表す印です。その御璽と国璽も皇位とともに天皇に伝えられます。両印には全く宗教色がなく、神話が伴っていませんので剣、璽と一緒に展示したらどうか。

担当参事官の堀籠幸男〔その後最高裁判所判事〕がそのように提案しました。国璽と御璽をまず三方に二つ並べて、片や剣と璽を並べる、そういうふうにすれば神話色が少しでも薄らぐだろうということで、剣璽を正殿の儀に展示しました。それで落ち着いたのですが、その議論が若干宗教に関連した議論と言えるかもしれません。戦後の教育で、アマテラス以来の神話は、教育から一切排除されているでしょう。だから剣というのはどういう由来のもので、璽はどういう由来のものかと、五〇台後半にして初めて神話を勉強することになりました。天叢雲剣というのは八岐大蛇《やまたのおろち》の尻尾から出て来たとされ、日本武尊《やまとたけるのみこと》が焼き討ちに遭った際にそれを払ったものが天叢雲剣とされます。

外国からの多くの参列者を迎えて、当日の「正殿の儀」を滞りなくやらなければならない。新天皇は当時は新しい御所には移らずに、皇太子時代の赤坂御所に仮住まいですから、皇居から出て、祝賀御列(馬車列)が赤坂御所に無事に到着するまで、内閣官房の関係者一同ハラハラしながらテレビで見ていました。門に滑り込んだら、「やっと終わった」といって歓声を上げたのが印象的でした。当時の事務方の責任者である多田宏首席参事官は精根尽き果てたというか、そういう状態で、顔には生気がなかった。それほどこれを準備するのは大変だったということです。

即位の礼はその程度ですが、問題は「大嘗祭」の取扱いでした。旧皇室典範第一一条は、「即位ノ礼及大嘗祭ハ京都ニ於テ之ヲ行フ」と規定するほか、登極令においても「即位の礼及大嘗祭」を対語として、第四条（挙行時期）、第五条（実施機関）、第六条（期日公告）など多数の条文において用いて、即位の礼及び大嘗祭を包括して一連の皇位継承儀式としていました。ところが、日本国憲法が政教分離を定め、国及びその機関が宗教的活動を行うことを禁止しているため、

①　そもそも大嘗祭を「即位の礼」と同様に国事行為として行うことができるか、すなわち、大嘗祭の宗教性の有無・程度

②　①が消極に解される場合に、その位置付け及び経費の支出方法などの諸問題について、真剣な検討が重ねられました。

この問題は、社会各界の関心事であり、積極・消極の双方から多くの意見が出され、時には過激な言動すら見聞されました。紆余曲折の末、大嘗祭を国事行為として行うことは困難であること、皇室行事として行う場合においても、大嘗祭の経費は宮廷費（国費）から支出することができるとする結論に至りました。この間、内閣法制局は、主管である第一部長たる私及び担当参事官の堀籠幸男に止まらず、長官・法制次長が陣頭に立ち、内閣法制局を挙げて取り組みました。

その結果、平成元年一二月二一日、第七回「即位の礼準備委員会」において、次のような検討結果が取りまとめられ、同日に開催された臨時閣議のおいて、森山内閣官房長官から報告されて、閣議口頭了解とされました。

「即位の礼」の挙行について

平成元年一二月二一日

皇室典範第二四条は、皇位の継承に伴い、国事行為たる儀式として「即位の礼」を行うことを予

定しており、「即位の礼準備委員会」は、この儀式の在り方等について、大嘗祭を含め、四回にわたり一五名の方々から御意見を伺い、それらを参考としつつ、憲法の趣旨に沿い、かつ、皇室の伝統等を尊重したものとするとの観点から、慎重な検討を行ってきたところであるが、今般下記のとおり検討結果を取りまとめた。

第一　「即位の礼」について

1　「即位の礼」の範囲

国事行為たる「即位の礼」で、喪明け後に行われるものについては、次の儀式を行うのが相当である。

即位を公に宣明されるとともに、その即位を内外の代表がことほぐ儀式（即位礼正殿の儀（仮称））

即位礼正殿の儀（仮称）終了後、広く国民に即位を披露され、祝福を受けられるための列（祝賀御列の儀（仮称））

即位を披露され、祝福を受けられるための饗宴（饗宴の儀（仮称））

2　挙行時期

平成二年秋を目途とし、喪明け後に内閣に設置を予定される「即位の礼委員会（仮称）」の協議を経て、内閣において決定すべきものと考える。

3　挙行場所

即位礼正殿の儀（仮称）及び饗宴の儀（仮称）は、宮殿で行い、祝賀御列の儀（仮称）は、宮殿を御出発になり赤坂御所に御到着になるまでの間とすることが適当である。

4　参列者数

即位礼正殿の儀（仮称）の参列者数は、内外の代表二五〇〇名程度とすることが適当である。

饗宴の儀（仮称）の出席者数は、三四〇〇名程度とし、四日間にわたり実施することが適当である。

5　所掌

「即位の礼」は総理府本庁に担当させることが適当である。

第二　大嘗祭について

1　意義

大嘗祭は、稲作農業を中心とした我が国の社会に古くから伝承されてきた収穫儀礼に根ざしたものであり、天皇が即位の後、初めて、大嘗宮において、新穀を皇祖及び天神地祇にお供えになって、みずからお召し上がりになり、皇祖及び天神地祇に対し安寧と五穀豊穣などを感謝されるとともに、国家・国民のために安寧と五穀豊穣を祈念される儀式である。それは、皇位の継承があったときは必ず挙行すべきものとされ、皇室の長い伝統を受け継いだ、皇位継承に伴う一世に一度の重要な儀式である。

2　儀式の位置付け及びその費用

大嘗祭は前記のとおり、収穫儀礼に根ざしたものであり、伝統的皇位継承儀式という性格をもつものであるが、その中核は、天皇が皇祖及び天神地祇に対し安寧と五穀豊穣などを感謝されるとともに、国家・国民のために安寧と五穀豊穣などを祈念される儀式であり、この趣旨・形式等からして、宗教上の儀式としての性格を有すると見られることは否定することができず、また、その態様においても、国がその内容に立ち入ることはなじまない性格の儀式であるから、大嘗祭を国事行為として行うことは困難であると考える。

次に、大嘗祭を皇室の行事として行う場合、大嘗祭は、前記のとおり、皇位が世襲であることに伴う、一世に一度の極めて重要な伝統的皇位継承儀式であるから、皇位の世襲制をとる我が国の憲法の下においては、その儀式について国としても深い関心を持ち、その挙行を可能にする手だてを講ずることは当然と考えられる。その意味において、大嘗祭は、公的性格があり、大嘗祭の費用を宮廷費から支出することが相当であると考える。

宮廷費というのは、予算上諸々の経費を全部賄うことができます。皇室経済法では、宮廷諸費に充てるため、という位置づけをしていますから、ほとんどのものを宮廷費で賄っています。だから相当の金額枠がありますし、予算をつけやすい。内廷費はそうたくさん臨時に膨らませるわけにもいかない。内廷諸費はお手元金で、宮内庁の経理する公金としないという建前ですから、内廷費を膨らませるわけにはいかないということです。正確には覚えていませんが、〔大嘗宮は〕十何億かかったはずです。

宮内庁は宮廷費で賄えるという面では公的性格があるんだという部分を捉えまして、大嘗祭以後は、宮内庁は天皇の行為を三分類ではなくて四分類にしてしまいました。国事行為、公的行為、そしてその他の行為に二種類あって、その経費を宮廷費で賄う公的性格を有するものと、全くそういう色彩のないまさに内廷費で賄うものです。前閣議口頭了解は、法制局としては、決して天皇の行為を四分類にしたつもりはなかったのですね。「その意味において」というところは、四分類ではなくて、金の出し方だけ、ということだったのですが、勝手読みをされて、少なくとも宮内庁においては四分類説がもう成立してしまっているのです。

――いまのところですが、第二分類の天皇の公的行為と、第三分類のうちの公的性格を持ったものとのあいだの違いはどこにあるんですか。

大森　国事行為は定型的に、憲法上国事行為とされているものですから、意見の分かれる余地はないのですね。ところが公的行為というのは、象徴としての立場において行われる行為ということで、それについて国がどういう関与をするか。国事行為はまさに内閣の助言と承認を要する行為ですね。だから助言と承認に反するようなことは一切できない。公的行為も、天皇が行うかどうかについては、天皇の意思が前提になるとはいいながらも、象徴としての立場における行為ですから、それがどういうふうに行われるかということについて、内閣としても関心を持って、それが象徴としての立場にふさわしい行われ方になるように配慮する、意見を申し上げることができる性格のものです。だから閣議了解なのですね。天皇の公的行為については、原則として閣議了解が前提となるという考え方をとっているわけです。

ただ、年中行事として毎年行われる公的行為は山ほどあるわけです。例えば植樹祭に行幸される、それはその都度閣議了解をしなくてもいいわけです。それでも内閣の配慮を伴う行為である。

ところが完全な私的行為というのは、宮内庁の侍従職がその奉仕をすることは別問題として、内閣として、政府として関与することはないわけです。その違いがあるわけで、金の出し方だけに公的性格がある。だからあの中で、大嘗祭の中心的な行為はいったい何なのか、とうとう最後までわからずじまいです。天皇以外は誰も知らないという建前なのです。右翼の人も、何が行われるかは推測なのですね。

大嘗祭の最中はかがり火の明りだけがある。私も参列しましたが、こちらのほうには天幕があって、そこの椅子に座っている。はるか向こうの大嘗宮の中では、人が出入りしているのはわかる。そして中には、古代の服装をした人が中腰で控えているわけですね。真床御衾《まとこおふすま》という言葉があって、そこに布団が敷いてあるという話を聞いたこともあります。そこで神と寝食を共にするという話もありました。

「この趣旨・形式等からして、宗教上の儀式としての性格を有すると見られることは否定することができず、また、その態様においても、国がその内容に立ち入ることはなじまない性格の儀式であるから」との記載部分は、そういう神秘の儀式だから、内閣がそれは滞りなく行われるように配慮するという性質のものではないというのが、ここに書いてある意味です。

総理もいま何が行われているか知らないという建前です。大嘗祭に経費を出しますということだけが、閣議口頭了解です。

——その費用の面というか、皇位継承に伴う儀式で、国が公費を出すというところで公的な性格があるので、全く関与しないのではなくて、これについては閣議了解を取る。第三分類だから全く何もしないということではない、という理解でよろしいですか。

大森　要するに宮廷費を支出するという観点から内閣としては関与する、ということになるわけですね。しかし、大嘗宮の設営から、当日の運営から、また参列者に対する手配などは、全部宮内庁が公務としてやることはやるのですけれどね。内閣として、こうしなさい、こうしたほうがいいですよ、という形での関与はしない。いわばお手伝いとして設営をいたします、ということです。

——国事行為についてはは内閣の助言と承認が要る。ところが第二分類に入るものについては、内閣の助言と承認は要らないが、閣議決定ないし了解が必要である。内閣が助言と承認をするという場合と、閣議で了解する場合とは、内閣の具体的な行為形式ないし手続としては、どのように違ってくるのでしょうか。

それに関連して、即位の礼は国事行為ですが、大嘗祭と併せて閣議で口頭了解をした。第三分類に入るものと併せて、手続としては閣議で口頭了解が行われている。このあたりは、実際にどのように扱われているのかを教えていただければ幸いです。

大森　即位の礼については、別途閣議決定が行われています。

喪明け後の平成二年一月八日の閣議において、即位の礼に関する諸問題について協議し、総合的かつ円滑な対応を図るため、内閣に、「即位の礼委員会」(委員長　海部俊樹内閣総理大臣、副委員長　内閣官房長官、委員　内閣法制局長官・内閣官房副長官(政務・事務)・宮内庁長官)が設置されました。

同年一月一九日の第二回会議において、即位の礼の挙行について、その基本的方針たる大綱が決定され、引き続き開催された閣議に報告されて、閣議口頭了解とされました。同時に、「即位礼正殿の儀」を平成二年一一月一二日宮中において、「祝賀御列の儀」を同日宮殿から赤坂御所までの間において、及び「饗宴の儀」を同日から同月一五日までの四日間、宮中において、それぞれ国事行為として行う旨の閣議決定がされました。

なお、即位の礼が国家的に重要な儀式であり、かつ、その規模も大きくなること等にかんがみ、一月一九日の閣議において、「宮内庁法施行令第一条に規定する内閣総理大臣の定める事務について」の閣議了解が行われ、皇室典範第二四条に定める即位の礼のうち、即位礼正殿の儀、祝賀御列の儀及び饗宴の儀に係る事務は、関係省庁の協力を得て、総理府本庁が担当することとされました。

さらに、同日、即位の礼に関し、関係行政機関の緊密な連絡の下に、その円滑な実施を図るため、総理府に、「即位の礼実施連絡本部」(本部長　内閣官房長官、副本部長　内閣官房副長官(事務)、本部員　内閣法制次長、宮内庁次長のほか、関係省庁の次官、次長クラス)が内閣総理大臣決定により設置され、私は、その幹事として、協議・準備に当たりました。

このような関係者の尽力の末、平成二年一一月一二日に挙行された即位礼正殿の儀には、外国から一五八カ国及び国連・ECの代表並びに駐日大使夫妻等四七四名をはじめとして、内外から二二二三名が参列して盛大かつ厳粛に執り行われました(内閣総理大臣官房編『平成即位の礼記録』一〇九、六六〇ページ参照)。

即位礼正殿の儀における天皇陛下のおことばは、次のとおりです。

「さきに、日本国憲法及び皇室典範の定めるところによって皇位を継承しましたが、ここに『即位礼正殿の儀』を行い、即位を内外に宣明いたします。

このときに当たり、改めて、御父昭和天皇の六十余年にわたる御在位の間、いかなるときも、国民と苦楽を共にされた御心を心として、常に国民の幸福を願いつつ、日本国憲法を遵守し、日本国及び日本国民統合の象徴としてのつとめを果たすことを誓い、国民の叡智とたゆみない努力によって、我が国が一層の発展を遂げ、国際社会の友好と平和、人類の福祉と繁栄に寄与することを切に希望いたします。」

法制局第一部長に就任する

――平成元(一九八九)年八月一〇日から、先生は第一部長になられます。まず第一部長としての役割や仕事について、いままで少しお伺いしているところもあるかもしれませんが、お願いしたいと思います。

大森　法制局は第一部から第四部まであって、第二部、第三部、第四部は各省庁を三分してそれぞれの所管省庁の法律案・政令案の審査を所管事務とする。第三部は外務省を所管する関係上、そのほかに条約案が入ります。第二部から第四部は、法律案・政令案・条約案の審査をする「審査部」です。それに対して第一部は、法制局設置法上の用語によれば、内閣総理大臣その他の大臣に対して法律問題について意見を述べることができる、いわゆる「意見部」とされている部で、慣例上は部長の中でのシニアな部長が就く部という位置づけに、人事運営上はなっています。審査部長を一カ部か二カ部やって、一番年上になって生き残っていれば、第一部長になるという位置づけです。

第一部は意見を述べるわけですが、形式上は国会に対して意見を述べるという事務は抱えていません。しかし意見部である関係上、国会対応も主として第一部が行います。というのは、審査部と意見部で、国会質問をどういうふうに分担するか、内部的にはずいぶん悩ましい問題です。消極的権限争いが常にありまして、押し付け合いがときどき起こるわけです。国会の各省に対応する委員会における法案審議の際には、法案審議のまさに内容そのものというよりも、その前提たる憲法問題ということが多いのです。そういう前提たる法律解釈問題、憲法問題は、意見部の所管なのか、審査部の所管なのか。そのへんは明白なようで不分明な面があって、基準が文章にされておりませんでした。

私が総務主幹時代に、法務省の先輩である味村法制次長が、国会質問の事務分配基準を作るといって、自分で書き下ろしました。各省の官房長に相当するのが総務主幹ですから、それは総務主幹の権限事務です。これにより、各部の抵抗は少なくなりました。

原則として、法案審議日における質疑は審査部が対応するというのが原則であるが、防衛及び宗教に関する問題は、全部第一部が引き取ってやるということになりました。当時は五五年体制にあって、与野党の対立が非常に厳しい時代ですから、防衛問題・宗教問題について慣れない審査部が対応すると紛糾の原因になりかねないので、第一部で一括して対応しろ、ということです。これが第一部の位置づけです。

したがって、内閣との関係でも、主として内閣官房を相方として交渉するのは第一部が引き受けていました。法案そのものについては、法制局よりも各省が内閣官房に対応します。政策問題は各省の問題で、その法制面だけを法制局の審査部が責任を持つので、内閣官房との関係でも第一部が主として対応する。第一部長として対応するのは副長官か首席参事官です。法制次長、長官は、副長官とも対応するわけですね。

憲法調査室については、歴史的には、昭和三〇年代に内閣に置かれた憲法調査会から調査報告書が出されて、調査会のいろいろな議事録や審議に必要な収集資料が山ほど溜まっていました。それの引き継ぎについては閣議了解があり、内閣法制局が引き継ぐことになっています。憲法調査会の最終報告書を踏まえて、憲法問題について引き続き検討を進めるのも内閣法制局において行うということになりました。

それを受けて、憲法調査室が第一部に置かれました。かつては第一部長が憲法調査室長を兼ねていましたが、憲法改正問題が下火になったというか、憲法改正問題のウェイトが国政上少なくなった段階で、第一部長の兼任が首席参事官に下ろされ私が出向したときには、参事官補が主として担任していました。引き継いだ資料は、その専用の部屋の棚に整理され、一部資料について、出版したいと時々ある出版社がアプローチしてきていました。その資料は国会図書館にも同じものが一式保存され、出版してもいい、という対応をしたようです。しかし法制局の了解が要ると思うからということで、その出版社は法制局に来ました。出版社が直接来る場合もありましたが、国会議員を介するときもありました。少なくとも私が関与していたあいだは、それは断わっていました。まだ与野党の対立が非常に厳しい時代で、火中の栗を拾うようなことはしたくないということです。憲法調査会のガリ版刷りの議事録は、本当に粗末な紙ですが、風化寸前の状態になっていました。今日から再考しますと、歴史に対する責任上は保存のため出版を認めた方が良かったかもしれません。

――審査を担当される第二部長から、意見部である第一部長に替わられるときに、仕事の内容が質的に転換するという印象をお持ちだったか、それとも延長線上のお仕事と捉えていらっしゃったのか。

大森　審査部長というのは、限られた法令について、限られた側面からの関与だけです。全省庁を三つに割っているわけですから、霞ヶ関全部ではなくて三分の一の省庁だけと関係する、しかも法律・政令の改廃の審査のみに関与するということですね。

しかし第一部長になりますと、霞ヶ関全部について関係が生じる。だから法令も全部熟知しなければならないということになるわけです。所掌事務自体も、管理する法令も非常に広がりますし、しかもそもそもの位置づけとして、意見部は、シニアの部長が就くべき部だという位置づけですから、責任も重くなるわけです。

さらに、法制局の人事の特色でもあるわけですが、いわゆる昇進制をとっています。法制局の運営については、従前は法務、大蔵、自治、通産の四省庁での責任管理体制でした。長官職は、その省の中で責任を持って担っていくという体制になっていたものですから、その第一部長というのは、長官への第一関門でもあるわけです。非常に負担も重くなった反面、責任も重くなり、それだけやり甲斐も感じる。法律面で内閣を支えるという直接の責任を持ちます。直接は長官ですが、長官を補佐するのは法制次長であり、第一部長である。本当に支えるのは第一部長だというぐらいの気持ちでやっていました。

――この時期は行政改革が花盛りになってくる時期だと思いますが、省庁横断的な法案も結構あったのではないかと推察します。そのとき、二～三カ部にまたがる案件の調整には、第一部が関与するのでしょうか。

大森　霞ヶ関の省庁の所掌事務の方で調整されていきます。当時は、行政改革審議会の答申を受けていろいろな策を講じようということが、例年の如く行われていました。当初は行政管理庁が取りまとめていましたので、法制局の所管は、対応する省庁の所管事務とその関係で担当審査部が決まってきます。行政管理庁(のちの総務庁)は第二部の所管省庁でしたので、行政管理庁が背負う法令案の審査は第二部でやっていました。このように霞ヶ関のほうで、どこが「本家」なのか決まる。それに対応する部が審査するという仕組みになっていたのです。

湾岸危機の勃発

――第一部長としてのお仕事はこのあたりにいたしまして、湾岸戦争と内閣法制局との関係に進んでいきたいと思います。先生が関与された当時の状況をお伺いしたいと思います。

大森　私は平成元(一九八九)年八月一〇日に第一部長に就任しました。いわゆる代替わりに伴ういろいろな事柄のうち、残る即位の礼と大嘗祭は、喪が明ける平成二年に行われることになっていましたので、平成元年というのは、その準備検討に明け暮れていました。平成二年八月二日、これは夏期休暇に入ってからですが、突然イラクによるクウェート侵攻がありました。それ以降この夏は夏休みをとれないような日々を過ごして、しかもそれが翌年の春、湾岸戦争が終わるまで続いてしまいました。非常に思い出に残る時期であるとともに、思い出すのもいやな時期でもあります。

ペルシャ湾というのはまさに日本のエネルギー確保についての生命線です。ですから、日本は一切関与しないといって横を向いて進む問題ではないことは、法制局にもわかっていました。日本として中東貢献策として何をなすべきか、なし得るか。

すでにサウジアラビアには、アメリカをはじめとして各国軍隊がどんどん結集して、多国籍軍を構成している。ペルシャ湾にはアメリカ海軍が遊弋して、封鎖しています。それを裏付ける国連安保理決議がどんどん積み重ねられていく。わが国としても、協力できるもの、できないものの議論を重ねて、できないものを削ぎ落として、できるものを書き上げたのが、次のとおりの「中東貢献策」です。これは同月二九日閣議了解になっています。

湾岸における平和回復活動に対する協力として、

①輸送協力(各国の活動に伴う膨大な輸送需要にかんがみ、政府が民間航空機・船舶を借り上げ、食糧・水・医薬品等の物資が対象)

②物資協力(砂漠地帯という過酷な自然環境の下で行われる各国の活動を支援するため、防暑、水

の確保等の面で資機材を提供するために必要な措置）

③医療協力（物的・財政的のみならず、人的側面においても積極的貢献を行うとの観点から、各国に対する医療面での協力を行うため、一〇〇名を目途に医療団を緊急に派遣し得る体制を速やかに整備することとし、取り敢えず先遣隊を早急に派遣）

④資金協力（各国が行う航空機・船舶の借り上げ経費等の一部に当てるため、適当な方法により資金協力。なお、その規模及び方法等は今後早急に検討）

さらに、中東関係国に対する支援として、⑤周辺国支援、⑥難民援助、が含まれます。

これだけで済むはずはなく、自衛隊の活動を抜きにして貢献策の実行はあり得ない。憲法九条下において、多国籍軍の活動に対する支援として、どこまでのことをどういう形で行えるのかということが最大の問題となって、法制局もその議論に巻き込まれていきました。

そこで「国連平和協力法案」というものを急遽策定して、国会に提出して審議が始まりました。

この法案は、国際の平和及び安全維持のために国際連合が行う決議を受けて行われる諸活動に対し適切かつ迅速な協力を行うため、国際連合平和協力隊を設置し、停戦の監視、物資その他の輸送、医療活動、紛争による被害の復旧等の平和協力業務を行わせることを目的とし、自衛隊をこれに参加させることができるとするものです。

法案中に平和協力業務の実施等が武力による威嚇又は武力の行使に当たるものであってはならない旨明記されていましたが、自衛隊を海外に派遣し、その業務の一部に多国籍軍への後方支援活動が含まれていたため、民社党を除く野党の反対が強く、一〇月中旬から約一カ月の臨時国会の会期中、連日、終日にわたる厳しい質疑が続き、衆議院段階で審議未了廃案の結果となったことは、周知のとおりです。

しかも、国連平和協力法案というのは、多国籍軍に対する後方支援の根拠法ですから、憲法九条の下でどれだけのことがなし得るか、ということになります。貢献策を見ていただきますと、輸送協力、物資協力、医療協力、資金協力とありまして、直接武力行使をするという行動は一つもないわけです。

しかし、さはさりながら、戦闘行動に対する後方支援ですから、刑法の共犯論ではないですが、みずからは武力行使を行わない場合でも、戦闘部隊と一定の関係がある場合には、後方支援者も憲法上みずから武力行使をしていると評価される場合があり得る。これは刑法を習っているものにとっては自明の理ですが、一般人あるいは国会議員にとっては必ずしもそうではない。「武力行使、戦闘行動ではないのだから何が悪い」と言う人から、「いやいや、全体が戦闘行動であって、後方支援は一般的に武力の行使として許されないはずだ」と言う人までいて、それについて侃侃諤諤の議論がなされました。政治的にも、当時はいまのように自衛隊の部隊が海外に行くことに対する寛容度がありませんでしたから、感情的拒否反応が伴いまして、なかなか円滑に審議をし、議決ができるような雰囲気ではなかったです。

法制局はそういう点で、始めから終わりまでそれにつき合わされました。結局そこでわれわれが、まさにオン・ザ・ジョブ・トレーニングでの議論を通じて作り上げた「一体化論」をブラッシュアップし、次のような結論になるわけです。わが国が行うことのできる後方支援の範囲を画する基準として援用されるいわゆる「一体化論」です。

「輸送協力等自ら武力行使を行わない行動について、これが憲法九条との関係で許されない行為に該当するか否かは、各国による武力の行使と一体となるような行動としてこれを行うか否かにより判断すべきである。

　各国による武力の行使と一体をなすような行動に該当するか否かは、戦闘行動が行われている又は行われようとしている地点と当該行動が行われる場所との地理的関係、当該行動の具体的内容、各国の武力行使の任にある者〔当該軍隊〕との関係の密接性、協力しようとする相手方の活動の現況等の諸般の事情を総合的に勘案して、個々に判断されるべきである。」

　これが定型文、例文のようになりまして、これ以後はこれをそら覚えして、何か聞かれたらこう言っていました。

第一一章　湾岸戦争とPKO協力法

湾岸危機・戦争の経緯

大森　湾岸危機は、平成二(一九九〇)年八月二日にイラクのクウェート侵攻があって、翌年一月には湾岸戦争として火を噴いた。それが停戦になって、わが国が掃海艇派遣ということで直接の関わりを持つ、というふうに進むわけです。だから、このあたりで、わが国の立場から主要なポイントを概観しておくことが相当だろうと思います。まず湾岸危機にどういう対応をするのかということで、八月二九日に閣議了解でまとめた中東貢献策を策定する。その次に、一〇月中旬に国連平和協力法案を提出して、多国籍軍に対する支援を企てた。ところが一連の国会審議を経て、それは廃案になった。その国会審議の中で、多国籍軍で将来想定される武力行使との関係で、憲法上どこまでの支援ができるのかということで、武力行使の一体化論が問題提起され、ブラッシュアップされていったわけです。それをめぐる与野党の論争がありました。

もう一つ、国連平和協力法案の本来の主題ではなかったのに、当時の自民党の幹事長・小沢一郎さんが、国連憲章第四二条、四三条で規定されている憲章上の国連軍にわが国は参加できるのかどうかという問題をめぐって、憲法の新解釈論争を持ち出した。その問題を正当に解決することが、湾岸危機における自衛隊の後方支援を正当に処理する前提であるという。正規の国連軍への参加というのは現実の問題でも何でもないのに、観念論を持ち出して、しばらくのあいだ国会の内外ではそればかりが議論になったわけです。

ある段階で外務省が、この作戦に乗っていたら、自省の目的である国連平和協力法案自体が吹っ飛んでしまうということに気がついた。これではいかん、この論争を中止しようということで、当時の工藤法制局長官が基本的な考え方を述べて打ち止めになったという突発的な論争がありました。そして一一月一〇日には臨時国会が閉会になって、その法案も審議未了・廃案となりました。

それから即位の礼・大嘗祭があいだに挟まって、そこで一種のお祝い気分になったのですが、イラクは依然として撤退しない。そして一一月二九日に安保理決議の六七八号があって、イラクが翌年一月一五日までに安保理決議を履行しない場合は、同地域における平和と安全のため、あらゆる手段を取る権限を加盟国に与えた。要するに武力行使の権限を与えるという決議をして、段階が進んだわけです。

ところが翌年になっても、イラクは撤退しないものですから、平成三年一月一七日に、多国籍軍が武力攻撃、空爆を開始した。巡航ミサイルでバグダッドを狙い打ちして、戦争が始まったわけです。

戦争段階になると、平和協力法案は廃案になっているわけですから、わが国の後方支援はできない。為し得ることは何かというと、財政支援だけ。そこで九〇億ドルと四〇億ドルと一〇億ドル、合計一四〇億ドルの追加支出を補正予算で決定した。支出の仕方もいろいろ議論があって、アメリカ等、多国籍軍を派遣している国に対する直接支援というわけにはいかない。そこで湾岸平和協力会議の湾岸平和基金に支出するというフレームを作り上げて、そこに支出したという段階がありました。

そのうちに、湾岸戦争はワンサイドゲームで停戦になった。停戦になる前にも、わが国の関わりが問題になりました。戦争になってから避難民が続出したわけですが、その湾岸避難民のヨルダンへの輸送ということが喫緊の課題になりました。いろいろな形で国際的な輸送協力が行われましたが、日本も、航空自衛隊の輸送機C130Hを派遣して輸送協力ができないかということが求められた。

そのためにはフレームをつくらなければならない。それで、特別立法なのか、自衛隊法一〇〇条に基づく訓練の目的に適合する輸送なのか、あるいは自衛隊法一〇〇条の五に基づく輸送なのかという選択を迫られた。これは法制局として決断を迫られたのですが、いろいろな側面からの考慮の結果、やはり閣議決定という形で、内閣全体が関与する自衛隊法一〇〇条の五に基づく政令を制定するという方式が一番いいだろうということで、暫定政令を制定した。

そこで暫定政令が、一〇〇条の五の趣旨を超えているのか超えていないのかで大論争が起こった。これは法制局が政令制定の審査をしたわけですから、法律の趣旨の範囲内であることについては責任を持って、その点では集中攻撃を受けるとともに、独りで奮戦したのですね。ところがそこには「国際機関の要請があること」という要件が入っていたので、結局要請がなかったということで、この政令に基づく輸送は行われずに終わった。要請がなかったというのは、国際機関が自主的に要請しなかったのではなく、要請してもらったら日本の国内情勢がますます大変になったという面があったので、やりますよ、というオファーを外交的にもしなかったのでしょうね。

湾岸危機・戦争の最後の関与が、四月に決定したペルシャ湾への掃海艇の派遣です。これは、前のイラン・イラク戦争のときの掃海問題に、法制局は法律問題として関与していたものですから、掃海艇の派遣と憲法との関係については法制局も正面に立って関与せざるを得なかった。結果としては掃海艇を派遣して、現実に機雷を掃海することによってほどほどの貢献をして、無事掃海艇は引き揚げました。そこでわが国の湾岸危機・湾岸戦争への関与が終わった、ということになるわけです。

国連平和協力法案の廃案に際しては与野党合意がありました。多国籍軍の軍事行動に対する後方支援は、野党も受け入れられないし、国民もなかなか受け入れるところではないだろう。そこでもう一歩退いて、紛争が現実に停戦になったら、不安定な平和を恒久の平和にするためのPKO活動に参加するための法制をつくろうじゃないかという与野党合意だった。それで、PKO協力法の制定が懸案になっていくわけです。

今度はPKO協力法だということで、法制局としてもその研究に取り組み、その一環として、私は最も古典的・典型的なPKOを展開していたキプロス、及び北欧待機軍を常備していたノルウェーに実情視察に出かけました。北欧諸国はずいぶんPKOに意欲的で、その中でもノルウェーは最も意欲的でした。

だいたいそういう流れです。

武力行使一体化論の誕生

――私は憲法が専門でございますので、法制局が従来積み上げてきた、そもそも憲法九条で許されている戦力の問題、その解釈を高辻正巳先生がどのように関与されてつくられて、それをどのように主体的に受け継いでこられたのか。この湾岸戦争のときまだ高辻先生はご存命であったと思いますが、何かおっしゃっておられなかったか。自衛権発動の三要件などについて、法制局、特に大森先生ご自身としてどういうふうに考えておられたのか等に関心があります。

大森　湾岸危機の際には、たしかに憲法九条が引き合いに出されて、九条の下でどこまで関与できるかという議論ではあったんですが、所詮、わが国自体が武力の行使に直接関与するか、という問題ではなかったのです。それまでの論点はわが国は武力の行使を、どういう場合、どういう目的で、どの範囲でできるのかという問題だったのですが、今度は、湾岸危機に際して形成された多国籍軍が直接の武力行使の主体だったが、それにどこまで後方支援ができるのかという、後方支援の限界が、憲法九条との関係で論じられたということで、局面が少し違っていたと思います。

しかも当時、国会が始まる前に国会外で法制局が議論に関与したのは、自民党の憲法調査会です。そのときは、防衛庁長官を経験されたこともある栗原祐幸さんが憲法調査会の会長で、中東貢献策との関係で議論が始まりました。その調査会に呼び出されて、法制局もわれわれの勉強を聞いておけということで、会議に出席したこともあります。また、そういう会議外で電話がかかってきたり、直接出かけたりして、栗原さんとの接触が、第一部長たる私の立場としては濃密にあったと思います。その一時代のちの後藤田正晴さんとの関係が生ずる前に、まず栗原さんとの間で生じました。

当時、憲法九条に関心がある人は、いわゆるハト派が多かったのですね。栗原さんは、防衛庁長官の経験があることがハト派である一つの契機になったと言えると思います。わが国は、自衛隊法を制定し、自衛隊を創設して、年々装備・人員を拡充してきた。しかし九条の下では、これが限度だ、これ以上の装備・人員の拡充や目的の拡大はできないという、そういう考えでした。だからもう一歩踏み出そうという小沢さんのような人が中心ではなかったのです。

しかも、そういう議論が始まったときは、まだサウジアラビアあるいはペルシャ湾では何も戦闘行動が行われているわけではなく、イラクがサウジアラビアに攻め込むことを防ぐために、多国籍軍がサウジアラビアとペルシャ湾に展開していたにとどまるわけです。それなのに、そういう多国籍軍に対する支援が、武力行使と一体化しては駄目だという議論になるのはよくわからないといって、憲法調査会の参加者の中には首を傾げている人もいました。

当時は、もし多国籍軍がイラクと戦火を交えることになったとき、後方支援はどこまでしかできないかという、観念論的な段階であって、まだ展開しているだけの段階で多国籍軍と濃密な関係を持っても、武力行使と一体化する活動であるはずはないわけです。一歩先のことを予想して、そうならないように、どこでやめておくかという議論に過ぎなかったのです。だから、「まだ平時なのに、武力行使との一体化論というのはピンと来ないじゃないか」といっていた人もいます。しかし、そうなったら大変ですから、事前に釘を刺す意味で、議論をしていたわけです。

そこではいろいろな議論がありました。結局、中東貢献策が策定されたのが八月二九日です。その二九日に至るまでに、当時の中山太郎外務大臣がアメリカに行き、いろいろ話し合いをしてきた。その報告を踏まえて、中東貢献策を閣議にかけるというのが八月の一つの大きな踏み絵だったのです。結局、輸送協力、物資協力、医療協力、それから資金協力の四項目にしても、実際に行おうとしたのは、今後起こり得る一体化するはるか手前の行為でしかないのですね。しかし国会の議論にしろ、それ以外の会議における議論にしろ、すべて勇ましい観念論をやっていたわけです。

基本的な考え方は、最後は一体化論に収斂していきましたが、一番勇ましいのは、「後方支援自体は何も戦闘行動ではないんだから、何の制約もないのだ」という考え方でした。その正反対の極にあったのは、これは後藤田さんなどが言葉にされたものですが、「ロジというのは槍の穂先と柄の関係だから、柄をなくして穂先は働けないいんだ。だから実力行動のロジは、あらゆる形態が全部武力行使に当たるはずであるから、すべて駄目だ」という意見でした。私はそれも極論だということで、その真ん中あたりで、「一体化するのは駄目だ」というところに収斂していったわけです。

では、その一体化論の元祖は誰なのか、ということになります。昭和三四(一九五九)年ですが、当時は国会を開いたら、関係のある委員会ではすぐに集団的自衛権の行使に該当するから憲法上は認められないのではないかとか、そんな議論ばかりしていたのですね。昭和三四年三月一九日、参議院予算委員会で、当時の林修三法制局長官が、安全保障条約の改定に際して、野党の追及に対する答弁として、補給業務をどこまでやれるのかについて、「経済的に燃料を売るとか、貸すとか、あるいは病院を提供するとかということは軍事行動とは認められませんし、そういうものは朝鮮事変の際にも日本はやっておるわけであります。こういうことは日本の憲法上禁止されないということは当然だと思います。しかし極東の平和と安全のために出動する米軍と一体をなすような行動をして補給業務をすることは、これは憲法上違法ではないかと思います。そういうところは条約上もちろんはっきりさしていくべきだと思います」という答弁をしています。

この中で、「米軍と一体をなすような行動をして補給業務をすることは」という言葉を使っていたわけです。これが振り分けの一つの基準として、いままでの議論の中で最も注目され、採用するに値する基準だということで、ここから議論が始まりました。だから一体化論の元祖は林修三さんだというこことが定説になっております。

そこで、国会の中でもよく勉強した議員がいまして、拙著(『二〇世紀末期の霞ヶ関・永田町』)でも引いておきました。「ヤブカ(藪蚊)が憲法に群がる如く」という演説をしている東祥三議員で、元外務省の職員で公明党から小沢チルドレンになりまして、法制局攻撃の先鋒になって論戦をしてきたわけです。平成一〇(一九九八)年一二月七日、衆議院予算委員会において、こう発言しました。「代表的なものが、武力行使の一体化という言葉です。憲法のどこにそのようなことが書いてあるのでしょうか。憲法公布時の内閣総理大臣である吉田茂が、ただの一度でもこのような言葉をもてあそんだことがあるのでしょうか。全くありません。昭和三四年、ある長官がこれに近い言葉を言いました。そして二三年後、この言葉が日の目を見てまいりました。そして、湾岸戦争後には別の長官が、まさに精緻な理論としてつくり上げてきたことです。過去の内閣法制局長官がただ一度そう言ったことがあるという、たったそれだけの理由で、日本政府は湾岸戦争に意味のある協力をすることができなかったと私は思っています」。

二三年前というのは林修三さんのことで、「湾岸戦争後には別の長官が」というのは、当時の長官・工藤敦夫さんです。工藤さんが考え出したというよりも、われわれ法制局第一部で練り上げた答弁案を引っ提げて、長官が国会答弁をやるわけですね。対外的には、工藤長官の答弁として世の中に出ていくわけですが、その部分をここで言ったわけです。

「その後、武力行使の一体化という言葉は、さらに役人の手によってどんどん肥大化して」と言っていますが、この「役人」の中には工藤長官は入っていないと思います。この「役人」というのは法制局・大森第一部長なんでしょう。それで、とうとう集中砲火を一手に浴びることになってしまいました。それがさらに「一部役人の憲法簒奪、憲法を横からひったくってきているという危険を、そういう事態を招いているのではないか」というところまで罵倒がエスカレートしていくわけです。その根源が、この湾岸危機・中東貢献策の議論の理論武装から始まっているわけです。

「一体化論」は、政府部内では外務省を除いては誰も疑問を持たないですね。防衛庁もそうです。ところが外務省だけは、これが癪でしょうがないとの思いで、この時以来の確執が(第一次)安倍晋三内閣における、いわゆる集団的自衛権の見直し懇談会(「安全保障の法的基盤の再構築に関する懇談会」)に至っているわけです。安倍総理自身も思想上同じ立場に立つのでしょうが、ああいう見直し懇談会を推進したのは政府の中では外務省です。だから推進力になったのは防衛庁(省)ではなく、外務省なのです。防衛庁(省)は非常にクールで、憲法については法制局に任せて、自分で異論を立てたことはありません(そして、この動きが平成二六(二〇一四)年七月一日の第二次安倍内閣による集団的自衛権肯定の閣議決定、これを踏まえた安全保障法制の改正に至るわけです)。

――今回の最初に、この武力行使の一体化論は、いろいろな経緯を経てブラッシュアップされてきたとおっしゃいましたが、それは法制局の内部で議論が積み重ねられたということですか。

大森　結局、一体化していないという基準は何なのか、当然、国会質疑はそこに及びますね。そうなると、どういう基準を立てるのかということを説明しなくてはなりません。そこでは、一部の中で担当参事官がいろいろな立場でこの湾岸問題に取り組みましたから、まず参事官がいろいろ議論して、その判断基準についての案を書き上げるわけです。それを部の中で、ときには第一部長だけではなくて法制次長、長官も含めたテーブルで議論をして、精緻なものにしていくという作業を続けます。その結果として、駄目なのはどういう場合か、いいのはどういう場合かという議論に跳ね返っていくわけです。法制局はできるだけ具体的事案についての判断は避けていました。終局的には諸般の事情は総合的判断だとしてきました。すると、では具体的に最前線に誰か判定官が行って決めることになるのかとか、法制局の参事官が行くのか、という議論になりかねなかったのですが決してそうではないのです。一つの定型的・客観的判断ができるような仕組みを作らなければいけないのですね。PKO協力法にしても、テロ特措法にしても、類型的判断は閣議を通じてなし得るような仕組みになっているのです。

――いままでの点に関して一点お伺いしたいことは、マスメディアの話です。この時期の新聞などを拝見しますと、法制局批判が展開されるような状況があったと思います。なかでも工藤長官の答弁が変節したというような批判が、特に自衛隊機の派遣に関して出て来て、国会が空転したような状況があったわけです。法制局長官が矢面に立たされるような状況はかなり珍しいことではないかと思うのですが、こういう状況を、答弁などをお作りになっていた大森先生としてはどのようにご覧になっていたか、お伺いしたいと思います。

大森　当時工藤長官が答弁を取り消したとか変更したとか、それが大騒動になったということは、私にはあまり記憶がありません。指摘される新聞記事は、たぶん邦人救出のための自衛隊機の派遣と、ヨルダン避難民輸送の暫定政令との関係で、何かちょっとした答弁の齟齬があったような記憶もあるのですが、それで国会で大騒動になって、審議が止まって、答弁の変更が変節だという批判があったかどうか、私にはあまり思い出せません。

工藤法制局長官がマスコミによく顔を出すことになったのは、その通りです。それはなぜかというと、通常の国会審議では法制局長官がみずから答弁する機会はそんなに多くないのですね。ところが、国連平和協力法案の審議は臨時国会の特別委員会で、まさに時の世界的テーマについて議論されたわけで、当時の海部総理が出ずっぱりということで、法制局のほうも長官がほとんどの場合、出席を求められた。どういう体制かというと、総理が出席すると長官も同席しますね。しかも重要審議事項ですと、第一部長はその後ろに張り付きます。第一部長が張り付くと、その隣に担当参事官が張り付くのです。そういう支援体制で臨んでおりました。第一部長も大変だったのです。参事官は、数がいますが、一日国会に張り付くと自分の所管事項についての処理ができません。だから、当番制にして、一日三人ぐらいで三分の一ずつ張り付く例でしたが、あと一〇分、となるとそわそわして、交替が来ると浮き浮きして帰って行くのですね。しかし長官と第一部長は終日、総理の後ろに張り付いていました。

長官がマスコミに露出するのはそういうことだったのですね。長官の変節云々の批判というのは、私は記憶がないです。

——この時期、例えば大森先生に対してマスメディアの取材が増えた、ということも特にありませんでしたか。

大森　取材は、新聞社にもよるのですが、クラブは官邸の記者クラブでした。各省は、全部省別にクラブを持っているでしょう。ところが法制局には専用のクラブがあったわけではないのです。だから官邸のクラブが全部カバーしていました。国連平和協力法案の審査が始まって、初めのうちは熱を帯びた議論でしたから、夜まで記者が張り込んだり、自宅に訪ねてきたりしました。長官には渋谷に長官公邸がありましたが、そこはなかなか直接には入れない。しかしこちらは公務員住宅に住んでいて、まさにドアの前まで来られるので、すぐにピンポーンとやるわけです。ですから、記者との接触が多かったことは間違いないですね。しかし私は夜回りは原則として相手にしなかった。「そういう問題は昼間やる」と言って帰ってもらいました。だから極めて評判が悪かったかもしれません。

――圧力ということに関していうと、先ほど自民党の小沢さんの周辺の政治家が騒いでいたというお話がありましたが、具体的には加藤六月政調会長とか、西岡武夫さんなどが該当するのだと思います。こういう人が、直接大森先生に対して電話をかけてくるとか乗り込んでくるという形での威嚇のようなことはございませんでしたか。

大森　自民党の当時の三役は、工藤長官のところには結構電話をかけてきていたと思います。しかし、三役が直接私のところに電話をかけてきたことはなかったですね。彼らは部下は相手にしないのです。それは長官を相手にする。これについては、長官のところにねじ込んだというか、半分威嚇した電話がかかってきたことは知っています。でも工藤さんは頑として応じませんでしたね。非常に温厚な紳士ですが、法律問題は、それでは左右されませんので、その点では立派でした。長官が弱気を示そうなものなら、部下が黙っていない。

その問題に関係するのが、国連軍参加に関する憲法の新解釈です。当時、新聞の記事の関係部分を切り抜いたものを私は保存していました。一騒動終わってから、少し時間ができたものだから、「憲法新解釈騒動の顚末」という標題のもとに、記事を粗整理して並べたのです。私は当時からワープロ使用は先進的だったので、時間があったら切り抜きを整理することを兼ねてワープロに打ち込んでいたんです。今回そのフロッピーのデータをプリントアウトしてみて、ああなるほど、と思いました。この時期、こういうことから始まって、こういう経過をたどって、こういうふうに終わったのだな、というふうに回顧する一つのいい資料です。そんなに整理してあるわけではないのですが、進呈します。これを見ると面白い。役所では中央の六紙をとっていました。

初めは、要するに自民党の考え方と、外務省の考え方で総理にレクをしたら、必ず翌朝の紙面に載るわけです。その流れがずっと続いています。それであるときからガラッと紙面が変わるわけです。こんなことをしていたら法案自体が流れてしまうという危機感を抱いたのでしょう。それで、こういう議論は法案とは直接関係がないとして収束させる転換点が、ある時点できた。本当の決定的なターニングポイントは、工藤長官の国会答弁として、「正規の国連軍に自衛隊を参加させることについては憲法上問題が残る」という打ち止めの答弁をしたのですね。その後、論調が変わって、最後は幕引きになった。その全体を眺めると面白いと思います。

われわれ法制局は初めから終わりまで、考えていることや態度は一切変わっていません。ところが総理は、外務省と自民党に煽られてベラベラしゃべるものだから、あたかも政府の方針がそっちにほとんど固まりつつあるという紙面になっているのです。しかし、決してわれわれはそれに沿った方向を考えていたわけではない。最後にわれわれの考えが表面に出ただけのことで、初めからそう思っていたのです。

そのあとになって、一体化論あたりからだったか、今度は後藤田さんが嚙んで来て、ある日突然電話をかけてきました。それまで私は個人的な面識が一切なかったのですが、後藤田さんは槍の穂先と柄の関係論なのです。「穂先が働くのは柄があるからで、柄に当たるロジが武力の行使ではないというのはおかしいじゃないか」ということから始まるのです。本当にあの人は立派な人です。

――国連軍に自衛隊が参加することに憲法上の問題が潜んでいて、答弁の必要があって検討を迫られた、と伺っておりますが、その中味について、どのようなことに配慮して検討を深めていかれたのでしょうか。

大森　「国連軍」という言葉も当時は多義的に使われていたのですね。歴史の流れ、戦後の流れからすると、まず朝鮮国連軍に国連軍という名前がついているわけです。そして、湾岸の時に形成された多国籍軍も、俗称国連軍と呼ばれる面もあったのですね。しかし朝鮮国連軍と、憲章第四二条、四三条が予定している国連軍とのあいだにも差があり、ましてや多国籍軍とは似て非なるものである。そのあたりの違いを浮き立たせることから始めました。

その中で基本となったのは、昭和二九年の自衛隊創設の際に法制局で整備した、九条と自衛権、自衛組織、自衛行動との関係です。そこが問題のキーで、そこは一切揺らいでいない。それをめぐっていろいろな応用問題の積み重ねがあるわけです。そこに流れている基本的な考え方からすれば、結局国連といっても、主権国家たる各国の結合に過ぎないのであって、主権国家の主権をアウフヘーベンした形での存在ではないわけです。ですから、国連と各国が特別協定を締結して、国連軍に兵力を提供するといっても、まず提供するところに主権行為があるわけです。提供すると、今度は撤収の自由が確保されている。出すときと退くときは、まさに各国の独立主権国家としての決断、意思決定を経て行われるわけですから、参加中の組織の行動も、各国の行動という側面が一切消えてしまうわけではないのではないか、というところが、最後まで残った支えだったのです。

小沢さんその他、自衛隊の国連軍参加を支援する一派の人たちは、結局、国権の発動ではない、というわけです。国権の発動性がないのだから、九条が否定している武力の行使ではありません、ざっくばらんに言うと、そういうことです。しかし国権の発動たる側面は完全には消えないのではないか、というところに問題が残るのですね。

しかしそんなことを言っても、一般国民や政治家には通用しません。だからいままでは、「海外派兵はしません」とか、「いままでの積み重ねから推論すると問題が残る」という俗っぽい言い方をしているわけです。でも後藤田さんは、「それはそうだ、わしもそう思う」という。あの人は、本当に法制局の考え方と波長が合うのですね。法制局が言うから賛成するのではなくて、あの人の基本的な考え方が不思議なことに、法制局と波長が合っていたのです。

ＰＫＯ協力法案の審査

――この時期、ＰＫＯ協力法案の制定自体は内閣官房がとりまとめたというふうに読んだのですが、その際、審査自体は第三部が担当されたのだと思います。ＰＫＯ協力法案が制定される過程で、大森先生は実情視察などをされて、かなり深くコミットされているのではないかと推察しますが、法案の制定自体に対してどのような関与の仕方をされたのか、お伺いできればと思います。

大森　法案を〔法制局の〕どこが審査するのかという基本的原則は、第二、第三、第四部が霞ヶ関を三分の一ずつ所管して、そこで企画立案される法案を、対応する審査部が審査するというのが基本です。もちろん入れ換えは自由です。

湾岸危機の際に提出され廃案となった国連平和協力法案は、外務省が言い出したことですから、外務省の所管法案として、外務省に対応する第三部がやったわけです。ところが外務省というのは、条約については一手専売のような顔をしているのですが、一般法案の企画立案については全く素人同然です。だから頼りないことこの上もない。しかも第三部は、日常的な主要な法案は、当時の大蔵省と自治省を抱えていましたから、大蔵法案と自治省関連法案が中心でした。あと労働省もありましたが、防衛に関する法案はやったことがないのです。しかし外務省が担いだので第三部に行きました。初めはそれを第二部に移すとかせずに、原則通り第三部で審査を始めたのです。しかし大変だったのですね。

そこでPKO協力法を外務省で企画立案するとなったら、平和協力法案の二の舞になりかねない。法制局としては、もっとしっかりした企画立案組織をつくって持ってこないことには責任が持てない、ということになった。結局、PKOに関する政策の関係省庁は、外務省だけでも防衛庁だけでもないわけですね。そこで、各省にまたがるものはどこでやるかという一つの原則は、内閣官房というか、当時の総理府でやる。いちおう内閣官房に準備室を置いたのかな。そこに組織を作りまして、各省からそこに人を出す。外務省と防衛庁が主力になったことは間違いないのですが、しっかりした企画立案組織をつくるために、内閣官房の内政審議室を企画立案の準備室にしたのです。

内閣官房に置くと、内閣官房を所管するのは第二部ですから、審査は第二部に行ったわけです。第二部は従前から防衛庁を所管していますし、行政管理庁、総務庁、人事院も前から所管していますから。そういうことで、第二部が審査し、内閣官房の審議室が企画立案したということになったわけです。最初は、外務省の国連局は赤尾信敏局長だったのですが、答弁もしどろもどろで大変だったのです。総理が怒ってしまって、担当局長を替えたのです。

——実情視察に行かれたというのは、内閣官房の下の企画立案の本部のメンバーで行かれたということですか。

大森　それはまた違うのです。結局、また憲法問題が起こります。平和協力隊というハトめいた名称をつけましたが、日本以外の諸外国のPKO組織は平和維持軍という軍隊です。もちろん戦闘行動を目的とはしませんが、場合によっては紛争を抑えるときに実力行使を伴うことを予定しているから、軍が担当するのがふさわしいということで、日本がそれに参加するとなれば、九条との関係が問題になる。そこで憲法という法律問題を所管する第一部が無関係ではいられない。だから九条の目から見て、ＰＫＯ協力法にいかなる問題があるかということを研究しておく必要があるということで、第一部長が出かけていったのです。だから企画立案でも、法律案の立案ではなくて、政策の立案企画ですね。その段階では憲法問題だという捉え方なのです。

だから第一部長が、審査部にどこまで関与して、どこから任せるかというのは非常に微妙です。かつて話したかもしれませんが、国会の質問の割り振りをどうするかというのは微妙な問題で、各部の負担とも関係して、消極的権限争いが起こりかねないのです。「この質問は俺のところではない」ということです。自分のところだと言われると答弁を書かなければなりませんから、翌朝までかかる。ともすれば逃げようとするので、割り振りの客観的な基準を作ろうということになったのが、私の総務主幹時代です。だから、憲法問題がすべて第一部ということにはなっていないのですね。「防衛及び宗教に関する憲法問題は、もっぱら法案の前提としての国会質問を受けるときでも第一部が責任を持つ」。当時の宗教問題というのは靖国なんです。「それ以外は、仮に憲法に触れる場合でも各部で責任処理をする」。もちろん「第一部で協力はします」ということにしていたんですね。

――もう一点、このＰＫＯ協力法案のとりまとめの時期に、例えば武器使用と武力行使の関係についての統一見解ですとか、さまざまな形で統一見解を出す状況が生じていたと思うのですが、それに関して、法制局はどういう形で関与されたのでしょうか。

大森　いったいどういう場合に統一見解を出すのか、各省庁が関係するときに、法制局と省庁とのあいだでどういう役割分担をするのか、決まっているようで、はっきりしない面があるのですね。特に九条をめぐる問題で統一見解を出すというときには、少なくとも法制局が関与する。時と場合によっては法制局で書くこともあるのです。というのは、「ちょっと見解が矛盾している」とかいちゃもんをつけて、「統一見解を出せ」というのは、国会を止めるための野党の作戦だったのですね。それに対して、「国会を円滑に前に進めるために統一見解を出してください」なんて委員長が言ってしまうと、すぐに出さなければならない。そういうときには法制局で書いて、関係省庁に、こういうことでいいだろうといって委員会に届けさせることもあるのですね。

しかしコメ問題のときは、農水省が中心になりました。湾岸危機のときにも、たしかに統一見解なるものが何本か出ていますが、あれはなぜ統一見解を出す必要があったのか。必ずしも必然性があったわけではないと思います。見解がはっきりしていないのは質問者だけだったりするし、あるいはいままで出された見解を整理して一覧性のある文章を作って納得してもらう場合もあると思います。

――いまのＰＫＯの話の少し前に、一四〇億ドルの支出についての議論がありました。それから避難民の輸送の問題について、特に大森先生が深く関与されたというお話がございました。その二点について、もう少し敷衍した経緯をお話しいただければと思います。

大森　一四〇億ドルの支出ですね。目に見えるような形での支援ができないとなれば、経済大国たる日本は金を出してそれを償わざるを得ないという雰囲気になんとなくなってしまうわけですね。たしかドイツは五五億ドルをアメリカの戦費を償うものとして直接出したのです。ドイツには九条がありませんからね。

しかし日本はそういうわけにはいかない。経費を出すことは九条に反するのではないかという質問主意書が出るでしょう。それに対して、九条は武力の行使に関わる問題であるから、単に経費を支出するというのは実力に関わる問題ではないから、憲法九条に反することはないという答弁書もあります。それで済むのですが、やはり平和主義の精神・理念の問題として、戦費を直接出すというのは政治的にはなかなか通りのよくない問題だったのでしょうね。

だから、たまたま湾岸平和協力会議というのがあったので、そこに出します。苦難にさらされている国の援助として出します。それに湾岸平和基金というのをつくらせて、そこに拠出します。それをみなさんの協力によって使ってください、使った結果は報告します、ということになっていたのです。ところが、それはいまだに報告がないでしょう。私の在職時代にときどき外務省に、「あれはどうなったか」と野党から質問がありましたが、そういうところはずるいので、局長が答弁に行かないのです。若い課長が行って、答弁の例文を読むのです。「あれは催促しておりますが、まだ回答がございません」という。野党のほうもそれ以上追及しないのです。それはそうだろう、と思っているのです。だからお互い、内心では了解しながらも、一つの建前としてそういう形をとって支出をし、後の始末もそういう形だけをつけるということです。

それから、これはあまり表面に出ていないですが、九〇億ドル、四〇億ドルのあとに、最後に一〇億ドルというのが付け加わったのですね。一〇億ドルというのは初めは予定していなかったのです。当時の大蔵大臣は橋本龍太郎さんで、橋本さんが交渉して金額を決める役割を演じました。ところが、ドル建てなのか円建てなのか、はっきりしなかったのです。そこで為替変動があって、ドル建てにしたら、一三〇億ドルでは足りなくなってしまったんですね。だからあと一〇億ドル追加支出をしなければアメリカが期待した実質価値が確保できなかったのだと思います。出すのは湾岸平和基金ですが、その為替差損のために一〇億ドルを追加させられたのですね。ところがその後、橋本さんが総理になったでしょう。だから誰も言わなくなったのです。内部では、あれは外交交渉の拙劣さの所産なのだ、ということだったようですけれどね。本来、円建てにしておけばよかったのですね。

――ドル建てで約束したから、円高になって差損が出たんですね。

避難民の輸送

大森　明けて平成三(一九九一)年一月一七日朝、イラクによる自発的な撤退がないため、多国籍軍によるイラクへの武力行使(空爆)が開始され、わが国は、新たな事態に対する積極的な支援が求められました。そこで、関係各国が当面要する経費に充てるため九〇億ドル(予算上は、一兆一七〇〇億円)の追加拠出を行うこととするとともに、さらなる人的貢献を期待されました。

避難民のヨルダンへの本国輸送について、わが国の民間航空会社に協力を求め、民間機が活用されないような状況において、人道的見地から緊急の輸送を要する場合には、関係国際機関の要請に応じて、自衛隊輸送機(C130H)による輸送を行うこととなりました。

問題は、その法的根拠をどこに求めるかです。あり得るものとして、

①自衛隊法の改正の新たな立法措置

②自衛隊法一〇〇条に基づき「訓練の目的に適合する場合」に当たるとする受託輸送

③自衛隊法一〇〇条の五による輸送

の三つの方法が検討の対象になりました。内閣法制局において慎重に検討した結果、前二者について

は事実上または法律上の問題が残り、閣議での意見の集約を伴う③の方法によることとなりました。

③の方法による場合の論点は、自衛隊法一〇〇条の五に基づき制定した暫定措置政令が法の委任の範囲を逸脱しているか否かです。当該法条は、航空機による輸送の対象を「国賓、内閣総理大臣その他政令で定める者」と規定し、文理上その範囲を限定していませんが、このような表現においては、代表列記された国賓・内閣総理大臣とかけ離れた者を政令で規定することは予定されていないと解されています。かつて、同条を追加する自衛隊法の改正案の国会審議に際し、私が第二部長としてその旨の答弁をした経緯がありますので、そこから逸脱することはできません。そこで、暫定措置政令で規定した「湾岸危機に伴い生じたイラク、クウェート及びこれらの国の周辺の国からの避難民として関係国際機関からその本国への輸送等を要請された者」が、「国賓・内閣総理大臣とかけ離れた者」であるとして、国会において、厳しく繰り返し追及されました。この点については、「かけ離れているか否かは、高位高官であるか否かという社会的地位にのみ着眼して判断すべきものではなく、その者の置かれた状況、国による輸送の必要性その他諸般の事情を総合して判断すべきであるところ、湾岸危機というわが国にとっても重大緊急事態に伴って生じた避難民については、国連の委任を受けた国際機関の要請を受け、人道的見地から国際協力としてこれを輸送することが適当であると認められる場合には、そのような避難民は、航空機を用いて国が輸送する対象として前記代表列挙された者とかけ離れた者であるということはできない」と、政府は考えました。

もっとも、現実には、要請がなかったため、輸送は実施されませんでした。

――ほかの選択肢がなかったから仕方なかったということですね。

掃海艇の派遣

――湾岸危機、ＰＫＯ協力法の関係で、その他、何かご印象に残っている事柄がございましたら、お伺いしたいと思います。

大森　イラクのクウェート撤退により湾岸戦争が停戦した後、ペルシャ湾に敷設された機雷の掃海が緊急の課題となり、中東石油への依存度の高いわが国に対して掃海艇の派遣が求められました。平成三(一九九一)年四月二四日、安全保障会議を経て臨時閣議で派遣を決定し、同二七日には、横須賀、呉、佐世保から掃海母艦一隻に率いられた掃海艇四隻及び補給艦一隻の総計六隻が出航し、奄美大島の海域で集結したうえ、約一カ月かけてペルシャ湾に向かいました。

右閣議決定の前後には、衆・参両院の内閣・外務・決算委員会においてその法的根拠に関する質疑が集中しました。自衛隊法第九九条による機雷の除去に関しては、遺棄されたと認められる機雷がわが国船舶の航行の安全にとって障害となっている場合に、その航行の安全を確保するために、これを除去する行為は、憲法第九条にいう「武力の行使」に当たるものではないことは、既に、昭和六二年九月二九日、黒柳明参議院議員に対する政府答弁書によって明らかにされていました。当時、安保理決議六八七号に基づく恒久的平和が成立したこと、イラクは自ら機雷を除去せず、他国が除去することを当然の前提として、機雷の敷設状況についてのデータを多国籍軍側に提供していることから、ペルシャ湾内の機雷は、遺棄されたものと判断されました。

なお、質疑を通じて、自衛隊法第九九条による掃海はわが国領海及びその近海を想定したものであり、ペルシャ湾上の掃海までも予定したものではない、自衛隊法第三条の趣旨からして、掃海の地理的範囲は、わが国領海及びその近海に止まるべきであるとの見地からの反対論が出されましたが、その点については、次のような見解に基づいて対処しました。

即ち、前者については、法第九九条による機雷の掃海は、敗戦直後におけるわが国周辺の航行の安全確保のために設置された海上保安庁の航路啓開所の業務を保安隊法による海上警備隊が引き継ぎ、それを海上自衛隊が引き継いだものですが、その掃海任務の地理的範囲については明文の限定をしていません。同条は、わが国の領海内における船舶の航行の安全確保及び公海におけるわが国船舶の安全確保を図るための一種の警察行動を定めた規定ですから、具体的にどの地域にまで派遣することができるかは、わが国船舶の航行の安全確保を図る必要性の有無の見地から、具体的な事例に即して個別に判断すべきものであって、一般的にわが国領海及びその近海に限られるものではありません。

後者については、法第三条の本来の任務は、わが国の防衛と公共秩序の維持であることを規定したものであるが、法第九九条の機雷の除去及びその処理の権限は、自衛隊の本来の任務とは別に、いわば付随的任務として海上自衛隊に付与されたものであり、法第三条の規定の趣旨から当然に、法第九九条に基づく行動の地理的範囲が画されるものではありません。

——そのときも後藤田先生とはお話になりましたか。

大森　後藤田さんからは電話が何回もかかってきました。海上保安庁の前身の航路啓開所による掃海業務の任務が海上自衛隊の前身である警備隊に引き継がれて、自衛隊法の制定とともに自衛隊法の中にその権限が取り込まれて九九条になったという説明を後藤田さんにしましたら、「それはそうだろう。だから九九条の掃海艇は、日本またはその近海の掃海を予定しているのだろう。ペルシャ湾にまで出かけていって掃海をするなんていうのは、海上自衛隊の任務としては予定されていない」といって、怒られました。後藤田さんというのは本当に鋭い人ですね。ああいう立派な人には情報が集まるんですね。私はメモと資料を整えて、新宿通りの麹町のビルの上階に事務所を持っておられた後藤田さんのところに、ずいぶん行きました。行ったら、必ず誰かが先に来ているか、後に来るか、あるいは待っているか、各省庁が取っ換え引っ換え報告に行っていたようです。だから本当にいい情報が集まるのですね。いい情報が頭に詰め込まれているから、いいことが言えるのでしょうね。

第一二章　細川・羽田・村山連立政権と法制局

内閣法制次長に就任する

――内閣法制次長におなりになるところに移りたいと思います。

大森　内閣法制局の次長ではなく、「内閣法制次長」という官職に就任しました。事務次官待遇であり、次官等会議の構成メンバーであって、位置づけとしては事務次官なのです。それだったら、こんな中途半端な名称ではなくて、内閣法制局事務次官あるいは内閣法制局次官と表現するのが自然。

その旨訊ねたところ、ある先輩曰く、「事務次官あるいは局次官と表現すると、長官に政治家が入って来る可能性がある。次官というのは、霞ヶ関では事務職のトップだから、その上に大臣がいてもいいのではないか。確かに戦前の法制局長官は政務職の運用をされてきましたが、戦後は、法制上はポリティカル・アポインティーの人事運用も不可能ではないが、戦後の運用は昇進制で運用されてきました（ところが、第一次安倍内閣の時に、憲法九条の下での集団的自衛権の肯定への解釈変更を企て、時の法制局長官からそれを拒否されるや、長官の更迭を企てました。総理のもとに設置した安保法制懇談会の報告書にも集団的自衛権の容認が記載されましたが、総理の健康状態が悪化し総理を退陣したため、その際は、いったんは立ち消えとなりました。ところがその後、再起して第二次安倍内閣において、時の法制局長官の退陣を求め、その後任に法制次長ではなく、駐フランス大使を法制局長官に任命し、事実上、ポリティカル・アポインティー人事を実現しました。このように、法制局長官人事は、微妙な力関係により揺れ動かされる不安定な状態となってしまいました)。

事務次官等会議への出席

――その内閣法制次長になられたのが平成四(一九九二)年一二月ということですが、まず法制次長に期待される役割についてお聞かせください。

大森　内閣法制局設置法によれば、法制次長は「長官を助け、局務を整理する」ということで、局内事務を整理することと長官を助けることが二つの職務です。現実には、外向けには事務次官等会議の構成員で、各省の事務次官とともに内閣の基本方針についての事前調整を行うという側面がある。

それから一番しんどいのは国会の開会中。長官は国会のほうに名実ともに全力を注入しなければいけないので、法令案の審査については、法制次長が事実上の最終決裁者です。だから特に常会の一月から四月までは、目が回るような忙しさであることは間違いない。合間には法律問題にも関与せざるを得ない。

しかしこの事務次官等会議に出るというのは、私は非常によかったと思う。というのは、事務次官等会議はだいたい昼食を挟んで開催するので、各省の事務次官と週に二回椅子を並べて、まず昼食を食べて、通常は翌日の閣議への付議案件についての事前調整をする。調整ができているかどうかの確認を淡々とやっていく。そこで国政全般の動きがわかります。しかも事務次官と面識が生じて、いろいろな関係ができ、公私ともにつき合いができて、本当によかったと思います。

後に民主党内閣の総理を務めた菅直人氏は、事務次官等会議は何の法令上の根拠もなくて、ここで全部調整をしてしまって閣議が空洞化してしまっているということで、目の敵にしていました。しかしこれは必要な会議です。閣議の全会一致主義が前提としてあるからです。これも憲法慣行です。この全会一致主義の下では、事前に調整しておかなければ閣議が円滑に進まない、国政が円滑に進められない。事前の調整が非常に大きな意味を持っているわけです。

しかし全会一致主義に対する疑問もかなりあって、橋本行革の時には、京都大学の佐藤幸治先生などは多数決主義の採用に前向きでした。それを行革会議の最終答申に書かれたら大変だ、ということで、合意形成のプロセスとして多数決をとってみることも意味があるのではないか、という趣旨に直してもらったんですね。最終報告の中に、その文章を一つ入れてもらったんです。だから全会一致主義は崩されなかった、というのがこちらの理解です。

――それは法制局として、ということですか。

大森　はい、国会でも意見は変えていませんからね。

――まさに次回それがテーマになります。なぜそんなに全会一致主義にそこまでこだわるのかということも、次回で結構ですので、ぜひご教示ください。

大森　後藤田さんなんかにも、全会一致主義を崩すなどと言ったら大変なことですよ。中曽根さんが掃海艇をペルシャ湾に出そうとしたのを後藤田官房長官が阻止した法的手段は、「官房長官は判を捺さんぞ」でした。そうしたら中曽根さんは、「女房に反対されたら亭主は弱いんだ」とかぼやきながら諦めた。全会一致主義はそういうところで働くわけです。

――行政学などで一般的に言われるのは、事務次官等会議は、かなり調整が水面下で行われた先にあるものであって、あまり実質的な議論が行われているわけではないんだ、ということですが、大森先生が観察されていた範囲内で、実質的な調整機能を事務次官等会議は持っているんでしょうか。

大森　いや、事務次官等会議を全会一致で通さなければ閣議に付議されない、という慣行が確定しているために、事務次官等会議が非常に大きな意味を持っているのですが、現実には調整済みであることの最終確認会議になっているわけです。本当の調整は、各省間調整その他で事前に行われて、だいたい関係省庁間で意見が一致したということで初めて事務次官等会議に付議される。だから最終調整の手打ち式なのです。非常に大きな意味があると思いますね。あそこで「賛成していない」と、関係省庁が一言クレームを出したら、そこで明日の閣議付議は延期です。現にそういうことも一、二回はあったと思います。

――他省庁からのクレームがついて通らなかったこともある、ということでしたが、ということは、事前に調整がすべて済んで上がってくるとは限らないわけですか。

大森　だいたい調整を続けていて、ほぼできたということで、事務次官等会議までには調整できる見込みで付議するわけですね。ところがまだ心底賛成していない場合が、たまにはあるわけです。席上で一声出されたら大変です。

――昔の国民投票法で自治庁案が出たときも、法務省からクレームが続いていたけれど出してきて、けれども事務次官等会議で文句をつけられて、最終的には総理判断に委ねられた。

閣議では議論までした。そのときはたしか〔次官等会議で〕クレームはついたけれど、閣議でどうするかという議論になったのですね。

大森　それは昭和二〇年代だからそういうこともできたのでしょうが、いまではそういうことでは閣議付議自体の手続がとれないでしょうね。昔の参事官室、いまの総務官室で、もっと調整しておいで、ということで請議書を受け取ってくれないと思うね。

——実質的には全会一致主義の要請がより強く働くとも言えるわけですね。

もう一つ初歩的なことで、事務次官等会議では何らかの議事録が残されるか、ということをお伺いしたいと思います。それから、大森先生が事務次官等会議に出られた中で、その他ご印象に残っている出来事あるいは人物がございましたら、お伺いしたいと思います。

大森　何らかの議事録ですか。あの席には、当時は内政審議室の室長が後ろに座っていました。テーブルではなくて、後ろの席に座っていましたから、そこでメモはとっていたと思います。本来、正式に配られる文書は案件表だけです。その案件表を順次つぶしていくだけのことで、議事録は正式にはなかったです。

それは閣議ではもっと徹底しています。閣議決定、閣議了承、各国務大臣欄に花押をずっと捺していく。それだけしか文書は残らない。案件ごとに閣議書がつくられて、一枚目の鏡のところに各国務大臣名が印刷してあり、そこに狭い花押欄があって、そこに自分の好きな印をつけていくと。その欄が全部埋まったら全会一致ということです。

ただ、メモは実質的には残るといえば残ります。法制局長官が書記官の役割を務めています。メモをとって、閣議が終わって部屋を出ると、入口の外に当時の内閣参事官室の係員が待っていまして、それに作成したメモを渡す。その人はすぐに部屋に戻りコピーをとって、その原本をこちらに返す。それで初めて参事官室は、閣議で何が語られたのかがわかる。閣議室内には入りません。政務・事務の副長官と法制局長官のみが陪席します。

――外務次官のお隣にお座りになったということですが、席順というのは固定しているのですか。

大森　結局、変な慣例だけれど、いわゆる建制順ですね。事務の官房副長官が真ん中に座って司会をする。(左)隣に法制次長が座り、こちら(その左)に外務、こっち側(官房副長官の右)に法務かな、建制順にずっと座っていく。省は建制順に座り、事務次官が置かれている大臣庁からも出てきますから、それも建制順だったかな。だいたい指定席ではあるんです。名札があるわけではないんですが、決まっているのですね。

五五年体制の崩壊、細川内閣の誕生

――法制次長の役割、仕事については、これからも伺うことになるかと思います。このころ政権交代がございまして、自民党が下野する、そして細川連立内閣ができ、その後社会党の総理が誕生するという時代を迎えますが、そのあたりのご印象について伺いたいと思います。

大森　細川内閣では、コメを自由化したウルグアイラウンド受け入れ決定までのあいだは、米の輸入規制に関する国会決議をめぐる論議が大変でした。「国民の主要な食糧は国内産でまかなうことを原則とする」という趣旨の決議が衆参両院で四度ぐらいされており、その国会決議の効力についてさかんに質問を受けました。議決は全会一致でやるものですから、法律より強い効力があるのではないかと言わんばかりの発言です。ある意味では憲法よりも重い、全会一致だから動かせないと言いながら、最後はウルグアイラウンドを受け入れてしまって、そのうちに国会決議の効力なんて話題にものぼらなくなってしまいました。

それから国民福祉税構想。ある朝起きたら、細川総理が七％の国民福祉税創設をぶち上げました。大蔵省は大喜びだったのですが、一日でアウトになりました。七％の根拠をきかれ、「腰だめ」だと答えて終わりとなりました。それから村山富市さんを総理とする「自社さ」内閣ができた。そのうちに阪神・淡路の大地震が起こって、それから半年ぐらいは地震対策国会となりました。

非常に印象が強いのは、沖縄の米海兵隊員による少女暴行事件ですね。県民の抗議大集合を背景として、大田昌秀知事の基地緊急使用裁決の代理署名拒否。そして内閣総理大臣による勧告・命令まで拒否した。これが楚辺通信所（通称、象のオリ）の用地無権原占拠に至る。それは橋本内閣になってからのことですが、その対応で大変だった。

最後は住専処理への六八五〇億円の財政資金の投入。決定まで村山内閣がして、その後始末を後継の橋本内閣がやらされて、私の長官時代はその住専国会から始まるわけです。

元に戻りますと、自民党との関係というのは、法制局としては直接は、特に法制次長の立場では、あまりなかったですね。ただ、出した法案がどういうふうに審議され、成立していくかは注視の的です。自民党はまさに強力野党。下野して大きく力を殺がれたわけではなくて、過半数に達しなかっただけのことですからね。法案審議でも徹底的に食い下がられて、各省は往生していましたね。自民党の議員は、元官僚も多いし、よく勉強もしていましたから野党として強力でした。

もう一つ、非自民政権の特徴ですね。これ以降ずっと連立政権が続いているわけですが、このときに連立政権の閣議運営についてどうしたらいいか。本来基本政策を異にする政党に属する閣僚が出て、閣議で意見の食い違いが出たら円滑に進みません。官房副長官（事務）の石原信雄さんが官房長官の補佐者として非常に立派だったのは、閣議運営の適切な工夫を、総理というか官房長官に進言したことです。本来の閣議で閣議案件を順次全会一致で決定していくという手続と、今後の政策のあり方についての議論・意見交換とを二つに割りまして、決めるべきことをまず決めて、「以上で閣議を終了します。これから閣僚懇談会に入ります」と発言して完全に分けた。決めるべきものを決めてしまって、それから意見の交換をしてもらう。

そういう手続的分離が細川内閣で行われ、その後ずっと慣行として定着し、いまでもそうしているはずです。これはよかったと思います。案件表の初めのほうで侃侃諤諤の意見が出てしまうと、決めるべきものが決まらないこともあるわけですね。国会開会中は、委員会の開会時間の前に閣議をセットしますから、だいたい三〇分ぐらいしか所要時間を予定していないわけです。だから一〇分か一五分ぐらいで決めるべきものを淡々と決めてしまうということになります。

橋本内閣になってからは、社会党から出ている大臣が、回ってくる閣議書などに夢中でサインしていたら終わってしまった。それであとから蒸し返すわけです。「大臣、あれはもう決まったじゃないですか」と副長官に言われて、「いつ決めたのだ」とかつぶやかれることも初期にはありました。しかし意見を述べたい案件はある。「それは懇談会でやりましょう」という話で、運営としてはいい形態が確立したと思います。

次に政治改革との関わりですが、法制次長の立場では、一切関わりがありません。政党ベースで決まっていった問題ですから、長官としてもほとんど関与はなかったと思いますね。法制局としてもあまり関与はない。法案その他は、このときの選挙法の改正まで、たしか議員立法ではなかったでしょうか。選挙制度の改正は、内閣立法による場合と議員立法による場合が交互に行われているような感じでしょう。どちらでやるのが本則なのか、よくわからない。原則がないような感じですね。

――特に細川政権、羽田政権はそうだと思うんですが、法制局と対立関係にあった小沢さんを党首とする自由党が政権与党に入ったわけですね。そのことによって政権と法制局の関係が緊張するような場面は、このときには特になかったということでしょうか。

大森　小沢さんと法制局がどうも噛み合わせが悪いのは九条問題であって、それ以外ではそんなに対立することはなかったです。

社会党、自衛隊合憲に転換

――社会党が政権に参加し、村山富市首相が自衛隊に関する憲法解釈を改めました。このあたりのご印象をお聞かせください。

大森　特に自衛隊と憲法九条との関係の問題ですね。社会党は細川内閣から政権与党として参加しているわけです。当然その段階でも問題は生じたはずですが、細川内閣では自治大臣等として内閣に入ったに過ぎず、安全保障関係を所管する大臣にはならなかったものだから、党の基本政策との対立は、あまりシビアではなかったのですね。だから初めは「連立政権の政策合意と党の固有見解は別です。今回は連立を組む関係で凍結したのだ」といって、固有見解を変えなくても連立政権に参加することはできた。じゃあ、お前の固有見解はどうなんだ、といったら、苦し紛れに「違憲合法」なんていう見解が出たことがあります。そういうことで社会党はずっと自衛隊に関する憲法論争を避けていたわけです。

羽田内閣では連立政権から離脱しましたから、そんなにシビアな立場に立たされたことはなかったのですが、自社さ政権で自党の委員長が総理になった。総理となれば内閣を代表して予算を国会に提出しなければいけない。予算委員会その他では、内閣の代表としての立場で答弁に立たなければいけない。一体どうするのか。当時私は法制次長でしたから、社会党とは直接関係はなく、半分野次馬的に見ていたわけです。

本会議のテレビ放送を見ていたら村山総理が自衛隊に関する憲法見解を転換しました。転換がなされるということは私は迂闊でしたが事前には知らなかったのです。びっくりしました。

ところが「それはあなたが知らなかっただけだ」という人がいましてね。共同通信の記者で『戦後政治にゆれた憲法九条――内閣法制局の自信と強さ』(中央経済社、一九九六)その他憲法関係の著書がある中村明さんは若い時代野党番でもあったから村山さんとは非常に親しかった。官邸でも自由に部屋に出入りできたようですが、その本の中には、村山総理から中村さんが聞いた話として、「当時の大出(峻郎)長官が憲法進講の際に、『違憲合法論等では通用しませんよ』ということを縷々説得した」と書いてあるのです。

そう言われれば、そういうことはあり得ます。内閣が替わり、特に総理が替わると、できるだけ早い段階でかなりの時間を割いてもらって、憲法の基本問題のご進講をする例です。それは法制局長官に第一部長が随行します。その際か、あるいはその後かはわかりませんが、大出長官が上申されたのでしょう。長官が一番辛い立場ですから。村山総理が、質疑において自衛隊違憲論を答弁されたらまさに驚天動地となります。

私は、「党固有の見解と連立政権合意は別問題だ、党固有の見解は凍結して、合意した連立政策で行く」という立場をとるのかな、と思っていたんですが、それでは政権はもたなかったでしょうね。

村山総理は清水の舞台から飛び下りた心境だったでしょうね。

しかし、本当に社会党はそれでよかったのかどうかというのは別問題でしょう。これがその後における社会党凋落の始まりとなりました。独自性がなくなりましたし、しかも連立政権で党の代表者が総理の立場に立って政治改革にも正面から取り組まなければなりません。政治改革のポイントは小選挙区制の採用だということになっていましたが、小選挙区制の下では、社会党のような勢力は凋落の一途をたどるのは目に見えていたはずです。当時はその自覚はなかったのでしょう。社会党の自衛隊合憲論への転換が、五五年体制の崩壊に次ぐエポックメイキングな事柄となりました。

これに対する評価は、橋本内閣を含めて「自社さ」連立政権、三党連立内閣ができて、戦後の日本の政治対立のために実現できて来なかった諸問題がほとんど全部解決できたという点で、画期的だったという評価があったことは間違いない。石原副長官は、自社さ政権でも依然として副長官を続けられましたが、あの人は、すごいことが連続して目の前で展開されていったという積極評価を驚嘆の表現でされていました。

――社会党とは、法制次長としての立場での関係は特になかったということですが、当時から、もし村山総理が誕生したら大変なことになるということは、法制局としては認識されていたと思います。内部で、どのように対応したらよいのかという議論はなかったのでしょうか。

大森　法制局内において、当面する問題検討協議は、長官室で、長官、法制次長、第一部長、担当参事官を含めて、ときには関係審査部長も含めた会議として行われましたが、そういうところで議論した記憶はないですね。だいたい村山内閣ができるなんていうことは、発表を聞いて飛び上がったのですから。それは羽田内閣あたりの時点で水面下で連絡、工作されていたのでしょう。後藤田正晴さんのところには事前に相談があったようですが、後藤田さんも、「もうこういう時代だから、社会党と大連立を組むというのも自分は反対しない。しかしこういう条件を充たすことが必要だよという助言をした」ということは、あとでご本人から聞いたことがあります。しかし細川内閣から、一つの芽生えではあったんでしょう。社会党も従前のような頑なな態度では主要な役割は果たしていけないということはわかっていたのでしょう。

第一三章　阪神・淡路大震災

神戸で大震災に遭遇する

――法制次長時代の大きなトピックとしては、阪神・淡路大震災が突如起こったということだと思います。これに対して法制面でもいろいろな整備が必要とされ、その渦中におられました。震災罹災時の体験等からお話しいただきたいと思います。

大森　阪神・淡路大震災対策には、非常に深く関与しました。といいますか、私自身が郷里の神戸に帰省中に被災体験しましたので、積極的に関与しようという意欲が非常に強かったのです。

当時は成人の日が一月一五日に固定されていましたから、地震の起こった平成七(一九九五)年一月一七日は三連休の明ける日だったわけです(一九九五年は一月一五日(日)が成人の日、一六日(月)が振替休日だった)。私は、神戸市北区の鈴蘭台に年老いた両親が住んでいたものですから、この三連休は年間で数少ない親孝行として神戸へ帰っていました。それで、三連休が明けた一七日の朝の新幹線で帰京する予定にしていたので、ぼつぼつ起きないと、と思ってうとうとしていた時にグラグラと来たわけです。

関西で地震といったら、グラグラと来てもすぐにおさまって何事もない、というのが地震の常例でしたから、そのうちに収まるだろうと思って蒲団にもぐっていたら、一向に収まらず、ますます揺れが強くなってきた。まだ暗い中で、周りの棚とか箪笥の上から物が落ち始めました。これは大変だ、ということで飛び起きました。私は木造家屋の二階にいたので、無意識に一階に降りたら、母が朝の食事の仕度で台所に立っていました。そうしたら、その間に収まった。これが、被災体験の始まりでした。

しばらくすると、夜がうっすらと明けてきました。いったんは停電しましたが、すぐに点灯しまして、テレビもスイッチが入りました。すでにヘリコプター中継放送が始まっていました。その時は「一、二カ所ほど煙が立ち上がっています」というぐらいの被害報告で、大震災で長田区が壊滅状態になっているということは全然わかりませんでした。

そのうち、だんだんその煙が大きくなり、ヘリコプターを通じての実況放送では、「長田方面で火災が発生して、どんどん燃え広がっている」ということでした。だから神戸でも、初めは大震災が起こったということはわからなくて、一〜二時間のうちにだいたいの状況が判明してきたということです。

ところがあとからフォローしますと、官邸(東京)では、そういう被災状態になっていたというのは、もっとあとの時点でしか情報が入らなかったようです。たまたまこの一七日は火曜日で、定例閣議日だったのです。まだ国会開会前ですから、閣議は午前一〇時からの予定でした。それで、時間の繰り上げもなく、一〇時から閣議をやろうという気分だったようですね。それが、情報把握が非常に遅かったとあとで問題視されたことの一つでした。

私のほうは、だんだん被害が大きくなっていって、到底帰京できる状況ではない、ということがわかってきました。新幹線も動いていないということで、その日は帰京するのは諦めて、周りの被害状況とかわが家の被害状況を確かめました。

わが家は、当時で築四〇年を過ぎていた木造建物ですが、一番の被害は風呂場のタイルでした。風呂場のタイルがガタガタになって、一部破れたりはがれ落ちたりしていました。周りの家も、ガラスが割れた建物が若干あったぐらいで、被害はあまり感じなかった。

生活面で最初に困ったのは、水道が出なくなったことです。だから大きな地震が来たら、まず水を確保することですね。当時は真冬で夜が寒いですから、風呂の湯水を抜かず、浴槽に残したままでした。それが非常に助かりました。水道が止まると、水洗トイレがまず困るわけです。風呂の水がトイレ用水として使えた。それから飲み水がなくなります。そこで私方では、庭の水やりのためにバケツに水を張ったものが二つほど置いてあったので、それを煮沸して、濾過しました。それでしばらくは飲み水には不自由しなかった。

近くに北区役所とか公民館とか福祉会館とかいろいろ数階の建物がありました。そこの水道に、近所の住民はみなバケツを持って群がっているのです。一般に建物の上にタンクがあるでしょう。そのタンクの中の水が尽きるまで、その建物の水道は、蛇口をひねれば出るわけです。それにみんなが群がって並んでいる。

その日は、もう帰京を諦めましたが、一月のこのころは、予算関係法案で法制局は超繁忙期です。担当参事官は徹夜で審査をやっています。法制次長は、前にも話しましたように、法案審査については実質的な最終決裁者ですから、できるだけ早く帰らなくてはなりません。

当時の交通情報では、阪急電鉄は大阪から西宮北口駅までしか動かず、西宮北口駅から神戸の間は不通だった。新幹線も京都から神戸方面は不通だということもわかりました。震災の翌日、実家の近所で車を持っている人に鈴蘭台から神戸電鉄谷上駅まで車で送ってもらいまして、同駅から地下鉄でJR新神戸駅へ出ました。そこから山手幹線道路をずっと阪急電鉄六甲駅まで歩きまして、同駅で線路の上にあがりました。そして、御影駅、岡本駅、芦屋川駅を経由して、夙川駅まで線路を歩きました。同駅から西宮北口駅の間の高架は完全に崩れていましたので、そこからまた下の道路に降りまして、西宮北口駅まで歩きました。あとで距離を概算したら、新神戸から約一八キロありました。それを五時間かけて、てくてくと歩いたわけです。

これには多数の同行者がおり、人の流れができていました。人の流れができるとどうなのかというと、自動販売機の中味がだんだん空になってくるわけです。初めにもっと買っておけばよかったと思ったのですが、そのうちにまた喉が渇いたら自動販売機で買えばいいやと思っていたら、それにみんな群がっている。阪急御影駅前に酒屋があるから、そこへ寄ってジュースを買おうと思ったら、ビールしかないのですね。ジュースは全部売り切れで、諦めてまた歩き出しました。そうしたら、ある駅ホームでは段ボールがありまして、そこにジュースがたくさん置いてありました。ミネラルウォーターのポットも置いてありました。「ご苦労様です。西宮まであと○駅です。頑張ってください。どうぞご自由にお飲みください」と書いてありました。そのへんは日本人には助け合いの精神が残っていたんだな、と思って感心したこともありました。

西宮北口駅からは電車の間隔もほぼ普通で、京都線の分岐駅十三駅で乗り換えて、京都線で烏丸駅まで行きました。そこからバスだったかタクシーだったか忘れましたが、JR京都駅へ下った。京都駅からは新幹線です。そんなに待たずに「ひかり」の指定席が買えましたので、無事に東京へたどり着きました。

災害対応の法制整備

大森　帰京してから、霞ヶ関で地震対応の行政、あるいは法制整備がどういう状態になっていたかということですが、霞ヶ関は霞ヶ関なりに自らの所管事項について、その範囲内でフル回転したわけです。ところが、所掌事務上は、やれるものをやったことになるわけですが、その掌に立つ者の能力とか、個人的な制約によって相当な対応の違いが生じたと思います。人によっては、所掌事務の範囲内だけではなく、関連するところまで手を伸ばして、やれることをやった者もいます。逆に、やれることなのに、なかなかそこまで気が回らずに、所掌事務の範囲内のそのまた何分の一ぐらいしかやらなかった者もいただろうと思います。

そういうことを感じさせた一つの例は、通産省から来ていた参事官で当時は出身省に戻って繊維関係の課長でしたが、当時は寒くて、しかも災害の後、雨が続きました。その氷雨をどういうふうに凌ごうかということで、現地の被災者はずいぶん苦労していました。雨漏りを防ぐのには、屋根に青いビニールシートをかけるのが非常に有効でした。それをいかに被災地にたくさん早く届けるかということにピンときたらしい。あれは繊維製品です。だから繊維関係の課長であった彼は、あの青いビニールシートは、通常どこに備蓄されているかに思いをめぐらせ、どうも建築業者、土建業者のところにあるらしいと知った。そこで、その業界団体に電話をかけて、「全部放出しろ」と連絡したら、それは時が時ですから、「わかりました」ということで、業界団体として対応して、どんどん運んだらしい。それにより、多くの被災者が氷雨を凌ぐことができたようです。

それともう一つ、雨露は凌げても、やはり寒いです。本当に寒い時期ですから、毛布、タオルの類が要るだろう。それはまさに繊維製品そのものですから、泉州、岸和田と和歌山は、繊維製品、特に毛布とタオルの生産地でした。だからその業界団体に電話をして、「在庫を全部出してくれないか」と言ったら、「わかりました」ということになった。その費用をどう決済するかとか、輸送費をどう賄うのかなんていうことは、その時は一切表面に出ずに、どんどん送ったそうです。それで、被災者はずいぶん助かったようです。

ところが、彼ら業界団体は、転んでもただでは起きないのですね。物資代金は災害救助の関係でたぶん賄ったと思いますが、ずいぶん代償を要求されたと言っていましたね。許容範囲の事柄でしょう。もう一つ、まさにわれわれ法制局の職務にも関係したことですが、既存の法制上、最も早いのが災害救助法の発動ですね。そういうものは、常に日常茶飯事でやっているからいいのですが、こういう大災害の異常事態に際して一体何をなすべきかというときに、ある省の法令関係者が、関東大震災直後の時期の法令全書を繰ったことがありました。それはなぜかといったら、関東大震災の時には、国としてどういう対応をしたか、ということが頭に閃いたようです。その対応を知るには、やはり法令全書を繰って見るのが一番有効なわけです。

法令全書というのは年別に毎年合本して保存してあります。関東大震災は大正一二(一九二三)年九月一日ですから、当該年度の法令全書を出しまして、九月のところをずっと繰ったら、だいたいわかった。そのうち、既存の法制で対応できるものはともかくとして、まだないものは、さっそく緊急立法しなければならない。政令でまかなえるものは政令、法律の制定を要するものは法律制定が必要だということで、そういうことをやったところもありました。

同時にそこの担当者から私に、「どうも各省では対応できない立法がある。法制局でそういう法律案の企画立案をしないか」と言ってきました。法制局で法律案の企画立案することを「起案上申」というのですが、法務省から、「起案上申する予定はないのか」と言ってきたことがありました。それで、こちらも法令全書を繰っておく必要があるということで、繰りまして、なるほどと思いました。

ちなみに、右に紹介した二例のうち、一例の発案者は、後日、法制局長官に就任したうえ集団自衛権の解釈変更を肯定せず、最高裁判事に異動し、もう一例の発案者は、最高裁長官に任命されました。

それから、官邸レベルでも大震災対応措置の取組が動き始め、各省も動き始めて、最終的には、『法律時報』の六七巻六号と七号の二号にわたって、時系列的に震災対応として制定された法律と政令、新法と改正法を解説するという成果を挙げました。時期的には、ちょうど国会が始まる直前ですから、始まると同時に順次準備ができたものから徹底して取り組みました。一月から四月の下旬まで、まさにこういう緊急特別立法、法律と政令に明け暮れたのが法制局での毎日だったわけです。

召集された国会は、常会ですから、例年の法案、政令があります。その当時、毎年平均して、法律案が七、八〇件から一〇〇件ぐらい、政令は、予算関係政令と年度末政令といいますか、期間が年度末で切れるものの翌年度に対する対応で、合計だいたい三〇〇本から四〇〇本ぐらいありました。

それをこなしながら、こういう緊急対応ですから、この間は本当に私も大変だったし、参事官のほうはもっと大変でした。こういう災害立法がなくても、四月上旬までは目の回るような忙しい時期です。ところが、人間というのは非常に可塑性に富んでおりまして、やらなければいけないことは、やれるものなのです。だから、誰も身体を壊して入院したということもありませんでした。私も、曲がりなりにも地震を体験して、しかも郷里の一大事であるという意識がありましたから、全然苦痛でも嫌でもなく、四月末までは頑張れた、ということでありました。

このように緊急対策が一段落しましたので、過去を振り返り、将来の参考とするために、次のような作業を行ってみました。

関東大震災の時には、まず政府としてどういう措置を取ったか。震災が九月一日ですが、そこから一週間ごとに輪切りにして、関東大震災後と阪神・淡路大震災後の措置を対比した表をつくってみました。関東大震災の時は、まず「一定ノ地域ニ戒厳令中必要ノ規定ヲ適用スルノ件」という緊急勅令を出しているわけです。そして翌日の九月二日には、「戒厳令中必要ノ規定ヲ適用スルノ件」、その翌日には「関東戒厳司令部条例」というのを緊急勅令で出している。要するに戒厳令で、治安の確保から始めなければならなかったということです。

ところが阪神・淡路大震災では、それほど治安についての不安は生じなかったということだと思います。だから、日本が進歩したというか、日本人が進歩したというか、あるいはやはり大震災といいながら、関東大震災と阪神・淡路大震災ではずいぶん規模が違ったせいなのか。見方によっていろいろ差があるのでしょうが、阪神・淡路大震災ではそういう治安の心配はなかった。

関東大震災の時は、大正とはいいながらも、まだまだ日本は近代社会として十分確立していませんでした。だいたい、東京がああいう大震災に見舞われたということを、日本全国に連絡すらできなかったようです。直接発信する手段がない。あの時は横浜も東京と同じように壊滅状態になったようですが、横浜に入っている船の無線を利用して、救援依頼を日本全国に発出したという状態だったようです。それに対して阪神・淡路大震災の時には、しばらくしたら報道機関のヘリコプターがトンボのように飛び回っていました。その点でも違ったのです。しかも救援の中枢は、始まりにおいては、いささか頼りない中枢ではありましたが、東京ではちゃんとやっていたわけです。そして隣の大都市である大阪も、そういう点では目立った被害がなかったわけで、大阪からもすぐに救援に駆けつけることができた。

――当初、官邸に情報が上がるのが非常に遅かったという話がございましたが、それはどういう背景があったのか、私たちはまだ若かったので、教えていただきたいと思います。

大森　今日ではもう考えられないのですが、これだけの詳細情報が総理まで上がるのが遅かった。官邸といっても総理を基準にしますから、総理まで上がるのがあんなに遅いのは考えられないような事態です。その後、それを教訓に危機管理体制が非常に整備され、いまは危機管理監という官職があります。しかし当時は、そういうものも事務の官房副長官が所掌していたといえば所掌していた。やはりチャンネルがなかったということが一つですね。

それからもう一つは、自社さ政権という特異な政権の然らしめたところだと思います。もっと端的に言いますと、村山総理にとっては、みずからがそういう危機に立って迅速に対応するという身のこなしをつけていなかった。

――東京に帰られて、大震災に緊急に対応する立法措置がいろいろ必要になってくる。そうすると、通常の立法の過程と比べてどういうところに特殊性が出てきたのか、特に内閣法制局として関与する際の特殊な局面、あるいは先生が法制次長として関与される際の特殊な局面は何かございましたか。

大森　まずは常会ですから、総予算を提出する。それに伴って、いわゆる予算関係法案を必然的に出さなければならないわけです。それから前年の秋以降、新規施策のために、予算に直接関連しないものもいろいろ準備しているわけです。それらは予定通り作業したので、地震対応の特別立法があったから手が回らずに陽の目を見なかったというものは、なかったと思います。それにプラスして地震対応の特別立法でしたから、それは本当に大変な作業だったと思います。

しかし、そうは言いながらも、いままでにはなかったことをするわけですからね。やはり各省は、そこが霞ヶ関のいいところなのでしょうが、最後にはこれが必要だと思ったら、ちゃんとやる。まず企画担当は、必要性に迫られるので、それに必要な手段を考え出す。それにはやはり法律が要るということであれば、どういう仕組みにするかということで立案する。これに適切に対応できる能力があるのです。だから、企画立案はほぼ各省のそれぞれの所管課が行いまして、平常審査をやっている合間に担当参事官のところにやってきて説明をし、また知恵を借りに来るということを同時並行でやっていました。

——審査・手続等は特に変わることなく、事務量が増えた。それに対応したということですね。

大森　ええ。それで法制次長として何か特別なことをやったかと言いますと、まず官邸で、救援復興の体制づくりをしました。

当初は「兵庫県南部地震復興対策緊急立法検討プロジェクトチーム」というものを官邸で立ち上げました。これは当時の小里貞利さんが担当大臣になり、官房副長官の石原信雄さんが事務統括責任者で、各省庁の官房長などを構成員とするもので、法制局は全体としてそれを支える立場に立っていました。直接は法制次長が入っていたのかな、あるいは総務主幹だったかもしれません。そういう組織を立ち上げて、各省が企画したものを、このチームに出かけて行って「うちはこういうことをやろうと思う」ということで説明する。

私は、法制次長として、特別立法で考えられていることについては、全体の進行具合を把握しなければいけない、ということで、「特別報告事項」という指定をして、これについてはその都度という必要はないが、節目節目で説明に来てもらいたいということで、説明に来させた記憶があります。参事官もそれは優先して、本当に真面目に、実直に対応していました。だから、官僚も捨てたものではない。

私のほうも最終決裁者だといっても、最終決裁を、担当部長と同じように全部聞き取って判断する時間は到底ないわけです。だから、本当にミスのない、ちゃんといい法案ができるかどうかというのは、もう一段階降りて、担当審査部長の能力如何にかかるのです。だから、こちらも「ああ、この部の法案なら、部長がOKしたら、まあそのまま丸飲みしても大丈夫だろう」とか、「ここじゃあ、どうも」とか、そういう選別をするわけです。部長は部長で「この参事官じゃあ、どうも危なくてしょうがない」と思ったら、優先してそれに時間を割く。これはどの世界でもそうでしょうね。

――一月二七日におっしゃったプロジェクトチームができまして、その後、二月一〇日に「阪神・淡路復興委員会」というものができて、下河辺淳先生と後藤田正晴先生がそこに入る。その後、二月二二日に「阪神・淡路復興対策本部」が設置されます。このあたりの組織の関係はどうなっているのでしょうか。立法については先ほどのプロジェクトチームがもっぱら管轄し、政策の調整を阪神・淡路復興委員会がやる、ということでしょうか。

大森　その前にもう一つ、「平成七年度兵庫県南部地震非常災害対策本部」というものが、災害対策基本法上の制度として設置されました。当時の災対法によれば、非常災害対策本部というのは国土庁長官が本部長になると決まっていまして、まさに地震発生当日に当然のごとく設置されたわけです。

ところが、こういう大惨事のとき、総理がキャップにならないのはおかしいじゃないか、という声が出る。政治的にはその通りです。しかし法律上は、総理がキャップになるのは「緊急災害対策本部」で、もう一つランクが上のものが災対法上は予定されています。こういうときには、閣議決定で災害緊急事態の布告を出して緊急災害対策本部を設置し、その本部長には内閣総理大臣を立てる、ということになっていたのです。そういう布告がないのに、総理が対策本部になる法律上の余地はなかった。だから、非常災害対策本部で国土庁長官がキャップにならざるを得なかったのです。

しかし、それでは収まりませんでした。そこで、やはり総理を本部長とする対策本部をつくれということになりました。それで一九日になって「兵庫県南部地震緊急対策本部」を内閣に設置して、本部長には内閣総理大臣、副本部長には国土庁長官及び内閣官房長官が就任した。そういう経緯がありました。しかし、これは法的根拠もない、政治的に置かれた組織なんです。私は災対法上のシステムと違うじゃないか、と疑問を呈しましたが、「それを置いたらいかんということはどこにも書いてないじゃないか」と言われたら、それはそうです。それで実害があるわけはないのですから、そのほうがベターであるという。だから、「非常災害対策本部」と「緊急対策本部」と二つあるような状態になった。事実上は法律的な措置を講ずる場合には国土庁に置かれた「非常災害対策本部」がやり、政治的決定については「緊急対策本部」が取り扱う、ということになりました。

そこで対応が一段落しまして、やはり災対法自体の法制を変えなければならないということで、災対法の改正を二度にわたってやりました。その第二次改正で、「緊急災害対策本部の設置要件の緩和及び組織の強化」として、「災害緊急事態の布告がなくとも著しく異常かつ激甚な非常災害の場合には、閣議決定で内閣総理大臣を本部長とする緊急災害対策本部を設置することができること」と改正した。それまで、つまり地震の当時は、「災害緊急事態の布告がある場合にはできる」ということなので、災害緊急事態の布告をまずしなければいけない。布告をすると、通常なら法律でしかできないことを政令でやれるようになるのですが、その要件は当然のことながら非常に厳しい。だから、この布告と切り離したのです。こういう改正があって初めて、阪神・淡路のときには政治的措置だったものが、法律上の措置に格上げできるようになりました。

起案上申について

――最後に一つ、「起案上申」の話がございましたが、昔の明治時代の官制以来、起案上申することができるという規定自体はあったと思うんです。その前例はあったのでしょうか。

大森　少なくとも戦後はなくて、戦前に一件あったように聞きましたが、それが何だったか全然覚えていないぐらいなものです。この起案上申は伝家の宝刀だと言いながらも、自分で抜こうとしてもなかなか抜けないものです。というのは、こちらは政策官庁ではないので、政策は担当しませんからね。政策組織でない、企画の権限のないものが、それを企画立案するというのはそもそも無理なのです。形の上では民法だって、法制審議会抜きで夫婦別姓のための民法改正を起案上申しようと思ったら、できる建前にはなっています。しかし、現実的な可能性はゼロ以下のパーセントです。

では、内閣法制局設置法を改正するのはどうするか。これは起案上申に親しむでしょうね。法制局設置法は、所管としては内閣官房だって所管するのかもしれませんが、これはいわば国会法の改正を内閣立法でやるか、やれるのかといったことにも似ていて、三権分立との関係で、そんなことをやろうとしたら大騒動になって、到底進まないでしょうね。ただ、内閣法制局設置法は漠としたことしか書かれていないですから、改正の必要性自体がほとんどないと思います。

――先生が特定非常災害特別措置法を進められた時も、こういう起案上申の話もあったけれど、あくまで個人の資格でやったというのはそういう背景だったということですか。

大森　個人の資格でやったというのは、その準備作業を行った。世論みたいなものです。霞ヶ関の中の世論をつくりあげる、ということをやったのです。企画は当時の国土庁がやったことになっています。そして立案は国土庁そのものです。立案に際しての参考資料ぐらいをこちらがつくってあげたという位置づけです。実質は、起案上申みたいなものですが。しかしあれを起案上申しようものなら、各省は横を向いてしまって、動かないですよ。その点は官僚組織の悪い側面ですね。どんな良いことでも、各省を動かさないとやれないですからね。それで、あれは国土庁がやったということになっているのです。みんな知っていますから、国土庁全体の打ち上げの時には私が出かけて行って乾杯の音頭をとりました。

特定非常災害特別措置法制定の旗振り役

――特定非常災害特別措置法の制定について、先生が一個人の立場としてではありますが、旗振り役として、その制定へと向かっていったところの経緯、ご印象などをもう少し詳しくお伺いしたいと思います。

大森　霞ヶ関は阪神・淡路大震災の対応に、比喩的に言うと夢中になって対応策を講じました。だいたい夏頃には対応措置は一段落も二段落もついて、私の立場としても、時間に余裕ができたものですから、関東大震災と阪神・淡路大震災の、主として法令措置について対比してみようと思いました。

先に述べましたように、まず、関東大震災の震災の概要、阪神・淡路大震災の震災の概要、一週間内、二週間内というふうに区切って、左右対照表をつくりました。これはワープロが手元にあるからできた作業なのでしょうね。時間があるときに少しずつ打ち込んでいきました。

それを通覧してみて、どういうことがわかったか。その結論の要点は三段階に分かれます。

まず、大震災の発生した時代が非常に隔たっている、社会の実体が大きく異なるにもかかわらず、救済復興のためにとった措置には、実質的には大きな差異がない。しかし、大震災の救援復興法制ということに焦点を置いてみると、関東大震災後七二年のあいだに、法制はいろいろ整備されている。関東大震災では、その直後に、緊急勅令によって対応した事項について、阪神・淡路大震災では、既定法制の発動として迅速に対応できたものが多かった。しかし若干の分野においてまだ制度化されていなかった事項が残っていて、そういう事項については関東大震災で緊急勅令により対応した事項について、阪神・淡路大震災でも緊急立法で対応した。けれども緊急勅令よりも緊急立法による法律制定のほうが手間も時間もかかるのは当然のことで、今後、将来に対する備えとして、緊急立法という形ではなくて、それを一般制度化して将来の大震災に備えておくことが望ましいところが残っている。

そういうことがわかりまして、私としては、この一般法制度化について、関係部局と協力し、遠くない将来に再発が想定される大震災に備えて、適切な措置をいま講じておくことが望まれる、ということを提言したわけです。

その内容を概要的にピックアップしてみます。すでに大震災の対応措置として、関東大震災後一般法制化されているものとしては、災害救助法、災害対策基本法、激甚災害法、罹災都市借地借家臨時処理法などで、これらがすでに七〇年のあいだに一般制度化されているものの代表です。

また、当面の緊急立法と言いながら、文字通りの緊急立法ではなくて、一般制度化した形で制定したものもある。その一つは、被災市街地復興特別措置法です。なぜ建設省がこういうものを持ち込んできたかと言いますと、たぶん、所管課でこういう構想を温めていたのだろうと思います。都市計画法とか土地区画整理法とかの一般法で対応しようと思えばできたのでしょうが、それでは事態に適切に対応できないので、被災市街地復興のための特別措置という面からとらえた特別措置をまとめた法制化案を持ち込んできたのです。それはそのほうがいいということで、市街地の復興段階に入る前に、幸いにして一般制度化された法律として陽の目を見たということがありました。

それ以外に、阪神・淡路大震災対応の緊急立法として立法措置が講じられたものがある。それが権利利益の期間延長とか、法人の破産特例とか、民事調停申し立て手数料の減免、それから地方公共団体の選挙特例です。これは当年の春はたまたま四年ごとの地方選挙の年でしたが、被害が甚大であった芦屋・西宮の両市については、市長、市会議員、兵庫県会議員のうち両市域の各選挙については、既存の市長・議員の任期を延ばすという措置を今回限りということで「特例法」で対応しました。

しかし、将来来るべき大震災の際には、またそういう立法措置を講ずることに労力を費やすよりも、それも一般制度化しておいて、現実にそのような特例措置を講じる必要がある場合には、政令で当該規定を適用する災害として指定する。例えば、激甚災害法の手法ですね。このように政令でボタンを押せば動き出す、ということを一般制度化しておくことが望ましいのではないか、ということになったわけです。

その趣旨を記載した概要メモをつくりまして、然るべきところに働きかけました。その内容は、商事法務研究会による『NBL』六三七号にほんの概要を書いておきましたので、それを見てもらえればだいたいの経緯がわかります。その年の八月に、「大震災に際する対応措置の制度化について」というメモをつくりまして、それを法制局として、というよりも、法制局に属する大森として、立法化の検討を要請したわけです。その要請先は、国土庁事務次官、官房副長官(事務)、それから総務庁の行政管理局長、自治省事務次官、法務省民事局長司法法制調査部長、内閣官房の内政審議室長。そしてもちろん法制局幹部にも幹部会の席上で説明しました。

それとともに、とても有効だったのは、阪神・淡路復興委員会特別顧問の後藤田正晴先生に対しても、「先生、大震災対応措置としてこういうものが足りません。今後ぜひこれをやっておくべきだと思います」と、前記メモに基づき説明をしました。後藤田先生の偉いところは、「なるほど、よくわかった」と、リップサービスではなく、関係方面に助言されたことを後日知りました。

後藤田さんのところには、当時各省庁は、陳情というより情報提供を兼ねて、その幹部がしょっちゅう出入りしていました。大震災対応の関係者が出かけてきた際に、「よくやった。ところでまだ一つやり残したことがあるのじゃないか。あれはやっておいたほうがいいぞ」と言われたようですね。国土事務次官の話によりますと、後藤田さんに事前に私(大森)が注射をした、あの注射がよく効いた、ということです。

国土事務次官が述懐していました。この提言内容は、当面必要な問題ではないわけですね。将来、起こったときに初めて効果を発揮するという制度でしょう。極端に言うと、その頃には自分が生きているかどうかわからない。まして、誰も、霞ヶ関のいまの立場にいることはないわけです。だから、この忙しいときにまだほかにたくさんやることがあるのにと、この提案は、プライオリティは絶対に上位に置かれないのです。なんとなくぶつぶつ言いながら、いろいろな理由を付けて横を向いてしまう。

国土庁は一般的な所管省庁ですから、気にはしていたようです。八月にそういう要請をして、一二月になって、国土庁の村瀬興一防災局長が、防災企画課長と内政審議室の梶原内閣審議官を帯同して、突然やって来ました。八月以降の報告をしたいとして、要するに各省の対応は消極的であるというわけです。大蔵省は、手数料の免除を手がかりに、財政負担の増大化をおそれて拒否反応を示していますという。そんな手数料なんて微々たる金額で、そんなもので財政負担が増大して、大蔵省が困るなんていうのは弁解にもならない、要するにやる気がないわけです。それから法務省は、民事訴訟法の全面改正の作業をやっていた最中でした。それで手一杯であるというようなことをいって、調停申し立て手数料の免除なんてやる気もせんよ、ということをぶつぶつ言っていたようです。

ところが建設省だけは、仮設住宅の延命のための建築基準法改正との抱き合わせならば、自分のところがその必要性に迫られているので対応できる、ということを洩らしております。そこは脈がある、というようなことを報告してきました。阪神・淡路大震災に対しては、ポートアイランドなどの空地は、全部仮設住宅で埋め尽くされています。それが建築基準法上の暫定建築期間を終わろうとしている。しかしほとんど、入居者は動かなかったのですね。だから違法建築のまま住み続けざるを得ない。違法状態に突入することが必至であるという時期でした。それはそれで、こういう立法をしなくても、そのまま行くのも選択だと思いますが、やはり、なんとなく気分が悪いということで、若干色気があったようです。

以上のような報告を受けて、こちらも嫌味を言って、「将来に幾分でも責任を負うかどうかの問題だ。ここで人間の価値が決まるのだ」というようなことを言いました。そうしたら、「それはそうだ」という。

ところが、その翌年(平成八(一九九六)年)の一月、通常国会に提出する法案についての文書課長会議では、C法案(検討中法案)というランクにさえしてこなかった。だから私は、これはもう霞ヶ関は駄目だと思って、半分見放していたのです。

そうしたら三月に、突如また国土庁の村瀬局長がみえまして、「建築基準法の特例を入れたうえで提出することにして、立法作業を開始できることになりました」ということで、やっと明るい兆しが見えました。内容はそんなに複雑ではなく、すでに緊急立法として成立しているものですが、それを恒久化するためには少し工夫が要ったので、法制局の審査はずいぶん手間取っていました。そこで各省には不満がありまして、「法制局長官が言い出して、それに応えたのに、第二部に行ったら初めて聞くような顔をして徹底的に審査を受けて、参事官はなかなか通してくれない」と、内心非常に不満だったようです。しかしそれは法制局のいいところで、やはり長官が何を言おうと、自分が納得するまで検討するというところですから。そこで若干時間がかかりましたが、最終的には五月六日に法案が提出されました。

そうなると、これは与・野党全会一致法案ですから、案自体についての質疑は少なく、確か半日、二時間コースだったと思います。そこでめでたく成立したということになります。

私もこれは来るべき東海大震災か関東直下型大震災に備えるのだと言いながらも、自分の在職中にこの法律が発動されることはないだろうと思っていたのですが、豈図らんや、私が国家公安委員在任中、新潟の中央域が中越地震で壊滅した。その中越地震について、山古志村に着目して、平成一六

(二〇〇四)年一一月一一日、この法律に基づいて、同地震による災害を特定非常災害に指定するなどの政令が制定され、公布・施行されたということで、初めてこの特措法が適用されました。

しかもその政令の制定自体に対しては、私が警察庁の所管部局に特別措置法の存在を指摘し、その発動の必要性を強調するなど積極的に関与せざるを得なかったのです。これは新潟にとっては非常に不幸な事態ですが、私としては初適用まで関与したということで、若干の感慨にふけるところがありました。

歴代の法制局の幹部は、長官がこういうことに口を出すことには一般的には消極的だったのです。政策は各省で責任を持つべき問題であって、法制局は政策には積極的な責任は持たないということに徹していたのです。それによりある意味では公平性が保たれて、そういう意味での信頼を得てきていたといえばそうなのでしょう。あまり特定の各省の政策マターに興味を示して、嘴を容れるといやがられます。しかしそれは事柄によりけりで、やはり関与すべきことには関与し、自分の立場上必要性を痛感したことは発言すべきであると私は信じ、そうしたわけです。この法律はそういう経緯で陽の目を見ました。関係者いずれも自分の在任中に適用されることはないと思っていたでしょうが、十余年をして、さらに、東日本大震災が発生したのです。

立法学研究会・立法学講座

――措置法の制定のもう一つの契機として、大森先生は鎌田薫先生、上村達男先生などと立法学の研究についても少し関与されたということがあります。その成果として書籍も著わされているわけですが、その経緯といいますか、どのような研究が行われたのか、ご印象をお伺いしたいと思います。

大森　この震災の特別立法とは直接の関係がない話ですが、それより前からの経緯があります。たまたまその会議のそれぞれの概要だけを残している綴りがありますので、それを今回読み直してみました。最初は一九九四年に、「立法学研究会の設立に向けて」というペーパーをつくっています。法制局にずっと長くいますと、立法過程についてみずから経験し、それがいかにあるべきかということにも非常に関心があるわけですね。また、学者のほうでも立法過程に非常に関心を強く持つ人々がいるわけです。たまたま私は、法務省の民事局時代に商事法務研究会に関係していましたが、商事法務に集まっている学者の中に、立法過程に非常に関心を持っている先生がおられました。その一人が早稲田の鎌田薫教授で、研究会をやりたいということを日頃から洩らしておられた。また法務省民事局長から東京高裁に戻りましたが、当時の前民事局長の寺田逸郎氏〔その後最高裁長官〕もそういう関心が非常に強かった。

そこで、同じ研究会をやるならば、やはり学者の立場と、政策立案の掌にある各省庁の担当者の共同研究が好ましい。しかし局長以上になると、霞ヶ関からそのうち姿を消す存在になりますので、いままさに企画立案の渦中で中心になっている課長クラスがいい。そして、法案審査を担当している法制局の参事官。当時私は法制次長でしたが、私のほかに古手の参事官も当然含めるべきである。だから学者と実務家で、実務家も、各省の政策立案に関与する実働者と、法案審査の立場にある法制局の参事官、その三者が集まって一つの問題にいろいろな立場から攻めかかるのが、目的を果たす良い構成ではないかという観点から、まず人選を始めました。

原始メンバーは、学者では民法の鎌田薫教授、商法の上村達男教授。行政法の宇賀克也教授と憲法の長谷部恭男教授。

そして、霞ヶ関の課長クラスでは、法案の多いのは大蔵省なので、後藤敬三氏。当時関東信越国税不服審判所長でした。そして、建設省は権利義務関係の法案が非常に多いので、当時の道路総務課長の榊正剛氏。

それから石村健氏。かつて内閣法制局の第一部の参事官補でしたが、その後、議院法制局の部長まで務めました。彼は議員立法関係の有識者で、立派な著書（『議員立法――実務と経験の中から』信山社、一九九七）の著者です。それから第一部の元参事官補の伊藤直氏（当時は建設経済局の調査情報課長）。内閣法制局では、通産出身の山本庸幸氏、いま第一部長をやっていますが（現最高裁判事）、当時は中央省庁等改革法制室長として通産省から戻ってきており、元第四部の参事官です。そして私。だいたいそういうメンバーで始めました。

第一回研究会が平成八（一九九六）年一〇月、途中で立法学教科書を作成しようということになりまして、研究課題も教科書をつくることに焦点を置いた研究テーマを随時取り上げていきました。合計三一回やりました。教科書の作成は、いろいろなことがあって、遅れてしまいましたが、やっと曲がりなりにも出せたのが『立法学講義』（大森政輔／鎌田薫編、商事法務、二〇〇六）です。

この教科書を出そうということになった当時は、立法学は、法曹のみならず、法学教育の不可欠の一環として必要だ、全国の法学部に立法学の講座を設けさせよう、その担当者はこの研究会から出そう、というぐらいの大風呂敷を広げていました。ところが、学者は初めから本来の講座を持っている。霞ヶ関の課長クラスは将来まだ先が長い。結局、最初に余裕が生じたのは私です。長官を辞めるとともに、鎌田先生のさそいで早稲田大学法学部で立法学を開講することを引き受けました。

——立法学というのは、一九九四年前後から注目されてきた科目なんでしょうか。

大森　「立法学」という名称で講座が設けられているところは知りませんでした。法政大学だったかと記憶しますが、立法学関係に非常に熱心な先生がいました。しかし、「立法学」と銘打って正規の講義が行われているところはなかったと思います。

——京都大学でもこの頃に「立法学講座」というのをつくって、佐藤幸治先生がある先生を招聘しようとしていた、という背景がございました。

大森　それは私は知りませんでした。ただ立法過程関係では、いろいろの論文が散見されましたし、立法技術論、立法過程論、立法法制史まで含めると、関係文献は結構あるのです。これらをまとめて、「学」という名前をつけて一年間講義することになると、ちょっと恥ずかしくなるような面もありますが、早稲田大学法学部では、「立法学」という講座名をつけ、「制定法の生成過程とその結果を検証し、それを踏まえて、立法に関する規範を探求することを目的とする学問である、仮にこう定義しておきます」ということから始めました。そういうことを成し得たかどうか、忸怩たるところがあります。

立法政策論、立法技術論、立法過程論など、順次主要な山ごとに、私は半期二四回やりました。毎回講義の概要メモを作成し、受講者に配布しました。数年後には教科書として印刷する予定でしたが、その後いろいろと公務を引き受けた関係上、それを果たせず今日に至りました。これだけは実現したいと思い続けています。

テーマごとに言うと、①最初は自己紹介から始まって、概略と文献紹介まで。

次のテーマが、②内閣立法と議員立法をめぐる説明。当時、こういうことをしているあいだに衆参両院の与野党がねじれまして、議員立法が非常に大きなウェイトを占めた時代もあるものですから、議員立法と内閣立法の役割分担の問題、それからいわゆる市民立法と称する議員立法が大きなウェイトを占め始めたことなど、いろいろな事態が生じましたので、それが旧憲法下と新憲法下でどう違うのかということも含めて、いろいろと話しました。

その次が、③法令文書の構成の問題です。だいたい法令文はどういう構成となっているのか。それを、代表的な法律を素材にして話しました。当時は消費者契約法が制定された頃でしたから、消費者契約法をモデルにして、題名から始めて、目次から、どういう構成にするかを説明しました。年次毎に例示する法律は新しくしました。

その次の山が、④法令文の用字・用語・文体の問題です。私の経験としては、これについては、京都大学法学部においてのみならず、司法研修所でも教えられませんでした。結局、知らずに自己流にやってしまっていた。しかし、これは、法律の解釈以前の、表現の理解の問題として、学生としてもこれを知っておく必要がある。歴史的に明治以前はどうか、明治維新でどう文体が変わるのか、また戦後どう変わっていったか、という観点から話を進めました。

また法令の平易化の問題も話しました。明治維新直後の太政官時代は法令にはフリガナが振ってあった。そういうことを話すと、みんなびっくりする。法制局には法令全書を明治初年から全部揃えているものですから、そういうことを話すための資料には事欠かない。そのコピーをつけて見せると、なるほど、こういう時代もあったのかな、ということを少しはわかってくれたと思います。

それ以後はしばらく⑤立法過程論で、法律案の企画立案、審議会を含めた話です。その内訳としては、法律案の大綱、要綱の作成から始まり、審議会への付議、現実に行われている立法過程をわかってもらうための説明をし、内閣法制局の審査はどのようにして行われるのかということを詳しく話す。このあたりは、われわれだから現実を話せるということもあります。

そして閣議決定の上、国会に提出して、国会でどういう手続で審議が行われていくかということを詳しく話し、それから両院の関係、それに自治特別法の問題が挟まるということを話します。そして審議の公開、公布、施行、その辺の関係を話します。

これ以後は⑥各論の問題になります。党議拘束の問題が立法にどういう影響を及ぼすのかということを、具体的な例を示しながら説明しました。臓器移植法案では党議拘束を外したから非常に面白い結果が出たわけですが、そういう現実の例を示しながらの話となります。賛否それぞれ議員名を出しながら紹介すると、誰がヒューマニストで、誰がそうでないかということがよくわかり、自分自身が驚くということもありました。国旗国歌法案についても同じような作業をした結果を説明しました。

その次は⑦立法技術論ですが、法令慣用句というのがあるわけですね。用語の約束事です。これは「及び」「並びに」から始まって、いろいろな立法慣用句の代表的なものを、紹介しました。これを知っておくと、法律の解釈が正確になります。これを知らずに法律を読むと、勝手読みすることがあるので、こういうことも法律に携わるものとしては、どこかの段階で知る必要がある。これは法学部が担当すべきだと思いますね。

このあたりで、予定された回数が尽きかけますので、時間の許すかぎり、個別立法過程の紹介を行い、私が在職中最後に関与した、国旗国歌法の立法過程を説明しました。これは私が興味があってまとめたものがありますので、それを詳しく紹介しました。

非常に熱心な学生は常時前列に座って聞いていました。私は、講義担当は若い人と接する非常にいい機会だと思ったものですから、一期に数回、本当に熱心な学生に目をつけておきまして、「終わったあとビールを飲みに行こう、希望者を五、六人募ってきなさい」と言って、飲み会を持ったことがあります。こういう機会は本当は年をとっても持ち続けたいもので、教員でも定年制度七〇歳というのは早過ぎる、と思っております。

オウム真理教サリン事件対応立法

──法制次長時代には地下鉄サリン事件が起きました。そこでいわゆる破防法の適用をめぐって、宗教法人に対して破防法の適用というのは憲法上若干問題があるのではないかという話もありました。内閣法制局としても、なんらかの検討があったということであれば、そのあたりの経緯を教えていただきたいと思います。

大森　地下鉄サリン事件が起こったのは、私の法制次長時代の三年目の春でした。その頃、社会では破防法の適用を求める声もありましたが、法務省の公安審査委員会では、適用を見送られました。そのニュースが入ったのは、他の案件で本会議に引っ張り出されて開会待ちの時間でした。

誰だったか忘れましたが当時の亀井静香運輸大臣の席に近寄りその感想を聞きに来ていました。それに対して、亀井大臣は「オウムはサティアンの大捜索を受けて、麻原彰晃が逮捕されて、一応一騒動が終わった段階だから、破防法の適用が見送られても結論はそれでいいのじゃないですか」といって、同法の適用見送りを肯定していました。同大臣はタカ派だと理解していましたので、その冷静な判断には感心しました。

内閣法制局としては、あの件に破防法を適用すべきかどうかの検討を持ち込まれたことはありません。それは法務省のプライドでもあるのでしょうね。自分のところ、法務省の主要局の重要案件については、原則として法制局に見解を聞いてこないのが例です。聞きに行かなくたって、俺たちで十分わかるよ、という気持ちなのでしょう。

法制局として、サリン法(サリン等による人身被害の防止に関する法律)の制定の際には、今でも消えない思い出があります。あれは警察庁の法案で、担当者は参事官の許へ日参して来た。私は法制次長で、しかも担当参事官が、灘高校の後輩で、いま刑事局長〔その後警察庁長官〕の米田壮参事官でした。彼がカナで「サリン」と書いてくるものだから、「サリンというのはいったい何の略なんだ、まず語源と分子式と構造式をちゃんと調べて持ってこなければ駄目だ」と言った記憶があります。

そうしたら、すぐに構造式まで持ってきました。サリンは、ドイツで四人の学者が農薬の研究開発をする過程で作り出された猛毒物質で、命名の由来は、研究学者の頭文字を連ねたものであるということまで調べてきました。関係した毒物としては、サリン、ソマン、ＶＸとありましたが、ＶＸはとうとう最後まで言葉の由来がわからなかったようです。しかし構造式はわかっているということでした。サリンのＳはシュラーダー、Ａはアンブロス、Ｒはルュドリガー、ＩＮはファン・デア・リンデ、そんなことだけはいまでもはっきりと覚えています。

破防法に関しては先に述べたとおりです。その後、オウム法として制定された無差別大量殺人行為を行った団体の規制に関する法律は警察庁の共管法だから、公安委員会に毎年報告書を出すわけです。その報告書の議決前に私を含めた国家公安委員全員に説明に来る例でしたが、あの報告書を見る限り、オウムの社会的影響力はなくなったようです。本当に馬鹿げた、狂気じみた事態でした。

第一四章　内閣法制局長官として

内閣法制局長官に就任

——法制局長官に就任される経緯からお伺いします。

大森　平成八（一九九六）年一月五日に村山総理の辞意表明があり、同月一一日村山内閣が総辞職したのを受け、自由民主党の橋本龍太郎総裁を首班とする自社さ連立内閣が発足し、私が内閣法制局長官に任命され、橋本内閣が総辞職するまでの全期間その任にありました。

前の大出峻郎長官の任期も三年経っている。その当時、法制局長官の任期は約三年で廻っていましたので、普通は国会が閉じて、参議院選があるときには参議院選挙が終わった直後の夏に交替するのが常例でした。ところが前々任の工藤敦夫長官が、夏に辞められなかった。自分では早く辞めたくてしょうがなかったようですが、政局の影響で一二月まで引っ張られ、一二月にやっと辞職するきっかけを摑んだのです。したがって、前長官の大出さんは一二月に引き継いだので、ちょうど在任三年が経過しました。

前任長官が一二月末とか一月冒頭に辞められるのは、後任者にとって迷惑至極なのです。就任後すぐに通常国会が始まりますので、最初の国会が始まるまで、準備というか助走期間がない。だから前任の大出長官には「いま辞めないでください、もうちょっと頑張ってください」と言ったのですが、

「いや俺はちょうど三年が過ぎたし、キリがいいから辞める」ということで、辞任してしまいました。そうなると、法制局の人事は、まさに順繰りですから。私が長官になれば、第一部長を法制次長にし、もっともシニアの審査部長を第一部長とします。これはあらかじめ、相当前から予定されたことでありました。

影響としてはそういうことですが、国会の第一線に出て戦わなければならない新長官は、しばらくは精神的にも大変でした。

ただ、前長官がリタイアしたら当然法制次長にその任が回ってくるというのは、私が法務省から法制局総務主幹に再出向したときに、ある意味では決まっていたことです。その意味では、このことは青天の霹靂でもなんでもないことで、とうとう予定されたことが生じたか、というだけのことでした。

内閣法制局長官の職務

――特に長官として関与された個々のお仕事についてはこのあとお伺いしますが、一般的に内閣法制局の長官はどういう働きをするのか、先生が実際に見られたご印象をお願いします。

大森　内閣法制局長官の職務ですが、内閣法制局は内閣に置かれる補佐機関であり（設置法一条）、内閣法制局長官はその長として内閣により任命され（同法二条一項）、法制局の事務を統括し、部内の職員の任免、進退を行い且つ、その服務につき、これを統督する（同条二項）とされています。したがって、その統括する事務は、①閣議に附される法律案、政令案及び条約案を審査し、これに意見を附し、及び所要の修正を加えて、内閣に上申すること、②法律問題に関し内閣並びに内閣総理大臣及び各省大臣に対し意見を述べること、を主たる内容としますから(同法三条)、政策の実質的内容は、その内閣の施政方針により定まることになります。

したがって、長官は、審査事務ないし意見事務を担当する各部長に対し、内閣の採ろうとする政策を時宜に応じ了知させることが必要不可欠です。そこで、閣議(定例閣議は毎週火曜日と金曜日)から帰庁すると、原則として直ちに、法制次長・各部長・総務主幹を構成メンバーとする定例会を開催し、閣議決定・閣議了解内容、閣議報告事項を伝達し、その他閣僚発言についても、主要なものはその概要を伝えることによって、内閣及びその統括の下にある各省庁が採ろうとする政策を了知しておくこととしています。

住専処理問題

大森　一般的な法制局長官の活動については、この程度にし、私が長官を務めた橋本龍太郎内閣二年七カ月及び小渕恵三内閣一年間に生じた事案を具体に則して紹介することにします。

橋本内閣は平成八(一九九六)年一月から同一〇年七月まで二年七カ月間続きました。私は全期間、長官として在任しましたが、法制局との関係での大きな案件は、まずは前内閣からの負の遺産である住専処理でした。最初の国会はまさに住専処理国会だったわけです。それが終わったら、米軍用地問題がありました。米軍用地のうち、楚辺通信所の用地は、その用地を親から贈与を受けた息子である知花昌一が、従前賃貸借契約でつないできた契約の更新を断わったために起こった問題です。

楚辺通信所は賃貸借契約でつないできたために、嘉手納基地問題とは周期が違っていたわけです。

嘉手納基地は全部収用できていたのですね。まず楚辺通信所の用地問題が生じ、それがずいぶん揉めて、それをやっとしのいだかと思ったら、一年後に嘉手納基地問題が起こった。梶山静六官房長官が、政治的にまともにはしのげないということで、その進言によって法律改正により法所定の手続を経て暫定使用権限を得ることにより、無権限使用に陥ることを回避することができました。次いで、クリントン米大統領の来日を契機とする、防衛協力指針問題をまとめることになりました。

その次が、中央省庁改革などを含むいわゆる橋本七大改革です。当初は六大改革でしたが、それに司法改革が加わって七大改革となりました。その第一が中央省庁改革でした。その次に取り組もうとしたのが財政改革です。ある意味で、橋本内閣は財政改革で躓いたということになるかと思います。それと相並行して、公務員倫理の破綻と確立という問題が起こりました。

橋本内閣組閣時の記念撮影(最後列一番左が大森)

平成一〇年七月参議院選での直接の敗因は、財政改革基本法を象徴とする財政改革の失敗というか、客観情勢の読み誤りだろうと思います。それで橋本内閣が総辞職をして、それを引き継いだのが小渕内閣でした(平成一〇年七月三〇日)。私は橋本内閣があともう六カ月ぐらい続けば、内心在任三年を区切りに辞任するつもりでしたが、まだ二年六カ月で、橋本内閣の残務整理ともいうべき金融破綻問題が重症化し、成り行きで後継の小渕内閣であと一年長官を務めることとなりました。

——最初に住専処理の問題に入っていきたいと思います。先生がこの住専処理に関わった、内から見た印象をお聞かせください。

大森　橋本総理自ら、「住専は負の遺産の最たるもので、何も好きこのんでやったわけではない。しかし引き継いだ火の粉だから、振り払う以外にない」とぼやいておられたことがありました。私自身は法制次長時代には、住専会社の債務問題について大蔵省、農水省と自民党が寄り集まってその処理に頭を悩ませていたということは知らなかったのです。村山内閣では武村正義大蔵大臣が責任者ですが、その結論がやっと出たのが平成七年一二月に入ってからですね。「住専問題の具体的な処理方策について」と題する平成七年一二月一九日付の閣議決定が行われました。それまで予算編成に向かって、ずっと水面下で話し合われていたわけです。

そして年末に予算原案が成り、一月五日に村山総理が辞意を表明され、一一日に橋本内閣が誕生しました。すぐに国会で予算審議です。予算の中に六八五〇億円の支出という爆薬みたいなものが仕組まれていました。そこから法制局は関与を始めたのです。六八五〇億円の支出計上自体は、何も法制局が関与する法律問題ではないわけです。ところがこれをどういう法的スキームに乗せるかというところで、預金保険機構に住専勘定を設けて、それに支出する、というところから始まるわけです。預金保険機構法の一部改正法案の内容をどうするか、ということから関与が始まったわけです。

住専債権の回収機構〔整理回収機構〕を株式会社として設立して、後日、弁護士の中坊公平さんがその社長に就任します。整理回収機構の権限をどう定めるかという問題も初めから取り組みましたが、それも、大蔵省が出してきたものにどう対応するかの問題でした。

この段階で法制局というのは本当に表面の薄いところに関与しただけで、本質的なところは法制局抜きで全部決まっていきました。

予算に支出計上された六八五〇億円のうちの五〇億円というのは、整理回収機構等の事務経費なのですね。だから実質的な不良債権処理に投入するのは六八〇〇億円だ、ということは当時から明言されていたことです。六八五〇億円は、当時の予算規模からしても大した金額ではありません。私が非常に気にしたのは、これが一次ロスだということです。最終的には、整理回収機構に住専の不良債権を全部譲渡するわけでしょう。それを最大の努力で取り立てて、なお、いくらのロスが最終的に残って国民負担になるかという二次ロスが、当初の段階で大蔵省は一兆数千億円だと言っていました。六八五〇億で揉めているのは、実は背後に二次ロスの一兆数千億円があると思っていたからです。「そんなごまかしの予算審議をするのか」と、私が大蔵省の担当課長に私語したことがあります。そうしたら、「法制局長官が予算審議の円滑を阻害するようなことを言ってもらっては困る」とか言って、目の色を変えて怒っていました。ということは、要するに、実際は六八〇〇億円の問題ではない、ということが出発点から予定されていたことの表れです。

整理回収機構の社長になった弁護士の中坊さんが、結果としてはずいぶんあくどい債権取り立てをしたようですが、二次ロスを非常に少なく抑え国民負担を減少したという大きな功績がありました。ところがそれをあまりにやり過ぎて、中坊さんが詐欺の疑いをかけられた。そして、その疑いは単なる疑いではないということになってしまって、中坊さんは、弁護士バッジの返上と引き替えに不起訴、という司法取引めいたことがあって落着したようです。中坊さんにとっては不幸なことであったけれど、国民の二次ロスを、予定されたよりも少なく抑えることができたという功績が中坊さんにあった。

中坊さんの名誉はもう少し回復されてもいいと思います。

たまたま警察不祥事の続発を契機に警察刷新会議が設けられました。そこに、弁護士の中坊さん、アサヒビールの樋口廣太郎元会長、それから私は弁護士というより霞ヶ関からといったほうがいいのだろうけれど、肩書きは弁護士として入った。そして当時の日本テレビの会長の氏家齊一郎さんが座長を引き受けた。中坊さんと樋口さんは、お互いに生家が京都市左京区出町柳の近くで、しかも遠縁らしい。それから大宅映子さんがいて、メンバーはこの五人でした。中坊さんは刷新会議上の発言でも、非常に着眼点がいいことを言っていました。この住専処理で足をすくわれたのは非常に残念だと思います。

もう一つ、住専処理のためになぜ六八五〇億もの予算支出計上をしなければならなくなったのか。本来は農協の系統金融機関が、民間市中銀行の母体行と同じような負担を負えば、六八五〇億円の財政支出無しに予定された処理ができたようですね。ところが農協関係者は非常に政治力が強くて、自民党の中では大蔵族よりも強いらしいです。だから市中銀行と同じ負担を負うことは絶対に農水族が了承しない。だから系統金融機関は不良債権を全額回収するが、五〇〇〇億円に限り解決の協力金として預金保険機構に寄付する、という結末になったために、六八〇〇億円の穴が空いてしまって、それを国家財政で穴埋めしたということです。

予算審議を聞いていますと、こちらは目の前でやり取りをされることを通じて、ああ、事態はこうなのか、真相はこうなんだ、ということを日々新しく知るような立場でしたので、詳しいことを全然知らずに対応していたわけです。主として大蔵省の西村康雄銀行局長が、朝から晩まで、刀折れ矢尽きてもなお戦っているという感じで、見ていて痛ましいものがありました。「この六八〇〇億円の財政資金さえ投入すれば、金融破綻は防げるのです。これさえ投入すれば大丈夫です」と、盛んに言っていました。

ところが小渕内閣になったら、金融破綻処理スキームは何兆円台ということになって、桁が一つ上の公金を投入するということになったでしょう。当時の西村局長は、国会審議を乗り切るための方便としてああいうことを言っていたのか、不良債権の底がどこまで泥沼なのか計り知れずに、当時はそういうことを知らなかったのか。本当にそう信じていたのか。どちらかよくわかりませんでした。ところがその後読んだ資料などによると、どうも両方のことを裏付ける資料が目につくので、本当に実情がどうだったのか、わからない。結果的にはまさに大変な事態だったわけですね。金融破綻を免れるために、何千億レベルで市中の大銀行にも公金投入をしたわけでしょう。バブルの後処理というのはすごいものなのです。

行政改革会議

——行政改革のところに少し入りたいと思います。時間は前後してしまいますが、まず行政改革会議が設置されるに至る経緯と、行政改革会議という組織についてご印象をお願いします。

大森　平成八年一月、就任した直後の通常国会の施政方針演説で、橋本総理は、行政改革の中核の一つとして中央省庁改革を打ち出しました。その具体的な着手は、同年秋の行政改革会議の設置ということです。それまでは、いわゆる臨調と呼ばれているものから、第二臨調、行革審というように戦後の行政改革が進んでいたわけですね。それはいずれも、臨調設置法とか、臨時行政改革推進審議会設置法とか、この種の審議会は法律によって設置したという経過を辿っていました。ところが橋本総理は法律設置の道を選ばなかった。法律設置をしようとすれば、一国会それにかかりきりになって、それだけ時期が遅れるということで、迅速性を狙った面が非常に強いわけです。国家行政組織法八条上は、審議会というのは法律または政令によって設置できると規定されていますので、政令でも設置できることになっていたわけです。

ただ、従前の行革関係の流れからすれば、非常に軽い扱いではないかということで、印象深く残っていることがあります。行政改革会議の設置政令制定に関する閣議の際に、たしか中川昭一農水大臣だったか、突然、「法制局長官に質問がある」といって質問されました。閣議で質問を受けることなんてあまりないのですが、「法律設置と政令設置はどういうふうに振り分けているのか」と言うわけです。要するに言わんとするところは、中央省庁改革のような非常に大きな改革は、いままでやろうとして全部失敗に終わっている。そういう改革をやろうとするのに、政令という軽い形式で審議会を設置するのはおかしいじゃないか、という疑問を投げかける質問だったのです。

こちらはそんな質問が出るとは思わなかったので困ったのですが、「政令で設置するからといって軽い事項でなければならないということはどこにも書いてない。事柄の迅速性の問題と比較考量した上で決まる問題であります」と煙に巻いて、その場は終わりました。

この種の中央省庁改革という重要な重い課題を政令設置するのは非常に異例の措置であったことは間違いない。しかも、法律か政令かという場合、いろいろ違いがあるわけです。法律設置の場合は、その答申には最大尊重義務が課されます。「(臨調あるいは行革審の答申は)政府及び国会は最大に尊重しなければならない」旨を例文として設置法案中に入れることになっているわけです。ところが政令だと、内閣は自分で自分を縛るわけですから、自分の制定した政令に基づく審議会の答申を尊重すべきことは、ある意味では書かなくても当然のことなのですが、国会は縛れないのです。「国会は行政改革会議の答申を尊重しろ」とは、政令では書けない。そういう尊重義務を課せられないことが大きなネックであるとともに、逆に国会審議を経なくても制定できるから迅速性が確保できる。そのへんの比較考量で決める問題ではあるわけです。

もう一つ、内閣が設置するわけですから、内閣の首班たる総理が、その行政改革会議の審議運営について大きな影響力を及ぼすことができる。現にこの行革会議の会長は、諮問者たる総理が就任しました。だいたい行革会議というのは、総理府に置かれました。だから、総理府の長たる内閣総理大臣の諮問機関です。そして答申をする会議の長に、また内閣総理大臣がなる。観念的には、自分が自分に対して諮問をして、答申を得るという構造になるわけですね。これは考えるとおかしいじゃないか、という疑問が直感的には出される。

ところが、日本の長い、この種の行政関係会議の歴史の中には、非常に重要な事項について、諮問者と答申者が同じだという例が結構あるのです。戦後の臨時法制調査会も総理が会長ですし、法務省では法制審議会がそうです。それは、明治以来伝統的に諮問者と答申者が同じだという構造をとっている。明治の法典調査会もそうです。だから非常に重要な事項については、諮問者が答申の主体になるという選択をしてきているのではないか、ということも言える。もう少し格好良くいうと、国家的な基本的な事柄を全面的に検討する審議会の会長は、最高の地位にある諮問者みずからが就任するという例が、歴史的には主流であったのではないか。何を調査審議してもらうかという諮問の趣旨に焦点を当てながら会議をリードすることができる。そして出される答申も、それに沿った的確な答申をまとめることが可能となる。そう考えると、そんなにおかしい事柄でないのではないか、と自問自答しました。

政令ですから、もちろん政令案の審査が法制局で行われます。初め持ち込まれたときには、おかしいんじゃないか、なんて言っていたのですが、自分で自分を納得させて通しました。

それがこの行革会議の運営を非常にスムーズにした。スムーズに最終答申、最終意見書まで行き、出されるとすぐに最大限度尊重の閣議決定をかぶせ、その趣旨に従った基本法を国会にすぐに提出した。国会はその基本法を可決・成立させて、それが国会の意思に格上げされる。そういう非常に巧妙な仕組みによって、中央省庁改革が予想外に早く円満円滑に実現したということが言えるのではないかと思います。

閣議の多数決問題

――引き続き行政改革会議の中でどういう議論をしたか、内閣法制局あるいは大森先生はどう関わられたか、をお願いしたいと思います。

大森　行政改革会議自体の運営については、まさに橋本総理が議長として会議を主宰し、橋本総理と委員の直接の検討で進みましたので、その会議内容自体については、法制局はほとんど関与していません。なかで一、二度、総理から「この問題はどうだろうか」というメモが回ってきたことがありますが、それは大したことではなく、内容自体は、橋本さんの行政改革観で進んだわけです。法制局として本格的に関与を始めることになったのは、「中間報告」が平成九年九月三日に出されてから、「最終報告」が一二月三日に出されるまでです。

まず「中間報告」が出されて、それについて、こちらとして関心を持つべき点がないかということで、内部で並行して検討を始めました。

中間報告段階で一つこだわったのは、閣議の多数決問題です。中間報告における「内閣機能の強化」の冒頭に、「閣議の議決方法については、本来、内閣みずからが定めるものである。この場合、必要とあれば多数決制の採用も考慮する」とはっきり書かれたわけです。これをこのまま最終報告で明確に書かれると、困った事態になる。というのも、それまで閣議については、全会一致原則をとるのが国会に対する連帯責任の規定との関係で、不文律というか当然になっている、と国会でも答弁してきているからです。ということで、この点だけは落としてもらわなければならない、ということになりました。

これは京大の佐藤幸治先生が主査としてやっておられた部分ですから、直接ざっくばらんにその問題に当たろうということになりました。私ではなく、法制次長が佐藤先生に会いまして、「この部分は困る。内閣法でそんなことをはっきり明記するのみならず、運用原則の変更という形をとられるのも困る。国会における質疑上、到底もたない」と言上したわけです。

そうしたら、それでも敢えて、というほど強い確信もなかったようですぐ妥協案が出され、なかなか巧妙な修正案になりました。「最終報告」の一〇ページですが、「必要であれば、〔閣議の議決方法について〕合意形成のプロセスとして多数決の採用も考慮すべきである」ということで、「合意形成のプロセスとして」という文言が入りました。中間報告を明確に修正し、考え方を変えた、ということがわからないような形で修文されたのですね。

これならば、最終的には全会一致方式を維持するにしても、途中のプロセスにおいて決を採ることは差し支えないし、問題はない。また、全会一致で決するのに非常に役立つでしょう。閣僚だって、すべての案件について常に確信を持っているとは限らないわけです。国務大臣として、自分はどちらがいいかよくわからんという場合、どちらがいい、どちらが妥当か、あるいはどちらでなければならないか、という大勢が示されれば、なるほど、そういうものかということで、それに賛成する。結果として全会一致に至るのであれば、これは国政の円滑な遂行のためにも有害なことではありません。

——その文章だけからだと、どちらにもとれますね。

大森　プロセスとしてであって、最終決定についての多数決の採用、という意味ではない、ということですね。この文言を文義上どう解する余地があるかという問題はさておいて、中間報告と最終報告で違いのあるこの部分は、そういう経過で、多数決原理の採用は、法律上も、運用慣行の変更も駄目です、ということが前提になって入れられた文言である、ということです。

——内閣が自律的な運用として、仮に多数決制を採用したとしても、それは他律的な憲法規範に違反するという立場ですね。

大森　そう答えてきたものですからね。「国会に対して連帯して責任を負う」という規定を援用して、したがって閣議は全会一致方式であるべきである、それは戦前からの憲法慣行であるとともに、おそらく制憲議会の政府答弁でもそう答えているわけです。そういう経過があったわけです。

——戦前は単独輔弼責任であったから、全会一致制が慣行として出てきたという背景がありますね。それに照らすと、単独輔弼責任ではなくなったからこそ、全会一致制を必ずしも維持しなくてもいいという考え方もあり、特に行政改革を踏まえた以降の憲法学説では、そういうことを言う人がだいぶ増えているんですが、そういう考え方についてはどう思われますか。

大森　制憲議会における質疑をどれだけ重視するかということにも関係するのですが、金森徳次郎国務大臣は、「当然の帰結」と述べているわけです。だから立法関与者意思としては、六六条三項との関係で、結局、国会に対して連帯して責任を負うということは、とりもなおさず、国務大臣たるもの、自分の意思に反した議決がなされたら、それに対して国会に対して責任を負わされるというのは不合理きわまりないことではないか、というところにウェイトがあるのです。だから、本当に責任を持つためには、自分がそれに対して賛成する、自分の意思にも沿うんだ、という事柄でなければ、責任の取りようがないじゃないですか、というところにウェイトをかけて答弁してきているのです。

それに対して、それは質疑をし、議論をし、決を採るまでは、それぞれの意見がいろいろあるでしょう。しかし多数決で決めてしまえば、内閣の構成員たるものは、決まったことには従うべきではないですか、だから責任も取るべきだと言われてもおかしくないんじゃないですか、という考え方もあるでしょうね。しかし現実には、閣議決定されたことと異なる発言をしただけで、閣内不一致だということで、戦後の国会は常に揉めてきているわけです。それはとりもなおさず、閣内一致を維持するためには閣議決定自体が全会一致原則の下に行われるべきであるということで、初めて国会との関係がギスギスせずに進められていくのでしょう。

――いまの話はよくいわれるボトムアップ型の合意形成・意思形成が要るのか、トップダウン型の意思形成が適する場面があるのか、という話ともおそらく関係するのですが、その観点から、次の首相の発議権、指揮監督権についても、お話を伺いたいと思います。

大森　この点は、中間報告でもすでに取り上げられていて、特に永田町、国会議員のほう、あるいは官邸のほうと言ったほうがいいかもしれませんが、非常にこの点にこだわりがあって、「内閣法上明記すべきである」と言っていたのですね。われわれは、そんなことは総理が内閣の首長であるという位置づけからして、明文がなくとも当然そう解せられる。したがって、閣議に国政に関する基本方針の付議をできることは当然だ。だからわざわざ明文で書かなければ、総理の首長たる地位が強化されないなんていうことはないんじゃないの、と言っていたのです。

だからといって、そんなことはいいじゃないですか、と水をかける必要もない。ここのところは、行政改革会議で初めて打ち出された非常に重要な事柄であるというふうには思わないですね。

結局、内閣法上の、「各大臣は、案件の如何を問わず、内閣総理大臣に提出して、閣議を求めることができる」(四条三項)という規定を広く解するのか、狭く解するのか。現実の運用は、結局、行政大臣としては、所掌事務に関する範囲内で閣議請議を行ってきており、隣の省庁の所掌事務について閣議請議するということは、およそ考えられないという慣行ですね。だから、法務大臣が、当時でいえば大蔵省の所掌事務について法案あるいは政令案の請議をするということはおよそ考えられない。ところが法律上は、「案件の如何を問わず」と、あたかも国務大臣の立場からは当然できると読める文言になっていますね。あの規定が、そこまでのことを規定しているのかどうかということはよくわからないのですが、机上の空論みたいな問題ですね。

総理が予算編成方針の付議を求める場合は、現実には、閣議請議の手続はとっていないのです。当然の如く、閣議請議という形式をとらずに、総理が付議しています。わざわざ国政に関する基本方針についての付議権を有するなんていうことを書く必要はない。

しかし内閣機能の強化とか、総理の地位の強化を行うのだ、ということを主張する人は、これをまず取り上げるわけですね。内閣法を改正して、基本方針等の付議権を内閣法上明確にしました、と言いたい。明確にしたからといって、内閣総理大臣の権限の強化がなされたということにはならないんじゃないかと思います。学者はそういうふうに書くでしょう。

——はい、「その意義は決して小さくない」と書いてあるのが、通常の記述だと思いますね。

大森　それによって何も変わらない。弱かったのは制度上の権限ではなくて、パーソナルな個人の属性として弱かったに過ぎない、ということかもしれません。

——最近はその思いを強くしています。それに対して指揮監督権というのは、文言上、閣議を経て発動しなければいけないのか、首相が個人的に発動できるのかという問題があり、そういう法的効果を伴わない指示調整権が、逆に指揮監督権が使いにくいから重視される、ということにもなっています。当時は、これをめぐってどういう議論があったのでしょうか。

大森　これは政治の側といいますか、具体的な会議の席上で水野清さんがずいぶんこだわりました。水野さんは内閣総理大臣補佐官で、しかも行革会議の委員兼事務局長でした。あの人が、「内閣総理大臣は、閣議にかけて決定した方針に基いて、行政各部を指揮監督する」(内閣法六条)の、「閣議にかけて決定した方針に基いて」というところを、総理の権限強化のために政策としてそれを削除すべきだ、ということを非常に強く主張しました。いまでも顔を見たら、「法制局は駄目だ、けしからん」と言うのですが、法制局がなぜけしからんかというと、その文言を削ることに猛烈に反対したからです。

ただ、われわれは、ア・プリオリにその当否を言ったのではなくて、行政権が内閣という合議体に属すると規定する憲法六五条の解釈、したがって同七二条で総理と国会との関係について、「内閣総理大臣は、内閣を代表して議案を国会に提出し、一般国務及び外交関係について国会に報告し、並びに行政各部を指揮監督する」という規定からして、「やはり内閣法の文言は、憲法の趣旨を踏まえた規定だ。逆に言うと、閣議にかけて決定した方針に従わず、あるいは何ら内閣の意思が表明されていない事項について、裸で行政各部を指揮監督するという制度をとることは憲法の趣旨に反する。だから憲法上駄目です」というところにウェイトを置いて反対したのです。

その背後には、かつての中曽根総理と後藤田官房長官との関係があり、原則はいまの憲法は、強い総理を予定しているのではないということが、考え方の根底から離れなかったのです。だから内閣機能の強化、総理の指導権の強化と言いながら、あからさまなトップダウンということを憲法は予定していない。

――後藤田さんがそういうふうにおっしゃったんですか。

大森 そう。結局、イラン・イラク戦争のときのように、掃海艇の派遣という事態になった時に、それを防げたのは、要するに後藤田さんが「俺は署名しないよ。やりたければ俺のクビをとってからやれよ」と言ったからです。それによって、あの段階でペルシャ湾に出かけていくことを阻止できた。結局、あの時期においてはそれでよかったのだという暗黙の政策判断があるのでしょう。

そういう改正をすると憲法に抵触します、ということをあからさまには答弁の文言としては言っていませんが、憲法の趣旨に照らして問題がある、六五条、七二条の趣旨に照らして問題がある、ということで反対したのです。

そう言われると、向こうもそれを敢えて無視して、中間報告、最終報告に書くほどの勇気もなかったようです。あるいは、佐藤幸治さんがそれほどの意見ではなかったからかもしれません。この点は、直接接触したことがないのでわかりません。

――のちの学会報告を聞いていると、むしろ全体が成立することを最優先しておられたのだと思います。ご意見はおそらく逆で、首相の権限をもう少し強化するということと、そもそも七二条の「内閣を代表して」というのは、「指揮監督する」には係らないという背景もあると思います。「代表する」というのは、議長が国会を代表するという対外的な意味だから、行政内部の話にはそもそも係らない。小嶋和司先生も、そんなことをおっしゃっていました。

大森　法制局が、帝国憲法改正(日本国憲法の制定)の際の法制局審査で、あの点は甘かったんだろうと思いますね。あれは「、」の打ち方によって、係るか係らないかが分かれるわけでしょう。「、」の打ち方というより「、」がないわけですね。そこでひと息おいて読むかどうか、ということですね。それは係っていないという説も文理上はあり得るけれど、そこだけ係っていない、というのはおかしい。

あれは「、」が足りない。打ち忘れたのだ。だからこそ、同時期に制定された内閣法で、わざわざあの文言を入れているわけですからね。「内閣総理大臣は、閣議にかけて決定した方針に基いて、行政各部を指揮監督する」(六条)。そういうことが一つです。

それから逆に、あの内閣法の規定があっても、内閣総理大臣の指揮監督権がそんなに現実的には弱くはならない。いちいちすべてについて指揮監督するためには、その都度、閣議にかけて方針を決定する必要があるかどうかといったら、それは決してそうではない。ある分野における一般的な国政の基本方針が閣議決定されていれば、その具体化としての指揮監督に関する限りは、閣議を経ずに指揮監督できるんだから、国政の運用上、何も不都合は生じない。それは緊急時においても同じなのだ。もし足りない分野があるならば、その分野についての基本方針をあらかじめ決めておけば足りる。例えば災害対策については、災害対策基本法（災対法）をああいう形で決めておけば、それに基づいて指揮監督ができる。いざとなって緊急対応に困るとか、総理のリーダーシップを発揮する妨げになっているとかということはありません、ということを言っていたわけです。

それからもう一つは、最高裁のロッキード判決です。あのなかで「随時、指導、助言等の指示を与える権限を有するものと解する」とされているのだから、その一環として、総理はできるじゃないか、ということですね。

最高裁がそんなことを言っているから、最高裁の権威を借りて理由付けの一つにはしていましたが、あれはどうも余分なことです。あんなことを言い出したら、すべてできることになりますからね。逆に言うと、閣議にかけて決定した方針がないのに、指導、助言ができる、あるいは一般的な指示だということで何でもできるんだったら、内閣法は骨抜きになるわけですね。ロッキード判決は理由付けのつまみ食いぐらいとしては有効でしたけれどね。

――そうですね、矛盾した契機を孕んでいますね。いまの助言を与える権限は、憲法で言えば六六条に直接根拠を持つ「首長」だから、ということですね。

大森　判例の文言は、「内閣の首長であること、それから国務大臣の任免権を有すること等その地位及び権限に照らすと」という表現をとっていますが、それは任免権が強いのでしょうね。自由に罷免することができる。だから、言うことを聞かなければ、お前はクビだぞと言えるのは非常に強い地位にあるわけで、そこからすべてのものを引き出すと、それは内閣が合議体であることに反します。

この点は、行政改革会議における議論には関与しませんでしたが、中間報告が出た段階でいろいろ問題にされて、こちらが断固として反対した事柄の一つでありました。ロッキード事件以来、国会で終始質疑があった事柄で、法制局としても妥協の余地も議論の余地もなかった。だから水野清さんが何と言おうと、全然取るに足らない疑問である、ということでした。

防衛庁の省昇格問題

――では、次の項目に行きたいと思います。防衛庁の省昇格問題について、よろしくお願いします。

大森　防衛庁についてのあの頃の議論と、最近の省昇格の姿とでは、その前提としての政治的・社会的背景にいろいろ違いがありますので、当時の議論がどれだけ意味があるのか、よくわかりません。ただ当時、橋本さん自体は、そういう〔防衛庁を省に昇格させる〕気持ちはさらさらなかった。自分が自衛隊の最高司令官であるという気持ちが非常に強かったことは間違いないと思います。そういう意味では、自衛官に対する理解は、それまでの総理よりも一歩進んでいたかもしれません。だから最終的にも、省昇格については現行通りということで、消極判断をして打ち切りましたが、その理由は、自衛隊の目的・任務に何らの変更はないから現行通りとする、ということで会議の席上では簡単に打ち切ったのです。

本当の理由がそうだったのか、いまひとつよくわかりません。総理に問題点を十分に理解しておいてもらいたいということから、昇格させる場合の問題点についてのメモは、秘書官を通じて、総理に渡したことはあります。

その問題点というのは、この本（『二〇世紀末期の霞ヶ関・永田町』）にも書いておきましたように、当時の〔現在もそうですが〕「内閣総理大臣は、内閣を代表して自衛隊の最高の指揮監督権を有する」という位置づけをしているわけです。これは、やはりそうあるべきで、維持すべきである。省に昇格させても、普通は省の首長たる大臣は分担管理事務について一般的な権限を持つというのが組織のあり方ですが、防衛省だけは、その省の最も主要な任務である防衛出動について、大臣が権限を持つのではなくて、内閣の首長たる内閣総理大臣が最高の指揮監督権を持つという原則を変えるわけにはいかんでしょう。だから省に昇格させたら、ほかの省と横並びの行政組織になるのだという期待を持っても、そうはならないのです。そういうことだけは、理解しておいてもらわなければならない。抽象的に言うと、そういうことです。

今回の防衛省設置法を読んでみますと、防衛省設置法だけでは、表面上は防衛大臣があたかも最高の行政権限者であるような位置づけになっていますね。ところが作用法である自衛隊法のほうで、「内閣を代表して自衛隊の最高の指揮監督権を有する」という規定はそのまま存置されている。だから結局、完全な省にはなっていないのですね。だから自衛隊関係者および省昇格推進国会議員は、省昇格によって念願を達したとは思っているのでしょうが、完全にその目的は達し切れていない。そういう姿なら、何も憲法上問題があるわけではないので、これは行政組織政策論に過ぎないでしょう。

やはり当時から、国際情勢、社会情勢、国会情勢が変わったのでしょうか。当時だったら、防衛省設置法案を出したら、一国会では絶対に通らなかったと思います。今回はあまりさしたる議論もなくて成立してしまいました。だから、ずいぶん日本も変わったな、という感じはしております。

ただ、私がいまだにわからないのは、憲法六五条で「行政権は、内閣に属する」、内閣は最高行政機関との位置づけはあっても、現実の行政権の具体的な行使は、行政各部が分担管理するという構造をとっていることです。その構造は、憲法上の建前で内閣総理大臣が内閣を代表してというんだから、内閣の首長として、ということでしょう。だから、あたかも内閣の首長として、自衛隊の最高の指揮監督権を有する、というように、その部分だけは、行政各部による分担管理から外して、最高行政機関がみずからの権限を留保しているということを自衛隊法で規定していることになるでしょう。それが憲法上の行政権限の分担管理原則とどういう関係にあるのか。

それから国事行為に対する助言、承認ですか。あれは内閣の権限として、総理が代表してやるわけですね。だから分担管理原則を憲法が採用している例外は、助言、承認として憲法が規定している。ところが自衛隊の指揮命令権は、自衛隊法という法律で留保した形になっている。それでいいのですか、ということを非常に気にしているわけです。

──そういう議論は、その当時すでにあったんですか。

大森　こちらはそういう問題があるな、と思いながらも、この問題は内閣が行政各部に分担管理させずに権限を留保しているんです、という説明をしていたのです。

──法制局として、そういう結論を持っていたということですね。

大森　そう。ところがそれは、国会答弁等で明らかにしていません。だから内心、あるいは内部での議論に際してはそういう理由付けをしているのです。内閣による権限留保なんだ、ということです。

文字にはなっていないと思いますね。防衛省昇格法案は、前のときも法案まできていたわけですね。閣議決定までしたけれど、国会には出さなかった。何か知らないけれど、内部で決定して、そのまま国会提出をせずに眠ってしまった。そういう文献だけが残っているんです。国会提出をしないから、官報にも出ていないはずです。

省庁再編と法制局・内閣官房の位置づけ

――それでは続きまして、内閣法制局の位置づけについて、行革との関係をよろしくお願いします。

大森　私にとって、省庁再編に関連して内閣法制局の位置づけが変えられるというのは、非常時であり重要事項であったのですが、行政改革会議の席では議題になっていません。あとから、この本（『二〇世紀末期の霞ヶ関・永田町』）の一刷前のものを橋本総理退任後に持参し、推薦の署名をもらう時に、そんな話を出したら、「自分は内閣法制局の位置づけを変えるなどということは全然考えてもいなかったし、議論もしたことがない」ということでした。

ところが外野席では大変だったのです。要するに産経新聞と読売新聞、国会では小沢一郎さんの政党ですね。当時は新進党だったか、自由党の時代だったかもしれませんが、この際、法制局を内閣直属の機関から外すというわけです。要するに、特に防衛問題でけしからん、ということです。産経新聞なんて特集を組んでやったわけです。その都度適当な防御をしていたのですが、最後は、「議論をして法制局の言い分も聞き、識者の意見も聞くと、そんなに法制局の組織は悪いことはないんだな、ということになりました」ということをしゃあしゃあと言ってくるのですね。そこでやっとひと息つきました。

それはマスコミ、外野席の問題ですが、そのほかに、党を含めた政府内部および与党との関係でひと息ついて、これで組織は位置づけを変えられることはなくなったと安心できたのは、直接の議論ではなくて、内閣官房の議論でした。

当時、内閣官房の位置づけをどうするかというのが非常に大きな問題でした。内閣官房のほかに内閣府を置くかどうかということ自体が一つの問題で、結局内閣府を置くことになった。初めは、国家行政組織法上の組織として総理府と同じ位置づけで、それを内閣府と名称を変え、権限も少し内容を変えるという形で進んだのです。ところがある段階で、内閣府をほかの省庁よりも一段上のランクに位置づけ、国家行政組織法からは外す、独立法にするという議論になった。しかし内閣官房は内閣官房として、また組織は別に残す、という結論に収斂した段階で、そうなると内閣官房は当時と同じように、内閣の直属の機関という位置づけしかあり得ないわけですね。

そうなると、当時直属機関の双璧だった内閣法制局も、内閣府の外局にするとか、そういう位置づけ変更があり得なくなった。それで位置づけは変わらず、ということで、最終報告では、たしか一行ぐらいでしか触れていなかったと思います。「現行の内閣法制局および安全保障会議は内閣に置く機関として継続する」という一行をサッと書かれて、それで終わったのです。

そういう点では、初めは、内閣官房長官と内閣法制局長官の位置づけの問題にも絡みますが、皆さん、内閣官房長官のほうが当然上だという印象を持つわけですね。向こうは国会議員で、国務大臣ですからね。だから法制局長官は官房長官の傘下に置かれてもおかしくないと思いがちなのです。そこで、まかり間違ったら系図として官房長官の下にくっつけられるという危機感を持ちました。そうなると、逆に官房長官を介しなければ総理に対して意見を述べることもできなくなるし、直言もできなくなる。その辺が危機感の実質的な理由の一つでした。そういうことがなくなって、ひと安心したわけです。

ところが、予想もしない敵方が現われました。それは太田誠一氏です。太田誠一氏は総務庁長官になって、最後の段階で行革担当になりました。ちょうど総務庁長官というのは合同庁舎四号館一〇階で、法制局長官が一一階なんですね。それで下の階の秘書官から電話がかかってきて、「大臣がちょっとお話したいとのことですから、来ていただけないでしょうか」と言うので、のこのこ降りていったら、「内閣法制局設置法を改正しろ」と言うわけです。そんな指示権はないのですけれどね。その理由がふるっているのです。要するに議院法制局の位置づけと内閣法制局の位置づけは明らかに違いますね。内閣法制局のほうは、大臣が閣議請議をした法律案、政令案の審査をして、必要な場合には所要の修正を加えて内閣に具申するという構造になっているでしょう。ところが議院法制局は議員の立法を助けるというだけのことで、審査権も修正権も何もないわけです。向こうは完全な補助機関です。法制局のほうは審査機関である。しかも各省の大臣が閣議に請議する請議案について審査をし、所要の修正を加えて意見を具申する。それがけしからんというわけです。

そもそも大臣が行政大臣として決定をして、それで内閣に対して閣議請議をする。大臣が決めたものを内閣法制局が審査をして、修正を加えるというのは、大臣より上に立つことである。だからけしからん、という。「所要の修正を加え」というところを削除し、「審査し」というのも削除しろ、という。意見を述べるのはいいが、審査なんて大それている。修正を加える権限もおかしい。この二点において、内閣法制局設置法を改正しろ、という。総務庁長官だから、総務庁の行政管理局系統の権限だと思ったのでしょう。

それで、私は三回喧嘩の議論をしました。初めは出かけていったらその話になって、それが駄目だという議論を延々とやっていたら、二時間かかりました。

諦めたのだろうと思ったら、一週間も二週間も空いていなかったと思いますが、秘書官が申し訳なさそうに、「大臣がお呼びですから」というので、また出かけていったら、また同じことを言うわけです。そのときは先方の時間もなかったのか、三〇分ほどやりました。もちろん全く物別れです。

そうしたらまた、閣議の前に、こちらは決裁案件があるから、三〇分か一時間ぐらい前に官邸に行くのですが、そこで「総務庁長官がまた話をしたいと言っています」という。そこで二〇分ほど話した。それは閣議までの時間ですから、時間はあまりない。だから二時間、三〇分、それから二〇分と、延々とやりました。いかに言っても、また同じことを次回に繰り返します。組織の位置づけ問題といっても、この太田さんの場合は、組織の位置づけ論にも至らない話です。

当時は官房長官が野中広務先生でした。野中官房長官が、法制局を非常に理解してくれていまして、国会での小沢一郎さんとの論争においては、ずいぶん助けてもらいました。野中長官に、「とんでもないことを言われて困っている、というよりも時間が取られてしょうがないのです」と実情を話しました。あとから伝え聞いたところによると、野中長官は、「太田、お前は何を馬鹿なことを言っているんだ」と一喝したらしいです。それでやっと、太田さんは私のほうに何も言わなくなりました。

中央省庁等改革推進本部事務局長就任を断る

大森　それからもう一つは、結局行革の最終報告に基づいて基本法を制定し、その中で、中央省庁等改革推進本部を設置し、事務局長を置くこととされました。事務局長を法律設置人事に位置づけて、これに誰が就くかが、省庁再編問題をスムーズに進められるかどうかの一つのキーマターでした。行革会議の事務局長は特別職にして総理補佐官を当てたためそれで辟易したので、こちらの事務局長は一般職にして、特別職としなかった。

これに誰を充てるか、紆余曲折があって、最終的には当時の総務庁の行政管理局長の河野昭君が、ちょうど行政管理局長の予定任期が終わる段階で、行政管理局長は行政組織問題の所管だから適任だろうということで、最終的に同氏を充てることになりました。大括りの省庁再編にしたので、各省権限争議をいままで通りにやったら、設置法の法案ができるまで大変だろう。しかも党のほうの部会、族議員を巻き込んだら収拾がつかなくなるのじゃないか、というおそれを持っていたこともあって、普通の人事というわけにはいかないということで、これは事務の官房副長官の古川貞二郎さんが橋本総理に知恵をつけたのでしょう。要するに、各省は一般的には法制局の言うことは聞いてくれましたのでそれを利用しよう、という知恵をつけたと思うのですが、橋本総理が、この事務局長には私（大森）がいいと言い出されました。「事務局長は法制局長官になってもらいたい」ということで、その話が一人歩きというか、走り出してしまった。これは一般職でしょう。法制局長官は特別職だから、横滑りではなくて、ある意味では降格人事なのですね。そんなものには気易く行ってくれないだろうと思って、いろいろ条件を書き上げて、古川さんが私の部屋にやってきて、「総理がこう言っているから、なってくれ」と言うわけです。

本来は、総理からそういう人事に指名されたら断われないというのが霞ヶ関の掟である、と言う人がいました。どうもいままではそうらしいのです。それを断わったら、それは辞めるということです。「きみ、そういうことだぞ」という話がありました。あるいは先輩に相談したら、「それはきみ、これだけは受けないほうがいいぞ」と言う人もおり、意見がずいぶん分かれました。

けれどもこの事務局長になったら、だいたいどういう争いに巻き込まれて、仕事がどういう状況になるか、おぼろげながら想像がつくものですから、私はとてもやる気がしなかった。「俺の言うことを聞けないんだったら辞めろ」と言われたら、それは喜んで辞めさせてもらったらいい。行政改革・省庁再編は大賛成、それはそう思っていました。しかし、それには法制局長官の立場で協力させてもらいたい、という理由で断わったのです。そうしたら、橋本さんはそれ以上のこだわりがなくて、しばらくして内閣の年末懇親会をやった時に、わざわざ近寄ってきて、「従前通り頼みますよ」と言う。それで手打ちしたことになりました。

ところが、私が断わるとは、国会筋では思っていなかったらしくて、水野清さんも当然私が受けるものだと思っていた。当時、鹿児島出身の小里貞利さんも橋本総理から私がなると聞いていたらしく、「どうしてあなた、ならなかったの?」とか、別の機会に聞かれたことがありました。そのあたりのことは、橋本総理も亡くなった現在、オーラル・ヒストリーとしては、そういうところに触れておくことにも意味があるのだろうと思うから、話しておきます。

明石海峡大橋の開通式にて
(1998年4月5日)

逆に、あのとき私が事務局長を引き受けていれば、いったいどういう経緯をたどったのか、と思わないこともないですが、大変だったでしょう。

この行政改革自体は、法案審議も含め、時間は食ったけれど、そんなに揉めることなく進みました。政変があって、総理が小渕さんになったということもプラスに働いているのかどうか知りませんが、少なくとも重労働が二年ほど余分に付け加わることになったでしょうね。

本当に一時は、総理から言われるのなら引き受けなければしょうがないか、と思ったこともありました。橋本総理に条件を出して、総理補佐官を本務にして、兼職として事務局長に充てる。すると特別職を一般職に兼職で充てられるかという問題はあるが、最後はそういう条件で引き受けるか、と思ったこともありました。特別職の者を一般職に兼職で充てるのは、ちょっと考えれば無理だという感じがしますが、当時のその筋の検討では、それを阻止する致命的な理由はなかったようです。

菅直人氏と事務次官等会議廃止論

――せっかくなので、私の観点から付け加えてお聞きしたいのですが、菅直人氏は平成八(一九九六)年一二月六日の衆議院予算委員会で閣議の運営方法や事務次官等会議についてお聞きになっています。この部分では菅さんも、全くわからないとか厳しいことを言っていますが、その背景に、行政監視院法案を出す出さないという話がございました。これは最終的には国政調査権の話に関わってくると思います。直接タッチしておられないかもしれませんが、そういう点も含めて、どういうふうに見ておられたのかご印象等をお聞きしたいと思います。

大森　菅直人さんは、自社さ政権での厚生大臣時代の経験を踏まえて、「閣議が非常に空洞化して、ほとんど議論がなく国政が決まっていくということを痛感した。その直接の原因は、前日の事務次官等会議において調整がなされ、そこで調整がなされなければ閣議に上がってこないというやり方になっているのが問題である。事務次官等会議は何も法律の根拠はない。そのような根拠のないものによって閣議が骨抜きになっているのはそもそも問題がある」という考えをもっていました。ちょうどこれは橋本内閣の国務大臣として閣内におられた時代のことで、橋本総理は、「厚生大臣時代の閣議では、かなり議論したじゃないですか」というようなことを反論しました。

菅さんには、閣議というのは国政のあらゆる問題について侃侃諤諤の議論をして、そこで決めていくのだという非常にプリミティブな発想があるのですね。しかしそんなことをやっていたら、到底複雑多様な国政を円滑に運営していけるはずがないので、それを事前に事務次官等会議において調整するというのが、内閣に委ねられた行政権の行使を円滑かつ効率良く処理するための先人の知恵であるのにそれが悪いというのは菅さんらしくない意見だと当時から思っていました。

ただ、民主党が政権を取ったらどうなるか。事務次官等会議をなくして、ナマの政策を閣議に上げて、そこで議論して見解が一致したものを初めて推進するということになったら、行政をうまく運営できるはずがありません。だからそのうちに、なるほど、とわかります。

――およそいろいろな問題についてしっかり実質的な議論を閣議ですべきである、というのが民主党の立場なんでしょうか。今回私が読んだ限りでは、行政監視院の法案を出すときに、既存の省庁の体制に影響を与えるので、事務次官等会議を経なければ出せないということに問題がある。だから必ずしもそのルートだけですべてを決めるのではなく、それ以外の道もあるべきではないか、という主張であるのかな、と思っていましたが。

大森　一般的に、事務次官等会議を通さなければ閣議に案件が上がらないという行政運営のシステムはやめるべきであるという考えですね。行政監視院構想だけについての問題ではないのです。行政監視院については、拙著(『二〇世紀末期の霞ヶ関・永田町』)に平成八年一二月一〇日参・予算委員会議録を登載しています。答弁のエピソード版でその例を入れたと思います。三四三ページです。

この行政監視院法の問題点というのは、このときの質疑で端的に現われています。当時は総務庁行政監察局がこういう機能を果たしていたのです。同じ内閣の一部局がそれを担当して、行政監察局の監察の成果は上がっていない。かと言って国会の組織として行政監視院を設けて、議員が先頭に立って乗り込んでいくということは現実にはできませんので、行政監視院の職員が行政各省庁に立ち入っていろいろ監察をする、大雑把に言うと、こういう構想です。

それは国会の国政調査権の一環として行われる。根拠づけるとすればそういうことなのです。国会が行政監視の権能を持っているということは否定するわけではないけれど、立入権まで国政調査権の内容として憲法は認めているのか、三権のバランスの問題で、国会に与えられている国政調査権の内容として、行政庁、極端に言うと内閣、内閣官房、もっと言うと総理の秘書官室、総理の執務室にまで抽象的には立入権があると言えるのか、という問題を孕んでいます。これは行政監察局を廃止するとなっているので、当の行政監察局は飛び上がってしまいました。あの当時は、まかり間違ったら、新進党が政権を取るかもしれないという時代だったものですから、行政監察局が廃止になるということが現実になるおそれがあったわけです。それで行政監察局は飛び上がって、戦々恐々としていた。

行政監察については、ほかの省庁はあまりよく思っていない。だから同局を積極的には支援しないわけです。そこで、憲法上の問題があるということで、こちらが少しハッスルしすぎたのかもしれないけれど、答弁の基本的な筋は、憲法が委ねている国政調査権の限界を超えているのではないか。国政調査の手段として、国会というか各議院に与えられている権能は、憲法の文言からすれば、「証人の出頭及び証言並びに記録の提出を要求すること」（六二条）に限られている。行政機関への立入権は付与されていない。それが「学説においても通説であります」という余計なことを言ってしまったのです。

その答弁案は参事官が届けてきたもので、こちらの意見を十分盛り込んだ答弁案を用意してきたのですが、答弁案には「学説において通説であります」ということは書いてありませんでした。ところが口が滑って、答弁の趣旨を強調するために、「学説においても通説であります」と言ってしまった。そうしたら直ちに、枝野幸男議員だったと思いますが、「学説上通説であるというのはどういうことだ、証拠を出せ」という質問主意書を突きつけられました。通説かどうかというのは評価の問題であって、その証拠というのは直接ありようがない。えらい学者が、これは通説である、と書いていてくれれば、それが一つの証拠かもしれません。

そこで担当参事官が一週間ぐらい国会図書館の資料室に籠もりまして、国政調査権について学説の悉皆調査をしました。そうしたら、数において圧倒的に、憲法上明記されている行為が限度だという説でした。数字は忘れましたが、圧倒的多数が同説だったということで、たまたま質問が出たものだから、そういうことを述べて収まったということがあります。

そうしたらそのうちに、民主党になってからか、この問題は萎んでしまって、私が退任した後の話ですが、行政監視という用語が委員会名中に入りました。「決算行政監視委員会」あるいは「行政監視委員会」ですね。通常の常任委員会の一つとして、決算委員会が看板替えしたものと、独立の委員会として立てたものがあるのです。衆議院と参議院とでちょっと構成が違っていまして、衆議院が決算委員会に絡ませ、参議院は決算委員会のほかに行政監視委員会を立てている。そこに落ち着いたのでしょうね。当時は大変でした。

米軍用地使用権問題

――続いて、日米安全保障問題に係わる諸問題ということで、一つは楚辺通信所（通称、象のオリ）の用地使用権問題について、ずいぶん答弁でご苦労された様子が残されております。その点をめぐって、ご印象に残っていることをお聞かせください。

大森　沖縄には、楚辺通信所と嘉手納基地の用地使用権問題という二つの大きな米軍用地問題がありました。橋本総理は、歴代の総理に比べて沖縄に対する同情と思い入れがありました。そういう中で起こった問題で、この当時はまだ内閣が始まって生き生きとしている時代です。この問題は橋本内閣にとって負の遺産だけれど、前向きに解決しなければならない問題でした。前年〔一九九五年〕の少女暴行事件がなければ、それほど楚辺通信所の用地使用権原問題が揉めることはなかったと思います。沖縄の収用委員会が、時間切れになりそうだったから、ぎりぎりに緊急使用裁決をして、それでつないで本裁決まで行って、使用権を設定できるということで進んでいたのです。

前年の九月に少女暴行事件が起きて、沖縄県知事が土地・物件調書の署名・押印を拒否するなど強制収用手続の不協力を宣言して、そこで必然的に楚辺通信所の使用権原が消滅してしまうという事態になりました。

この痛ましい事件は、まだ橋本内閣が発足する前で、社会党の村山総理時代でしたから、用地使用権の強制取得の方向で積極的に対応しようとしないのです。だからずるずると無権原状態に陥ってしまったということです。村山総理には「なんとかせんことには大変なことになる」という助言が周辺からあったそうですが、村山総理は「いや、そこは事を荒立てずに穏健に」ということしか言わなかったらしいですね。それでご自分は、一月五日に辞意を表明した。当然の成り行きとして、橋本さんが後継総理になった。

そこで、外交関連については楚辺通信所用地問題、内政については住専処理という二つの負の遺産を抱えて、通常国会に突入しました。私も慣らし運転もせずに国会論戦に巻き込まれていきました。非常に思い出に残る問題でした。

沖縄における米軍用地問題は、米軍に上陸されて占領され、終戦後も占領が継続し、平和条約、沖縄返還という過程の中で、象徴的な取り扱いを受けました。土地問題に関する米軍の施策との関連で、「プライス勧告」というものが出されました。ちょうど私が昭和三一年に京都大学に入って、宇治分校の講義で初めから終わりまでプライス勧告の話をした先生がいまして、非常に思い出深い用語です。沖縄の軍用地使用問題について、日本があまりにも消極的だったというか、沖縄が東西冷戦のまさに接点という地政学的な位置に置かれていたということからやむを得ない結果だったとも言えるわけです。

国会で答弁する

沖縄における最初の軍用地問題が知花昌一氏

所有の楚辺通信所用地問題でした。知花昌一問題というのは、はじめは政治的にずいぶん国会の論戦のタネにされましたが、後追いで収用委員会の裁決によって使用権原を取得できると、かなり楽観していました。総理が深刻な顔をしておられたときも、「政治的にはいろいろ問題があると思うけれど、法的にはそのうち適切に処理できることになりますよ」などと気楽なことを言っていました。

橋本総理のところにはいろいろな人から助言がなされていたようです。「賃貸借契約が終了しながら土地を返さないという問題は、日本国中には山ほどある。裁判所でも、賃貸物の返還請求、借家や土地明渡請求という形で山ほど事件があるんだから、米軍用地の不履行なんて大したことではないですよ」という入れ知恵もあったようです。だから、用地の賃貸借契約は切れたけれど、所有者への返還義務の履行が遅滞するというのはそう大した問題ではない、ということで対応すればいいじゃないかと、総理はそういう気持ちのようでした。

しかし、そういう気楽な対応をしていると国会における追及に耐えられない非常にシビアな問題だということがだんだんとわかってきました。さて、どうしたものか。そこで、いろいろ過去の米軍用地問題をフォローしてみますと、板付飛行場の私有地返還請求訴訟の最高裁判決(昭和四〇年三月九日)で、「明け渡しを求めるのは権利の濫用だ」という判断があるのを知りました。要するに、所有者の知花昌一氏が通信所用地の明け渡し請求をしてきたら、権利の濫用ではねることが可能である。ということは逆に、使用権原の消滅後になお返還しない状態というのは、権利の濫用の反面として、「必ずしも直ちに違法と言うには当たらない」という言い方でしのぐ以外にしょうがない。

当時開会中の国会においては、使用権原の消滅は、野党による政府攻撃の格好の材料となり、あらゆる機会にその問題性を追及されました。それに対する政府側の答弁は、次のとおりですが、内閣法制局としては、まさに苦渋に満ちたものとなりました。

「本件土地をめぐる法律関係を分析すると、国と米軍との関係(国際法上の関係)と国と土地所有者との関係(国内法上の関係)に分かれる。

国と米軍との関係においては、憲法第九八条第二項により誠実に遵守することを要するとされる安保条約に基づく地位協定上の合意に従い、国は、米軍に対して本件土地を提供使用させる義務を負っており、この国際約束に基づく義務を履行するため、国は、土地所有者との関係で、一九七六年以来二〇年間にわたり、賃貸借契約によりその使用権原を保有してきたのである。

国と土地所有者との関係においては、賃貸借契約による使用権原は、四月一日以後消滅することになったが、その場合でも、現行法上、賃貸借に代えて、駐留軍用地特別措置法に基づく収用委員会の裁決により使用権原を取得することができ、また、裁決までのつなぎとして緊急使用許可の制度が設けられ、これらは、憲法第二九条により許容されているものである。

このような本件土地をめぐる法秩序の下において、賃貸借契約の切れた四月一日後も引き続き、当該土地を米軍に提供し続けることは、安保条約上の義務であるのみならずわが国及び極東の平和と安全のために必要であると考えられるとの判断の下に、法所定の手続に従い、政府が本件土地使用の権原を再取得するための前記申請を行っている現時点においては、土地所有者に対して、借料相当の金員の提供をして、損害を生じさせない措置を講じることとしている限り、法秩序全体の見地から考えると、土地所有者との間で法的紛争状態にあるとはいえ、当該土地が土地所有者に返還されていない状態につき、『直ちに違法である』というには当たらないのではないかと考えられる。」

時あたかも、日米間においては、クリントン大統領の来日の機会に、米軍基地の整理・統合・縮小に向けた交渉が水面下で進捗していた関係もあり、条約上の義務として提供した土地が国内的要因により履行不能となることの交渉への悪影響を回避するための苦肉の見解ではありました。前記の最高裁判所は、決してあらゆる観点から「法的に何らの問題もない」と述べたものではなく、その理由中で、「不法行為または不当利得に関する法規により救済を求めるのであれば格別、原状回復を求める本訴のような請求は、私権の本質である社会性、公共性を無視し、過当な請求をなすものとして、認容しがたい」と判示しているのであり、不法行為または不当利得の成立の余地を示唆していました。

反戦地主であろうとなかろうと、国が国民の財産を無権原で使用して何ら非がないはずはなく、法治国家として、法律の定める手続に従って使用権原を取得しなければならないことはいうまでもありません。前記政府見解を最初に表明した時期は、契約期限が切れた直後であり、当時は、収用委員会により緊急使用が許可され、その緊急使用期間内に使用裁決が得られるであろうから、権原なき使用は短期間にとどまるとの密かな期待を秘めて、「直ちに」違法というには当たらないのではないかと述べたというのが、偽らざる心情でありました。

ところが、その後の事態の推移は、それが極めて甘い判断であったことを証明しました。同年五月一一日には緊急使用不許可となるに至り、無権原状態が長期にわたることになってしまったのです。

楚辺通信所用地から一年遅れの平成九(一九九七)年五月一四日に使用権原が消滅する嘉手納飛行場等一二施設用地に関する使用裁決申請については、対象土地は約三七ヘクタール(うち一坪反戦地主会員分は二二一五平方メートル)、所有者数は三〇〇二人(うち同会員数は二八八五人、社会党の有力議員はほとんどこれに含まれていました)と、楚辺通信所とは隔絶した規模であり、同日までに収用委員会の使用裁決及びそれに基づく使用権原取得の諸手続を了することがほぼ不可能と見込まれましたので、これに対する包括的な立法で対応することになりました。このことについては、楚辺通信所用地の経緯を踏まえ、当時の梶山静六内閣官房長官の早い段階における政治的決断（総理への進言）が寄与しました。政治家として将来を見通した毅然たる態度に強く印象付けられました。

然るべき政策として、その一は、国による直轄手続案で、新たに設置する国の委員会が採決手続を行い、土地調書の署名代行・裁決申請書の公告縦覧は、国が実施し、継続使用の場合で従前の権原の消滅期限までに使用裁決が行われないときは、裁決があるまで引き続き使用することができることとする案であり、その二は、公共用地特措法上の制度を一部改善する案で、都道府県収用委員会による緊急裁決と都道府県収用委員会が緊急裁決をしない場合には、内閣総理大臣は、事件を引き取って代行裁決を行うこととし、土地調書の署名代行等及び法定暫定使用については右第一案と同じとする案もあり得ました。

しかし、いずれの案も難点を伴い、かなりの規模の立法作業及びその審議に相当日数を要し、現実の対応策としては、無理を伴います。

そこで、法治国家の証として、使用裁決がなされるまでの使用権原を得るという最小限度の必要を満たす方策として、法定暫定使用案によることとなりました。

その要点は、裁決による使用期間または賃貸借契約による賃借期間の終了前に、従前の土地につき、使用裁決の申請をした場合には、相当と認める額の担保を提供した上、申請に係る裁決があるまで、国は、引き続き、その土地を使用することができることとし、楚辺通信所用地についても、改正法の施行後は、所定の手続を経て、暫定使用権原が生ずる旨の経過措置を設けました。

このように法律自体による使用権原の付与制度は、立案作業も小規模にとどまり、また、沖縄返還に際する当面の措置として「沖縄における公用地等の暫定使用に関する法律」(昭和四六年法律第一三二号)において採られた前例がありますので、国会審議の負担も比較的軽いと見込まれました。これらを内容とする駐留軍用地特措法の一部改正法は、嘉手納基地等の使用期限が切れる前に無事成立し、施行の運びとなりました。その後、地方分権推進方策として、機関委任事務の廃止等の立法措置に際し、駐留軍用地特措法上においても、公共用地取得特措法並みの緊急裁決、代行裁決の制度が導入されました(平成一一年法律第八七号)。

官房長官からは、「知花昌一ひとりであれだけ手こずった。今度はどのぐらいの規模があるか」と問われましたので、「一二施設、三七ヘクタールで反戦地主が三〇〇二人います」と答えましたら、「わかった。これはもう現実の対応じゃあ到底駄目だ。法改正せざるを得ない」と直ちに決断されました。橋本総理からの指示により、梶山さんが国会方面の根回しを始めました。改正法案そのものは担当大臣に全部投げてしまい、法案審議にも委員会にも一切顔を出さないで、連立与党内の根回し、野党の根回し、に明け暮れて、予定通りスムーズに法改正が実現できました。

然るべき政治家が責任ある地位にあると、ちょっとやそっとの難件なら、そう遅れずに実現できることが実証されました。このことは、言葉を替えれば、官房長官に誰を据えるかということは、総理の真価が問われる問題だということになります。

その後にもう一人、同様に感心させられた官房長官は、後に触れる「国旗国家法」制度に至る野中広務さんですね。

日米防衛協力指針の見直し

——では引き続きまして、「日米防衛協力のための指針」の見直しに係わりまして、内容もさることながら、法制局としていかなる関与があったのか、ということからお聞かせください。

大森　「防衛協力指針」は憲法九条とのすり合わせが生じる問題であるために、法制局として非常に緊密な関与をすることになりました。それが、のちのテロ対策特別措置法(これはアフガン戦争の対応です)、イラク復興支援特別措置法等、今日に至る数々の緊急措置法の制定に際して、法制局として非常に役立ちました。

憲法九条問題の検討の中で、法制局が最も関心を持ったのは、合衆国軍隊に対する後方地域支援です。米軍自体は、周辺事態の中では戦闘行動に向かう、あるいは戦闘行動中ということになる、それに対する支援として、憲法との関係でどこまでのことがやれ、どこからはできないかという仕分けの議論を迫られていたということです。武力行使との一体化論の、周辺事態における当てはめの問題です。

一体化論というのは、第一回目の湾岸危機、湾岸戦争のときにある程度検討が進んでいたわけで、それの周辺事態における適用に過ぎません。一体化論自体は従前の議論を引きずっていますから、外務省とのあいだでは相変わらず鋭い意見の対立があり、ときには激論もありましたが、そんなに新しい発想が必要になったということはありませんでした。

この席で申し上げておきたい問題は、「日米防衛協力のための指針」見直しにおける橋本内閣の方針と、前回の湾岸戦争のときの内閣が採った方針との間で、ズレというか進展があったのかなかったのか、ということです。これが小沢さんとのいろいろな確執の原因になりました。

きっかけは第一四一回国会、平成九年一〇月一三日の衆議院予算委員会におけるいわゆる一龍対決論争などがそうです。これは長々と時間を要していますが、要約すれば、実態はそういうことになります。

小沢一郎さんは、湾岸危機・湾岸戦争のときは自民党の幹事長でした。駐日米国大使のアマコストが自民党に、もっと協力しろ、と圧力を加えてきたようです。小沢さんはそれとタイアップして、幹事長として内閣に積極的対応を迫っていました。しかし当時の海部俊樹総理は平和主義者を標榜していた人ですから、総理自体も自衛隊を派遣する気持ちにはならないし、法制局も武力行使の一体化論を適用して、多国籍軍に対する後方支援には非常に消極的な見解で、総理を後方から支えていました。

そういう状態でしたから、小沢さんとしては、あのときの海部内閣は消極的だったという意識が残っているのですね。それに対して、ガイドライン見直しは一歩も二歩も踏み込んだ内容になっている、というのが小沢さんの持っていた印象のようでした。小沢さんはそういう立場から、自分は一歩二歩前に踏み込むのが悪いとは言っていない、ガイドラインの見直しの結果は、前とは立場、方針が違ったのだ、ということの確認をこの一龍対決では、とりたかったのですね。

橋本総理は、湾岸戦争のときは総理でもないし外務大臣でもなかったために、そんなに深い理解がなかったということもあるのですが、「そう言われれば、今回は前よりも積極的になっているかもしれません」と、概ね小沢さんが求めた確認を肯定したのです。

そのときは、他の大臣は誰も出て来なくていい、一対一で、二人だけでやろうという質疑要求でした。内閣官房の内閣参事官室の仕切りで、「秘書官は後ろにつくとしても、総理一人で対応させるわけにはいかんので、法制局長官だけは申し訳ないけれど、後ろに座ってくれませんか」と言うので、私は補佐のために総理の後ろに座っていました。そこで、目の前で、内閣の姿勢が変わった、意見が変わったということを肯定されたら、私は死んでしまいます。なぜ意見を変えたのか、ということになって、今後あらゆるところに影響を及ぼします。当時は未だ法制局に対する国会の尊重度は高かったので、委員長に発言を求めたらすぐに指名してもらえます。それで答弁席に出ていきまして、結論的に言うと、総理の答弁をひっくり返したのです。「全然変わっていない。ただ緻密に検討して、前に触れていなかった問題についても結論を出しております。基本的な憲法解釈は全然変えてないです」と答えました。

当時総理は、法制局が意見を述べれば、法律問題、憲法問題についてはそれを尊重しましたので、「法制局がそう言うのだから、私の見解が不正確だったと思う」というように応じてくれました。法制局長官には、総理の言を訂正しても、誰もクレームはつけないという不文律のようなものがありました。私としては全然突出したつもりもないし、職務を忠実に果たしたという気持ちしかありません。ところが小沢さんは、せっかく自分が総理から言質をとったのに、それをひっくり返されたものだから、カッと来たのでしょうね。当時の議事録にもところどころに出ていますが、「お役人の分際で僭越じゃないですか」というようなことを言っていました。小沢さんは、すぐに立ち上がって反対論をぶつことはなく、座ったままぶつぶつと、「総理がそう言えばそうなるのだ。なのにお役人の分際で僭越だ」とか言っていました。また総理に対しても同じようなことを言っていました。橋本総理は、その後は、憲法問題になると後ろを向いて、「これはどうだったか」とか、「これはこういうことでいいんだね」と、答弁の前に確認するわけです。だから橋本さんのその後の答弁は、こちらとだいたい同じ歩調で、ひっくり返す必要は生じない状態で終わりました。私はそれで、問題を後に残さなかったと思ってホッとしていました。

当時小沢さんは新進党、自由党の党首でしたが、しばらくしたら、自由党の法制局弾劾が始まりました。その一例が東祥三氏の「ヤブカが憲法に群がるが如く」というもので、平成一〇(一九九八)年一二月七日の衆議院予算委員会の席上、本当にひどい言葉で、「役人の作文でありました。まさにヤブカが山を覆うがごとく憲法の周りに群れて、憲法を私している役人のつくり上げた作文が……」という調子でやったのです。

私も我慢ならず「国会における従前の憲法論争は、それぞれの相異なる政治的立場を背景としながらも、君子の論争として、矜持と品格を保持しつつ行われました。自説と異なる見解に対する攻撃が俗語による罵倒に終始しては、何ら説得力を持ち得ないと考えるのは、私一人の所感にとどまるのでしょうか」と拙著(『二〇世紀末期の霞ヶ関・永田町』二二〇ページ以下)で書いたことがあります。

小沢さんとの確執のきっかけはそういうことで、それが怨念になって最後まで尾を引きました。

私は、平成一一年八月に国旗国歌法案が成立して、国会が終了してから辞表を出しました。その際の新聞誌上で、小沢さんとの関係があるから辞めさせられたんだ、という活字が躍ったらしい。私は馬鹿馬鹿しいから読まなかったのですが、夕刊紙でそんなことが書かれたらしいです。小渕さんは小沢さんと仲がいいですから、小沢さんとの関係で、小渕さんが〔私を〕引退させたのだ、という。その後、後藤田正晴先生に会いましたら、後藤田先生が「俺もそう思って心配していた。小渕君のことだから、あまりほかからの圧力をはね返すことをせずに、受け入れて従ったのではないかと心配していた」というようなことを言われたこともありました。だから、かなりの人がそう思っていたらしいですね。

それまでの歴代の法制局長官は、通常国会を三回やったらうんざりだということで、三年で勇退していました。橋本内閣は一月に発足したものですから、すぐに通常国会に突入しましたので、成り行き上、通常国会を四回もやらされることになりました。四回もやるともうくたくたですし、当時の法制次長は私と年が一つしか違わなかったこともあり、一人が長居すると、一番末端の人は定年をはるかに超えてしまって、法制局の長官人事がおかしくなってしまう。こちらも疲れて、もういい、ということから、国会が終わった次の閣議で辞めることにしたのですね。いろいろ噂が流れるものだと感心しましたが、そういうところまでつながる小沢さんとの論争がありました。

小沢一郎氏との確執の経緯についての記述が長くなってしまいましたが、以下、指針見直しの概要を述べることにします。

橋本総理は、平成八(一九九六)年一月二二日、組閣後最初の施政方針演説において、日米関係を最も重要な二国間関係と位置付け、日米安保体制を堅持し、春に予定されていたクリントン大統領の来日の機会をとらえ、幅広い協力関係を一層強化していく決意を表明しました。その後、同年四月一七日には、同大統領との共同宣言において、日米間の安全保障面での関係の信頼性を強化することを目的とする諸施策のひとつとして、「日米防衛協力のための指針」の見直しを開始することが表明されました。

このような経緯を経て旧指針の見直しが開始され、日米安全保障協議委員会(SCC)の下にある防衛協力小委員会(SDC)が検討を行った結果を協議委員会に報告し、平成九年九月二三日に了承を得ました。これが、旧指針に代わる「新指針」です。

新指針は、平素からの及び緊急事態における日米両国の役割並びに協力及び調整のあり方について、一般的な大枠及び方向性を示すことを目的として、①平素からの協力、②日本に対する武力攻撃に際しての対処行動等、③日本周辺地域における事態で日本の平和と安全に重要な影響を与える場合(「周辺事態」)の協力、の各分野にわたって詳細な検討結果が記載されています。

このうち、②の日本に対する武力攻撃に際しての対処行動については、事柄の性質上、憲法第九条との関係でさしたる問題は生じませんが、③の周辺事態の協力については、憲法とのすりあわせを要する問題が多々存在します。

新指針は、周辺事態への対応として、協力の対象となる機能及び分野並びに協力項目を次のとおり整理し、詳細は別表に示されています。

(1)　日米両国政府が各々主体的に行う活動における協力

(イ)　救援活動及び避難民への対応のための措置

(ロ)　捜索・救難

(ハ)　非戦闘員を退避させるための活動

(ニ)　国際の平和と安定の維持を目的とする経済制裁の実効性を確保するための活動

(2)　米軍の活動に対する日本の支援

(イ)　施設の使用

(ロ)　後方地域支援

（3）　運用面における日米協力

自衛隊：生命・財産の保護及び航行の安全確保を目的として、情報収集、警戒監視、機雷の除去等の活動

米　軍：周辺事態により影響を受けた平和と安全の回復のための活動

これらの各項目につき、防衛協力小委員会において、日本側から外務省北米局長・防衛庁防衛局長などが出席して検討作業を行うのと並行して、内閣法制局において両省庁の関係者との間で真剣な、時には激論を交えた検討が続けられました。

主要問題点に関する検討の経緯及び結果は、以下のとおりです。この検討が、後日、周辺事態対応特別措置法の制定に結実し、また、平成一三年のテロ対策特別措置法や平成一五年のイラク復興支援特別措置法の基礎となりました。

右の別表記載事項のうち、後方地域支援の限界をめぐる検討が、数ある問題のなかでも最も時間を要しました。米国側の需要を前提として、その事実上・憲法上の可能性について、網羅的・包括的に精緻な検討が行われました。その結果、新たな協力項目に掲げられている行為については、わが国が実施することを想定している具体的な内容及び態様に関する限り、憲法九条との関係で問題となるようなものは含まれていないとの結論に到達しました（その他の項目については、紙幅の関係上省略し、拙著『二〇世紀末期の霞ヶ関・永田町』一七六ページを参照されたい）。

財政構造改革法案

大森　財政構造改革の問題は、橋本総理にとっては、大きな施策として、六大改革の中でも特に力を入れておられました。しかし、財政構造改革法案をあの時点で出すのはどうだったのか。いろいろな経済情勢、政治情勢、社会情勢を総合判断して、時期としてタイムリーだったのかどうか。あの当時の国会質疑を聞いていまして、時期の選択に問題があったのではないか、と思いました。

当時、消費税率の二％の引き上げがありました。あれは当時の議論によれば、一％で三兆円ぐらい増収だということでしたから、二％で六兆円も国民の消費を冷やす要因になる。それから特別減税を毎年のように二兆円規模でやっていたけれど、それも打ちきり。それで八兆円です。それから財革法で全部予算の伸びを頭打ちにしていって、社会保障もあの当時の議論で毎年一〇〇〇億、二〇〇〇億という単位の節減をしなければならないということで、それら全部で一兆円ぐらい。国民の側から見たら合計九兆円の負担増を生じるわけです。財革法案の問題性として、質疑に立つ人はみんなそういうことを言っていました。その当時は、「いや、その心配はない。それだけで大きな問題は起きない」というのが大蔵省の答弁でした。

それで、法律の凍結という、法制的には非常に珍しいことになりました。陪審法以来ですが、施行を停止するということです。成立した財革法を次の年度には小渕内閣で施行を停止して、予算計上の上限を撤廃しました。両者を同じ通常国会に提出しますと、凍結を解除するための法案と、編成して提出した予算とのあいだに矛盾が生じているわけですね。それをどう説明するのかということで、その説明については、法制局にお鉢が回ってきました。苦しい答弁を何回かさせられた記憶があります。法制局の立場からすると、財政構造改革という政策を盛り込んだだけの法案ですから、法律問題で法制局が答弁に何回も引っ張り出されることはないだろうと思って甘く見ていたのですが、見方が甘かったのです。

とどのつまりは、馬鹿馬鹿しい質問なんですが、「法律という限りは法律事項が一つでも入っている必要がある。これは政策を書いたものだから、法律事項がないじゃないか。法律事項がないのに法案を審査して出してくるのは、法制局がおかしいのではないか」という質問まで受けました（平成九年一〇月二一日、財政構造改革の推進等に関する特別委員会）。「この法案をよくお読みいただきますと、法律事項に満ち満ちております」と答えますと、質問者はまた怒り出して、「どういうつもりか、あなたはいつから政治家になったのだ」と言われます。財革法案は、政府の予算編成の規模、内容を縛ることから始まって、法律事項ばかりなのですね。質問はくだらないのですが、そういうことでこの財政構造改革法というのは意外と思い出に残った法案でありました。

結局、これが橋本内閣の足を引っ張ることになって、その翌年、初夏の参議院選で自民党は敗北することになりました。橋本内閣は、当初の予定では、自民党の党則では二年二期、四年間続くだろう。そのあいだに然るべき実績を残して退陣される。だから私もそれに乗って最後までつき合うとなれば、四年間となってしまい、しんどいなと思っていました。それまで長官は三年、三年で来ていましたから、然るべきところで引き取らせてもらうという予定にしていたんです。

そうしたら参議院選が二年半ぐらいのところでありまして、橋本総理が先にリタイアされた。こちらは、それで橋本さんに殉じて辞めようかと一旦は思いました。諸般の事情により続投することになりましたが、そうなれば、半年というわけにはいきませんから、一年間、切れ目のいいところまでやろう、行政改革の法案まではつくったけれど、国会提出に至っていないから省庁改革関係法案を成立させる、防衛協力ガイドラインの見直しを受けた周辺事態法案も小渕内閣に委ねられてしまったので、それを成立させる、というところまでは責務としてやるかということで、一年を心中に置いて、小渕内閣でも引き続いて長官に留任することになりました。

ところが、豈図らんや、その一年が非常に苦悩の一年となり、小沢さんとの確執が起こったのです。小渕内閣の発足当初は、自由党は閣外協力でした。それが自自連立政権になり、それから自自公連立になりました。その一年間、自由党は与党になったから、法制局への攻撃は撃ち方やめといってやめれば、小沢さんの品性も評価されるのですが、その一年間、相変わらずやったのです。小渕さんは法制局を頼りにしているわけです。ところが自由党は閣外協力の間も、連立政権に入ってからも相変わらず攻撃する。本当にとんでもないことでした。

金融危機対策法案の帰趨

――それでは次に、金融危機関係のことでご印象に残っていることをお願いいたします。

大森　橋本内閣は、参議院選挙の直前に二兆円の特別減税を打ち出しましたが、参議院選挙では敗北し、退陣することになりました。そこで衆参の与・野党の勢力がねじれて、小渕内閣になりました。ところが、住専問題から始まった不良債権問題は、住宅専門金融会社だけの問題ではないということになって、内閣を挙げての重要課題になってしまいました。そこで内閣、与党としても金融危機対策関係法案をずいぶんたくさん出しました。金融再生トータルプラン第一次、第二次分というのがまずあって、それに基づいて法案を六本出しました。そしてさっそく審議を始めたわけです。衆議院はまだ与党が多数を占めていましたが、法案が参議院に送付されると、審議は全然前に進まなくなりました。しかし現実には金融危機はますます進んでいって、早くセイフティネットをつくりあげておかないと大変なことになる。

そこで、衆参の与・野党勢力がねじれ国会審議にどういう影響を及ぼすのか、ということですが、これは立場によっていろいろ困り方が違うわけですね。法制局の立場から見ていますと、本当に馬鹿馬鹿しい事態になりました。これは私が早稲田大学法学部で教えていた立法学の一つの課題ですが、内閣立法と議員立法の振り分けの問題、役割分担の問題があるわけです。基本的には、議院内閣制の下では、主要な行政施策を推進するための法案は、原則として内閣が有する法案提出権に基づいて、内閣立法あるいは与党立法になるわけです。といっても、内閣を離れて自民党だけで出すことはほとんどなかったので、内閣立法のチャンネルで出すわけですね。金融再生六法案も内閣提案です。大蔵省から来ている法制局参事官は、徹夜に徹夜を重ねてやっと審査を終えました。

それに対して参議院のほうは、野党が多数ですから元気がいいのです。衆議院でももちろん野党の対案が出てきますが、参議院に至ればもっと元気のいい対案が出てくるわけです。しかし現実にはなんとかセイフティネットを作り上げなければならないということだけは共通の意識がありました。

そこでどういう事態が起こったか。通常、与野党間で非常に対立しているときに妥協を見出して法律案を成立させる場合には、内閣・与党案をベースにして、一部修正を加えたり、付帯決議をつけたり、ということで済むわけです。ところがこのときは、内閣提案は取り下げです(笑)。それで野党の対案をベースにして修正協議が行われて、野党案の一部修正で法律が成立する。それとともに、最初に出した内閣提出案はもちろん廃案になる。そういう事態が起こったわけです。

それ自体が議院内閣制の下では異常だと思いますが、内閣法制局の立場では馬鹿馬鹿しくてやっておれないわけです。徹夜で苦労して審査を終えて、内閣から提出に至っても、与・野党協議は野党が出してくる対策がベースになるわけです。しかし、どうせそのような運命に至るものだから審査しないよ、というわけにもいきません。そういう事態が、特に喫緊の課題であった金融危機対策法案について起こりました。これが最大にして唯一の感想です。

——参議院の状況を踏まえて、審査のあり方は、何か目に見える変化が生じたのでしょうか。

大森　衆参両院の法制局は、野党の下働きとして法案を作成する。向こうは、議員の立法を助ける機関ですから。極端なことを言うと、「憲法違反かどうかは自分たち(野党)が責任を持つから、憲法違反であろうとなかろうとこういう政策に基づいて法案を作成してもらいたい」というベースでの仕事なのです。内閣法制局は従前通り、徹底的に審査するわけです。

そして、内閣法制局と衆参両院の法制局間の直接の交渉は一切ありません。

私が長官になってからの話ではないのですが、社会党の土井たか子委員長の時代に、消費税をめぐって、社会党を中心とする野党が参議院で多数を占めたことがありました。そして社会党が消費税法の廃止案を出したのです、いったん施行してしまった法律の廃止というのは、特に税法では技術的問題を伴います。参議院法制局が関与した消費税法を廃止する法律案に問題が生じました。これは私の第一部長時代で、工藤敦夫長官の時ですね。

当時は、大蔵省主計局も元気でしたが、自分が苦労してなんとか創り上げた消費税体系が、やっと陽の目を見たと思ったら、一時的であれ廃止法案が出されて、参議院では通りました。そこで、なんとかそれを揺さぶるアラを探さなければいかん、ということが話題になっていたときに、ある条項についてこれは憲法上問題だ、国会の立法権を侵害しているのではないかとの論点が浮かび上がったことがありました。そうしたら、自民党がそれを揺さぶりの手段として使い始め、委員会審議にそれを持ち出し、大蔵省はそれに呼応するわけです。

参議院法制局は自分たちが作成した法案が憲法違反であると言われているわけですね。しかもそのネタ元は内閣法制局らしい、ということになりまして、直接の応酬はなかったのですが、参議院法制局とは犬猿の仲になりました。

国旗国歌法

——小渕内閣で、先生が法制局長官として最後に関与された国旗国歌法についての思い出をよろしくお願いします。

大森　この国旗国歌に関しては、戦後の保革対立の一つの基本的な問題でもありました。実りの多い論点かどうかはともかくとして、そうなっていました。それで通常国会になりますと、必ずその基本的な問題について、まず野党が内閣の姿勢をチェックするための質問をずらっと挙げるわけです。当時は総括質疑と言っていましたが、総理以下全大臣が出席する予算委員会で、基本的な問題についての質問が多々ありました。

答弁のほうも定番になっていたわけで、「国旗国歌については国民に定着し、法制化を待つまでもない」と、大雑把に言うとそういう姿勢で来ていました。小渕内閣では、平成一一年の通常国会の国会審議でその質問がありまして、それに対して、「法制化するつもりはない、また必要もない」という総理答弁をしたわけです。

その頃広島県の世羅高校の校長先生が自殺した。卒業式を控えて、国旗国歌を式典でどう扱うかということをめぐって、教職員と校長・教頭の対立が非常に激しくなって、思いあまって校長先生が自殺したのです。当時の報道によればそのように受け取れました。それを知って、総理の「法制化しません」という答弁から一週間しか経っていなかったと思いますが、急遽「立法化を検討してみたい」という総理答弁に変わりました。立法過程的評価では、こういうことは最初にして最後だろうと思いますが、非常に特異なプロセスを経たということが特徴的だったと思います。

もう一つ裏の事情が加味されていました。当時の国会で予定されていた法案の審議は、懸案が予定通りに進みました。防衛協力ガイドライン関係三法が一つの懸案だったのです。五月二四日に成立しました。中央省庁改革関連法については、橋本内閣のときには法案の提出に至らず小渕内閣にバトンタッチされて、中央省庁改革関連法案、地方分権一括法案が最後に残っていました。ところがこの中央省庁改革関連法は、当初の会期内では間に合わず、会期延長を要することになりましたが、通常国会の会期延長は一回しか認められませんので、安全を期して八月一三日まで大幅延長しました。

そうしたら、懸案の中央省庁改革関連法が七月八日に成立してしまったのです、あと一カ月以上の会期が残ってしまった。ここで一体を何をやるのか、国会が開店休業というわけにはいかない、ということになり、国旗国歌法案をやろう、ちょうどいい規模の重要案件だ、ということになりました。三月の総理答弁では、「検討します」ということで、今国会で対応しますとまでは言っていないのですね。確約したものではありませんでした。野党がどう対応するかわかりません。

そこで、政府の方針変更は、世羅高校の校長先生が自殺したことが究極の理由ではない。二一世紀を迎えるに当たって、将来のあり方を考えたときには、こういう基本問題は、慣習法ということに委ねているよりも明文法の制定をしたほうがいい、だから検討を始めます、ということでした。検討を始めますといったけれど、会期が残ったから、それじゃあ今国会で法律案を出して成立を期そうと決めたのは、中央省庁改革関連法、地方分権一括法の見通しがついたときです。

そういう裏の事情もありましたが、会期中に残った法案はこれだけでした。私は会期が終わったら長官職を辞任すると内心では決めていましたから、最後のご奉公だということで、出席を求められもしないのに法案審議の委員会に出かけました。この法案は、関係省庁がけっこう多いんです。まず内閣官房の当時の内政審議室が主管で、関係省庁は当時の文部省、そのほかに自衛艦旗の関係で防衛庁もいますし、いろいろなところが関係していました。委員会では、政府委員席は必ずしも多くないのに、私が呼ばれもしないのに行きましたら、来てくれるな、と言うわけです。座る席をつくるのが大変だということでした。

法律案自体は非常に簡素なものでした。余分な議論を生むところは全部外して、骨だけ、幹だけの法律ですから、あまり議論もせずに無事会期内に成立しました。

この審議の議事録は、コピーを取ったらキングファイルで一〇センチ弱になって、まだ持っていますが、法制的には馬鹿馬鹿しい議論もしています。出かけて行って、それはおかしいですよと指摘すると、また余分な波風が立って審議のテンポが乱れると思って放置していた問題があります。

日の丸について、「国旗は日章旗である」というのか、「国旗を日章旗とする」というのか。すなわち、ゾルレン(Sollen)の世界なのか、ザイン(Sein)の世界なのか、という問題がありました。いままで国旗としてあったのだ、日の丸が国旗であるという事実が先行していたのだ、ということに囚われ過ぎて、「〜である」と、ザインで書くべきだ、「〜とする」とゾルレンで書くのはおかしい、と野党の人たちが言い出しました。そこで野党が出してきたのは、「国旗は日章旗である」という修正案なんですね。しかし法律なんだから、ゾルレンでなくてはおかしい。いままでも、事実であれ慣習であれ、それに法的確信が付け加わって慣習法だといったら、それはゾルレンなので、国旗は「日の丸である」ということではなくて、「日の丸とする」、あるいは「日の丸であるべきだ」という内容だったわけです。本当はその旨指摘する意欲が内心ではつづいていました。

しかし、反対派はこの政府の法案はおかしい、と言うのです。政府の法案がおかしいということは、法制局の審査がおかしいということですから、反論の言葉が口から出そうになりました。野党修正はもちろん通りませんでした。自民党はもちろん党議拘束をかけましたが、当時の民主党は党議拘束をかけなかった。だから完全に表決が割れまして、結果としては圧倒的多数で成立ということになりました。共産党は党議拘束をかけて、全員反対。社会党も党議拘束をかけて反対だったかと記憶します。民主党は、わが党は自由を尊重する党であるからといって、党議拘束をかけませんでした。それは自由を尊重する党だからではなくて、本当のところは、党議拘束をかけたら党所属議員の表決が割れて党議違反が表面化するからだと推測しました。

それからもう一つの問題は「君が代」だったのです。「君が代」の歌詞が日本国憲法の趣旨、精神に合致するのか、ということが一番大きく尾を引いていた問題です。これは、「君」が誰なのか、「君が代」というのはどういう意味なのか、ということになる。「君」というのは象徴たる天皇だ、と言わざるを得ない。内政審議室は、実直にそういう答弁案をつくっていました。ところが、小渕総理のこれに関する答弁については、このあたりの感覚がなかなかいいなと思いましたが、「天皇」に長い修飾句をうんと付け加えました。単に「天皇だ」というと、君主制ではなくて象徴天皇なんだから、国民主権だ、という反論がすぐに出てくる。だからで文章を作り換えまして、「国の象徴であり、国民統合の象徴であり、その地位が主権者たる国民の総意に基づく天皇」というように、いかにも国民主権の下においてふさわしいという装いの答弁をしました。それでずいぶん印象が緩和したと思います。さすがに小渕さんは政治家だ、と思って感心しました。そういうところはなかなか感覚がいいな、と思いました。国旗国歌法でぜひ触れておきたいのはそれだけですね。

――官房長官の野中広務さんがこの過程で果たした役割について教えてください。

大森　卒業式における国旗国歌の取扱いをめぐる対立に基因して広島県の世羅高校の校長先生が自殺したことについて、国政の立場上、どう対応すべきか、野中さんの国会運営に対する勘が鋭いところで、残った会期をどう使うかというときに、これをやろうという進言をしたのが野中さんだと思います。梶山静六さんの鋭さとはその味は好対照ですが、いずれの鋭さも、内閣の運営に非常に役立ったと側にいて感じました。

第一五章　語り残したこと

核兵器使用の合憲性をめぐる答弁

――最後に語り残した三点を順次お伺いします。まず、核兵器の使用に関する問題からよろしくお願いいたします。

大森　これは高野博師議員からの質問に対する答弁で、私もやや不用意な、きめの粗い答弁をしてしまったことを反省しているのですが、核兵器の合憲性に関する問題は、従前から事あるごとに国会の基本答弁事項だったのですね。毎国会、質問が出ていたわけですが、従前は使用についてではなくて、保有についての質問の形で議論されてきました。「核兵器の保有は、純法理上の問題として述べるならば、わが国を防衛するために必要かつ不可欠の場合には、日本国憲法上許されないものではありません」と、だいたいそういうトーンで答えてきていたのです。保有だから、気安く答弁していた嫌いがあるのですね。

ところがこのときは、「保有がそうならば、使用についてはどうですか」という質問だった。高野氏は、外務省出身の公明党議員です。だからハーグの国際司法裁判所（ＩＣＪ）の見解を知っていて、それを念頭に置きながら、二の矢の質問をしてきたのですね。それに対して、「核兵器は持っていること自体に意味があるのではなくて、核の傘にしろ、いざとなったら使うということが前提になった保有の合憲答弁であったはずなので、純法理的に考えると、使用についても同じであります」と答えました。

この答弁に対しては、すぐに原水禁関係者から官邸のほうに罷免要求が殺到したようです。それを聞いて、内部では法制次長が蒼くなってしまって、「この答弁は変更しませんか」と言いに来ました。私は、「保有」も「使用」も、純法理上の問題としては結論は同じはずであるとして、答弁の変更には応じませんでした。

さらに、法制局第一部の参事官が過去の答弁例を調べました。そうしたら、昭和三四（一九五九）年三月一二日、参議院予算委員会における岸信介総理の答弁、それから四四年二月五日に高辻正巳長官の答弁があることを探し出してきました。だから、決して私が従前の線を飛び跳ねて初めて「使用」を肯定する答弁を行ったのではない、ということになりまして、その後うやむやになってしまいました（この問題については、唯一の被爆国の国民として、長官引退後も引き続き真摯に考えなければならない終生の課題ですので、その後の思考の経緯は、「あとがき」において記すことにさせていただきたいと思います）。

特定宗教団体による政治活動と政教分離原則

――ありがとうございました。それでは第二点目ですが、政教分離問題に関してよろしくお願いします。

大森　特定宗教を支援する団体による政治活動が政教分離を定める憲法に抵触するのではないかとの問題が過去何回か争われました。

第一次論争

一回目の論争は、皆さんのうち新しい世代の方は多分ご存知ないでしょうが、昭和四四(一九六九)年、藤原弘達著『創価学会を斬る』(日新報道)が出版された際、創価学会が同書の出版差止めを当時の自民党幹事長田中角栄に依頼し、同幹事長が出版の中止を仲介したのではないかとの疑惑が生じました。同書はその目次に目を通しただけでも相当なもので、「恐るべき創価学会の本質」、「創価学会的政治主義とは何か」、「創価学会・公明党の七つの大罪」、「創価学会の天皇・池田大作と幹部たち」、「第三部　展望――その危険なる未来」、「創価学会はどこまで伸びるか」、「党勢拡大のためのさまざまなる新組織」など、それ自体おどろおどろしい内容です。

この事件をめぐりまして、国会では、当時の民社党や共産党の議員から数次の質問主意書が提出され、これに対する政府の答弁書と相まって問題の論点が深められました。まさに宗教戦争ともいうべき様相を呈しました。その際に整理された論議の結果が、今日まで有権解釈として存続しています。

以下主要な論点についての内容を紹介します。

①政教分離原則の趣旨

政府としては、憲法が定める政教分離の原則は、憲法第二〇条第一項前段に規定する信教の自由の保障を実質的なものにするため、国その他の公の機関が、国権行使の場面において、宗教に介入し、又は関与することを排除する趣旨であると解しており、それを超えて、宗教団体又は宗教団体が事実上支配する団体が、政治的活動をすることをも排除する趣旨とは考えていない。(昭和四五年三月三一

日　対春日一幸議員答弁書）

②宗教団体による政権獲得を目指す政治的活動の可否

宗教団体が政権を獲得するということは、宗教団体が、公職の候補者を推薦し、又は支持した結果、これらの者が公職に就任して国政を担当するに至ることを指すものと解されるところ、仮に、そのような状態が生じたとしても、当該宗教団体と国政を担当することになった者とは、法律的には別個の存在であるばかりでなく、また、当該国政を担当することになった者が、国権行使の面において、当該宗教団体の教義に基づく宗教的活動を行う等宗教に介入し、又は関与することは、憲法が厳に禁止しているところであるから、前述の状態が生じたからといって、直ちに憲法が定める政教分離の原則にもとる事態が現出するものではなく、したがって、前述の状態を生ずること自体が憲法に抵触するものと解されない。とすれば、前述の意味における政権獲得を目指す政治活動が憲法上許されないとされるはずはなく、その政治活動は、憲法第二一条第一項が「集会、結社及び言論……その他一切の表現の自由」を保障している趣旨に鑑み、尊重されるべきものと解する。（昭和四五年四月二四日　対春日一幸再答弁書）

③宗教法人の政治活動の可否・限界

宗教法人法はもともと宗教団体が宗教法人となるための要件を定めたものであるが、同法第二条が「宗教の教義を広め、儀式行事を行い、及び信者を教化育成することを主たる目的とする」と定めていることからも明らかなように、宗教法人たる宗教団体が政治活動を行ったからといって、直ちに同条に定める宗教団体の目的から逸脱したものと断ずることはできない。……宗教団体が、選挙活動をその主要な活動とすることは、宗教法人法第二条に照らし、許されないところであるが、それが主要な活動であるかどうかは、ある特定の時点のみをとらえて判断すべきではなく、その宗教法人の継続的活動全般との対比において判断すべきものである。したがって宗教法人が、ある選挙に際し、集中的に選挙活動を行ったからといって、そのことのみをもって直ちに同条に規定する宗教団体の目的を逸脱したものと断定することはできない。（昭和四五年四月二八日　対谷口善太郎議員答弁書）

④宗教法人の政治献金の可否

宗教法人の行う機関紙、布教書の刊行頒布などの出版事業は、布教活動そのものとして行われる場合又は公益事業として行われる場合が多いと考えられるが、仮に、出版事業が、公益事業以外の事業として行われる場合であっても、その収益の一部を、当該宗教法人が支持又は支援する政党その他の政治団体の政治活動を助成するために支出するというのであれば、政党その他の政治団体の政治活動は、本来、公共の利益に奉仕するという公的性格を有するものであり、一方、宗教法人法第六条第二項後段は「当該宗教法人が援助する……公益事業のために使用」することができる旨を定めているので、ご指摘のような政治献金をすることが、同項の規定に違反するものとは考えられない。（昭和四五年四月二八日　対谷口善太郎議員答弁書）

第二次論争

自民・社会・さきがけの村山保革連立政権の成立後、当時、野党であった公明党を支援する創価学会は、先に、藤原弘達が指摘した方向を強め、その選挙活動に脅威を感じた自民党は、その対抗策として、宗教法人の財務を規制するための方策として、宗教法人法の改正に着手しました。その法改正の趣旨及び内容は、所轄庁が宗教法人法による権限を適正に行使することができるようにするにとどまり、宗教団体の宗教上の行為や事項に介入したり、干渉するものではありませんから、憲法上の問題が生じるものではありません。

したがって、国会審議においては、改正法案の個別的内容よりも、その前提たる政教分離に関する基本問題に集中しました。与党の一部からは、数次にわたる春日一幸議員の質問主意書の拠って立つ見解を是とし、政府見解を変更して、宗教団体の政治活動を大幅に規制すべきであるとの主張が強力に出され、政府内部にもそれに呼応する見解もありました。

しかし、「信教の自由」という基本問題に関し、昭和二一年の制憲議会以来一貫した見解を変更することはあり得ません。当時の大出法制局長官は、第一次論争に際する答弁書記載の政府見解の線を、一歩も譲りませんでした。国会審議終了直後、国会廊下ですれ違った際に、公明党のある議員が大出長官に対して「ありがとうございました」と深々と礼をしたのが印象に残っています。

私は、当時、法制次長として改正法案審査の事実上の最終決裁者でしたが、憲法論自体は、第一次論争の際に決着のついていた問題でしたから、苦労した記憶はありません。

第三次論争

藤原弘達著『創価学会を斬る』をめぐる論争を第一次論争、宗教法人法改正法案審議に際する論争を第二次論争とすれば、次に紹介する論争は、第三次論争ともいうべきものです。

右の経緯を踏まえると、平成二〇(二〇〇八)年一〇月七日の衆議院予算委員会において、菅直人議員の政教分離問題に関する法制局長官に対する質疑をめぐって行われた公明党の質問主意書及び内閣の答弁書には賛成しかねるところがあります。

そこでの法制局に対する菅議員の質問は次のようなものでした。

「憲法二〇条には、『いかなる宗教団体も、国から特権を受け、又は政治上の権力を行使してはならない。』とありますね。宗教が政治権力を握って特定の宗教団体のために政治権力を使うことも、この二〇条、政教の分離に反すると考えますが、きょうは法制局長官、来ていますか。まず法制局長官に見解を聞きます。」

そして法制局長官は従前通りの答弁をしたわけです。それは従前通り、正確に長々と述べていますから、それは特に問題はなかったのですが、続けて菅議員は次のように質問をしたわけです。

「私が問わない部分まで大変詳しく答えていただいてありがとうございます。でも、統治的な権力を使うことはだめだということは、今の見解からも明らかになりました。

実は、覚えておられる方もあるかもしれませんが、一九九〇年に、オウム真理教の麻原彰晃氏を党首とする真理党が結成されまして、東京を中心に二五名の衆議院候補が立候補いたしました。幸いにして、有権者、国民は一人も当選者を出さなかった、全員を落選させました。

もし、こういった真理党が大きな多数を占めて権力を握って、政治権力を使ってオウムの教えを広めようとしたような場合、これは当然、憲法二〇条の政教分離の原則に反すると考えますが、総理、いかがですか。」

これは総理に対する質問ですが、法律問題に関する事柄ですから、宮崎礼壹法制局長官(いまは「宮崎政府特別補佐人」と言うのですが)が、答えることになります。

「簡潔にお答えいたします。

先ほど答弁申し上げましたように、今お尋ねのようなことは、まさに宗教団体が統治的権力を行使するということに当たるだろうと思いますので、それは違憲になるだろうと思います。」

このように簡潔に答えました。それを受けて麻生総理が、

「仮定の質問というのはなかなかお答えできないんですが、今の場合はちょっとあり得そうもないような感じがしますが、いずれにしても、今法制局長官が答弁をされたのが基本的な考え方だと私も思います。」

というように答えます。委員会における問答はこれだけです。これで、突然の質問についての質疑も完了したと思ったらしいのです。

ところが、公明党の出席委員は、党へ帰ってから侃侃諤諤論議を行ったらしい。それでとうとう、事前に公明党から法制局に電話があり、それに対して、「いや、そのような趣旨ではない」とかいろいろなやり取りがあった上で、正式に質問主意書が公明党から出されました。それが平成二〇年一二月一五日です。先ほどの委員会が一〇月七日ですから、このあいだ無事平穏ではなく、長官の代わりに法制次長が公明党に説明に赴き「そのような心配されているような答弁をしたわけではない」とか、いろいろやり取りがあったようです、この質問主意書は、次のとおりです。

「このような事実関係を仮定しての質問に対して、内閣法制局長官が法令を当てはめて答弁したことは不適当であり、また、答弁内容も、特定の宗教団体が支援する政党に所属する者が国政を担当するに至った場合に憲法二〇条第一項後段に違反することになるというような誤解を与え、従来の政府見解を変更したかとも受け取られかねない誤ったものである。

事実関係を仮定しての質問に対して、内閣法制局長官が答弁したこの部分は、撤回すべきではないか。」

法制局長官の、その質問に対するこの質問主意書に対して、内閣の答弁書は次のとおりです。

「御指摘の内閣法制局長官の答弁は、仮に、宗教団体が国又は地方公共団体に独占されている統治的権力の一部を授けられてこれを行使した場合には、当該宗教団体が統治的権力を行使するということに当たり違憲となるという趣旨のものであり、憲法の定める政教分離の原則に関する従来の政府の見解を変更する趣旨のものではない。

しかし、事実関係を仮定しての質問に対して法令を当てはめて答弁した御指摘の部分については、憲法第二〇条第一項後段に関し、誤解を与え、従来の政府の見解を変更したとも受け取られかねないものとなっていることは御指摘のとおりであり、内閣法制局として、撤回させていただきたい。」

（傍点は筆者による）

質問主意書に対する答弁書の中で、「内閣法制局として、撤回させていただきたい」と書かなければ収まらない事態になってしまっていたようです。撤回する理由も必要もあるようには考えられないのに撤回するに至ったのはだらしない話で、こんなことはいままでにありません。

そもそも「事実関係を仮定しての質問に対して法令を当てはめて答弁」することが、法制局のやることではないというのも変な話です。法制局は法令の解釈をやるのであって、それに対する事実を当てはめた結論を述べることを職務としないということで、法制局は従前から、都合のいいときはそれで逃げてきたのですね。政策の当てはめというのは各省庁政策当局の職責だから、法制局の関知しないところだ、当てはめる基本原則だけを示すのが仕事職務だ、ということで逃げてきたところがあるのです。事実関係を仮定する答弁は一切職責ではないなどという馬鹿な話はないです。

答弁書中この前段も問題です。しかも誤解なんて与えていない、誤解をしているのは質問者なのに、

「従来の政府の見解を変更したとも受け取られかねないものとなっている」などと、自分で誤解をしているような答弁になってしまっている。

しかもこの答弁書は、内閣の立場に立った答弁のはずで新規事項については内閣決定を経るべきものです。ところが「内閣法制局として、撤回させていただきたい」という。答弁書の内容が法制局の行為として書かれているので、これもおかしいと言えばおかしい。内閣は本当に法制局長官が間違ったことを言ったということになれば、「内閣法制局長官をして撤回させたいと思う」と本当は書くべきです。内閣が何も判断していない感じになっているので、それもおかしいのですが、こういう事態が起こりました。

先に触れた宗教法人法の改正の時は、公明党に対してアゲンストの風が吹いていました。このときは、野党である公明党の力を殺ぐ手段として宗教法人の財務会計をオープンにさせるという改正を推進したのです。

ところが小渕内閣で衆・参の与・野党勢力のねじれ現象が起こって、自民党一党ではどうにもできなくなったということで、自自連立ができ、あとから公明党も入って、自自公連立になりました。自民党の力が落ちたので、公明党を頼りにせざるを得ない。そのためにハンドルを切ったのですね。公明党にアゲンストの風が吹いていたときには、憲法見解を変えるかという話が、ないことはなかったのですね。

あとになってインターネットで検索したところ、次のような新聞記事を発見しました。

「明日への条件——日本総点検」第二部憲法再考(一二)内閣法制局

解釈変転、苦難の〝後見〟

首相就任後初の施政方針演説を前に、橋本首相は内閣法制局の大森政輔長官を首相官邸に呼んだ。憲法二〇条（信教の自由）について、宗教団体の政治的活動を容認した政府解釈の見直しを演説で言及できるかどうか確かめるためだ。

首相「（解釈変更の）可能性があるんですか」

大森氏「全くありません」

首相「じゃあ、（施政方針演説に）入れられないな」

（日本財団図書館（電子図書館）「私はこう考える【憲法改正について】読売新聞一九九六年四月三日朝刊」）

法制局長官就任後、できるだけ早期に主要憲法問題について、総理に対して説明する例となっていました。

その席でこういう問答が交わされたことになっているのですが、実際にこういう問答を交わしたかどうか、はっきりとした記憶はないのです。ただ、当時としては、そういうことをやろうかという雰囲気があったことは間違いありません。これは、自社大連立のあと、まだ自社さ政権の中での橋本総理ですからね。たしか官房長官が梶山さんです。

その前の村山総理の時には官房長官が社会党の野坂浩賢さんで、野坂さん等をはじめとする社会党も、解釈変更をしようという雰囲気があって、野坂さんはその先鋒でしたが、村山総理はそれに乗らなかったのです。

集団的自衛権の憲法解釈変更

——では三点目の最後の問題で、集団的自衛権の憲法解釈変更についてお願いします。

大森　安倍内閣のこの問題についての取り組み方は、手続遵法性として私は間違っていると思う。

仙台弁護士会が、安倍内閣に触発されて、ずいぶん熱心に積極的に集団的自衛権の問題について取り組んでおりまして、仙台の友人の関係で、ぜひ来て話してくれという。それまでは逃げていたんですが、去年（平成一八〔二〇〇六〕年）の一二月一日に行って、「市民講座」と銘打った公開の席で話しまして、要するに安倍内閣は暴挙だ、ということを言ってきました。実体においても、戦後の九条論の必然的な帰結として、個別的自衛権は憲法九条は否定していないけれど、その反面として集団的自衛権は当然の帰結として認められない。憲法政策として認めるということになれば、それは憲法改正以外にないですよ、ということですが、そもそも安倍内閣が憲法解釈の変更をああいう形で突っ走ろうとしたプロセスに賛成できません。

平成一九年四月一七日に、「安全保障の法的基盤の再構築に関する懇談会」（安保法制懇）を内閣総理大臣決定として設置しました。これは私的というより公的な諮問機関ではあるんでしょうね。そういう形で設置して、解釈変更できるんだという論者ばかりを集めて、舌先三寸の変更定義をさせるということ自体、政府のやることとしては暴挙である。地に足を着けた議論をしてもらうのだといって、防衛上起こるべき事例として四類型を示して、それについてどう対応すべきかという検討をしたふうを装いながら、結論は先にあって、それにあとから理由をくっつけたという検討をして報告書を出したということです。

あのまま安倍内閣があと一年続いたら、安倍総理はどこかの段階で、自民党内で呼応する者、防衛族なのか防衛族よりもっと右の議員に質問をさせて、そういう内容の答弁をしてしまうということが起こったと思います。安倍総理が体調不良により突然退陣して、こういう企てが瓦解してしまったということは、日本にとって非常に幸いだったと思います。

安保条約第五条が、外交防衛政策として妥当であるかどうかということについては意見は分かれると思います。極端に平易な言葉で表現すると、自分が困ったときには助けに来てもらうけれど、相手が困ったときには助けに行かないよ、ということを書いたのが安保条約第五条ですね。アメリカから見れば、そんなのないよ、ということになりかねない。ただ、非対称的双務条約ということで、第六条で基地提供義務を規定している。基地提供するというのは実質的な領土主権の放棄ですから、それで見合うのだ、ということかもしれません。それは平時だからそんなことを言っているのであって、いざとなったら第五条が本当に動くかどうかわからない。

私もわが国は若干身勝手ではないか、という気もするのですが、それはそれで正面から議論しなければなりません。憲法が制約になるんだったら、時間がかかるけれども、憲法改正の手続の準備を進めるべきです。それを舌先三寸で、黒を白と言いくるめたら何でもできる、と思い上がった人が総理になるということほど恐ろしいことはないと思います。

安倍総理の突然の辞任というニュースを、私は非常に劇的な場で聞きました。同年一一月に国家公安委員の任期切れになるというので、警察庁がセットしてくれてインドネシアに講演に行っていました。インドネシアの警察の民生化のために、警察庁は大きく支援していました。その一環で、日本の公安委員会制度に類似した制度を、インドネシア警察が採用しようとしているので、来て話してもらいたいということでした。この集会には相当な人数が集まっていましたが、日本の公安委員会についての講演を私がしていた際にメモが回ってきまして、「安倍総理辞意表明」となっていたので、驚きました。私の訪問に先立って、安倍総理は東南アジア歴訪の一環として、ジャカルタも訪問し、同国を激励して回ったわけでしょう。それが突然辞任したわけですから。

そういうことで、わが国の政治もそう極端な時代は長くは続かない。そのあと福田康夫総理は、この安保法制懇の報告書は一切無視です。歴史的文書として埋もれてしまうのでしょうが、あれ自体が生き返ることはないと思います。憲法改正問題が正常な形で起き上がって進められるのなら、その時はこれらの問題の検討自体を全面否定する必要はないと思います(その後のこの問題の展開については「あとがき」を参照)。

コラム

内閣法制局の矜持

赤坂幸一

大森政輔氏に対するオーラル・ヒストリーの過程で最も記憶に残っているのは、中曽根首相の靖国公式参拝をめぐる一節である。当時、内閣法制局の幹部コースの登竜門である総務主幹の地位にあった大森氏は、憲法問題を担当する第一部の参事官を兼任していた。ところが、当時の第一部長が急病で入院したことを契機に、思いがけず、第一部長代理という形で、大詰めを迎えた靖国懇(閣僚の靖国神社参拝問題に関する懇談会)に関与することとなったのである。

第一部では、衆参の内閣委員会における国会論戦に備えるために、大森氏を中心に八九問にわたる想定問答を作って臨んだが、その際の心事について、インタビュアーの一人、御厨貴教授は次のように問うている。

「いまのお話では長官を支えて八九問の想定問答をお作りになるということですが、その際の説明をする立場というのは、とにかく総理を守るという感じなんでしょうか。それとも敵を殲滅するという感じなんでしょうか。守るほうが主体なのか、それとも、言われていることに対して違うよ、というテーゼを出していくのか、どちらなんでしょうか」

これに対する大森氏の答えは、こうである。

「法制局としては、そういう二者択一の言葉で表わすのとは少しニュアンスが違うのかな、という気がしますね。要するに内閣総理大臣として、ああいう方式で靖国神社に参拝することが、憲法二〇条三項が禁止する宗教的活動には当たらない、ということを縷々説明する。違憲じゃないんだという。総理のそういう行為が違憲にはあたらないということを説明するという点では『守る』ということになるんでしょうが、憲法上のそしりは受けませんということを証明するという立場ですかね。だから中曽根さんを守るんだという主観的な気持ちは、少なくとも私にはないですね。法制局はだいたいみんなそうじゃないですかね[1]」

これは、内閣法制局が政府との関係でどのような立ち位置にあるのかを如実に示す、実に印象的な一節である(本書では残念ながら割愛されている)。わが国の内閣法制局は、時に「無謬性の論理」とまで揶揄される精緻な論理の体系を構築してきた一方で、内閣及び首相を補佐するという機能をも営んできた。誰が解釈しても変化するはずのない、確固たる論理の世界を構築・提示し、論敵を完膚なきまでに論破する——殲滅する——のか、それとも、内閣総理大臣を中心とする政府のリーガル・アドヴァイザーとして、政府の決定した政策を法制面から可能な限り側面援助する——総理を守る——のか。この問いに対して大森氏は、内閣法制局はそもそものような二者択一で割り切ることができない、という。憲法解釈の筋道に従い、論理の道筋を通すことで、結果として、首相・内閣が違憲の謗りを受けないようにする——少なくとも、憲法を含む法令解釈の筋道を枉げてまで、首相・内閣をとにかく補佐すればよいというものではない、というわけである。

この点、当コラムの執筆者はかつて、次のように指摘したことがある。「いずれの国を問わず、政府内に憲法所管部門が設けられている場合には、当該部署は法令案の憲法適合性審査を行ったり、憲法解釈問題について検討したりするなど、重要な役割を果たしつつも、首相・政府の法的アドヴァイザーとしての側面と、憲法をはじめとする法令体系の守護者としての側面との間で、アンビヴァレントな任務を与えられることが多い」[2]。

例えばドイツの場合、政府提出法案は事前に連邦法務省および連邦内務省の憲法所管部門の事前審査を通らなければ閣議に提出されず、たとえ提出されたとしても、閣議で法務大臣または内務大臣が異議を述べれば、当該大臣の出席する閣議を再度開催した上で、当該法律案を改めて閣議に諮り、連邦首相を含む閣議構成員の過半数で閣議決定しない限り、これを連邦議会に提出することはできない(連邦政府執務規則二六条二項)。もっとも、これはいわば「伝家の宝刀」であって、この異議が実際に提起された例はない。むしろ、両憲法部門との事前の折衝を通じて問題が解決されることが大半で、また両省の間に見解の相違がある場合にも、政治レベルで事前に解決されているという点に注意が必要である。

すなわち、ドイツの連邦レベルでは大半が連立内閣であるが、その場合、連邦法務大臣と連邦内務大臣とは別の政党から出すのが慣例になっている。そのため連邦法務大臣と連邦内務大臣は伝統的に対抗関係にあり、連邦内務省・内務大臣が国を代表する一方、連邦法務省・法務大臣は市民の権利利益を擁護する関係にあって、連立政府内でリベラルな側が連邦法務大臣を担当するという運用になっている。ある法令案の憲法適合性について、両省が異なる見解を有することはあり得るが、連立政権を維持するという基底的な政治的合意が存する限り、連立政党間の政治的論議で問題が解決されるのである。

ここから分かるように、ドイツ連邦政府内における憲法所管部門は、憲法をはじめとする法令体系それ自体の守護者というよりは、むしろ、連邦首相・連邦政府のリーガル・アドヴァイザーとして、連邦政府の政策及び法令案を基本法（ドイツ連邦共和国の憲法典）をはじめとする法制面からサポートすることを主たる任務としている。実際、いわゆるハルツⅣ改革に際して、連邦雇用エージェンシーと地方自治体とを統合する「ジョブセンター」が社会法典に設けられたとき、連邦内務省は、それが混合行政として違憲判断をうける危険[3]を認識しながらも、政府の意向を尊重して法律案を作成したという（実際、同規定は混合行政であることを理由に連邦憲法裁判所で違憲判決を受けることとなる）。このように、政府のリーガル・アドヴァイザーとしての側面に比重が置かれる場合、政策判断と不可分に結びつく性質を有する憲法解釈については、政府内部の憲法所管部門は、専門的観点から可能な限りの情報提供をしたうえで、最終的には、いかなる解釈を選択するかを、政府の責任による決定に委ねることになる[4]。

これに対して、隣国オーストリアは対照的な様相を見せている。同国では連邦首相府の憲法部（Bundeskanzleramt-Verfassungsdienst: BKA-VD）が連邦政府内の憲法関連事務を所管しているが、この憲法部自身、①政府法案の起草部門（Legist）としての役割、②「連邦の法鑑定人」（Rechtsgutachter des Bundes）としての役割、および③「共和国の法的代理人」（Anwalt der Republik）としての役割を併有していることを、ＨＰで公式に表明している。このうち①は、メディア関連法制やデータ保護法、政党助成法、憲法改正法律など、いわゆる憲法関連法案の立案を主管する趣旨であって、ドイツ連邦法務省及び内務省も同様の任務を担っている。わが国の内閣法制局は、明治期にフランスのコンセイユ・デタを模して設置されて以来、制度上は法律案や政令案を自ら立案できるはずであったが（内閣法制局設置法三条一号を参照）、実際には、②・③に関わる審査事務（同一号）と意見事務（同三号）を基軸としている。そこで問題となるのは、②と③の関係である。

この点、オーストリアの憲法部長官を務めたのちに連邦憲法裁判所長官をも歴任した公法学者、ゲルハルト・ホルツィンガー（Gerhart Holzinger, 1947-）の次のような述懐は、実に示唆的である。いわく、「オーストリア連邦首相府の憲法部は、専門部門として活動する枠内においては……提出された問題に対して鑑定的な立場から見解を述べることを職責としている。ここでは、慣行たる鑑定手続で提示された憲法部の所見や、最上級裁判所（憲法裁判所、行政裁判所、および最高裁判所）の判例及び通説に対してしかるべき考慮を払った上で見解を述べなくてはならず、また、それは、資格のある官吏が任意に抱いた専門的な確信に依拠した見解でなくてはならない。この鑑定事務においては、憲法部に対して上位の機関から指示が出される余地は、その定義からして全くない。……とりわけ連邦首相に対して法的鑑定意見を提示すること、これはあくまで憲法部の任務の一つであって、指示権をめぐる問題について指摘した諸々の帰結は、この枠内での話である。これとは別に、憲法部が『統治政策』ないしは『連邦レベルにおける調整』にかかる任務をもつということは、この文脈とは、全く無関係である[5]」（強調原文）と。

ここに示唆されるように、憲法をはじめとする法令体系の守護者（「連邦の法鑑定人」）としての側面と、政府のリーガル・アドヴァイザー（「共和国の法的代理人」）としての側面は、本来別次元の問題であって、オーストリア連邦首相府の憲法部は、前者においては首相・内閣の指示を受けず、もっぱら専門的・独立的な観点から、政府提出法案等に対して(ときに批判的な)鑑定意見を述べ、この鑑定意見は国民議会のＨＰで広く公開されている。それを支えるのは第一に、憲法部の職権行使の独立性であり、第二に、憲法部がもつ高い専門的知識・学識に対する敬意である。憲法部は憲法裁判所との緊密な人的ネットワークの中に置かれており、かつ公法学界との距離も近い。(6) 以上と不可分に結びついているのが、第三に、その鑑定意見の非拘束性である。その鑑定意見に法的な拘束力が認められないからこそ(実際、憲法部の鑑定意見はしばしば不採用となる)、首相・内閣は憲法部の専門的見解をそれとして尊重し、独立の地位を認めうるのであって、ドイツ連邦法務省及び内務省の場合のように、「憲法大臣」の異議が提起されると政府法案の議会提出が原則として困難になる制度の場合には、憲法所管部門の専門的見解に強い拘束力を承認することは、およそ不可能であろう。

そして、以上に見た鑑定事務とは別に、議会に提出された法案や成立した法律等について、オーストリア政府を代表してその合憲性・適法性を主張する役割(「共和国の法的代理人」としての役割)においては、憲法部は独自の専門的見解を述べるのではなく、あくまで、オーストリア国ないし連邦政府を対外的に代表することを任務とし、ここでは政府の「統治政策」を法制面から支援する、リーガル・アドヴァイザーとしての側面が前景に出ることになる。

以上との比較の視座に置いた場合、わが国の内閣法制局における法律案・条約案・政令案の審査は、一般に、極めて強い拘束力を認められてきた。内閣法制局の審査をパスしない法律案等の閣議決定・議会提出ができないとなれば、内閣法制局に職権行使及び人事運用の面で独立性を認めることは、それだけ困難になるだろう。この場合、内閣法制局の審査に拘束力を認めない代わりに、その専門的権威や独立性を強化する方策もありうるが、そのためには、裁判部門や法学界との緊密な人的ネットワーク（解釈共同体）を形成したり、その審査意見の公表等を通じて専門的知見のゆえの権威を獲得する、といったことが重要になる。いずれも、現在の内閣法制局のあり方を根底から変化させることを意味することになるだろう。他方、国会答弁など、首相・内閣を法制面から支える側面については、大森氏の述懐が示すように、首相・内閣を「守る」という意識はむしろ希薄であって、あくまで憲法解釈という論理の世界から内閣法制局としての見解を述べることが、結果として首相・内閣を支えることになる、すなわち法令体系の守護者としての側面と首相・内閣の法的アドヴァイザーとしての側面とは分かち難く結びついている――二者択一ではない――と考えられているが、以上の比較法的検討は、この前提自体を疑ってみる余地があることを示していよう。

（1）『大森政輔オーラル・ヒストリー』（東京大学先端科学技術センター牧原出研究室、二〇一五）一三五ページ以下。
（2）赤坂幸一「ドイツにおける連邦政府内部の憲法適合性審査――ベルリン調査報告」『レファレンス』七九四号（二〇一七）八六ページ。
（3）基本法第二八条二項は、各々の行政サービスが、原則として固有の行政施設を通じて――すなわち固有の人員・物的手段・組織を通じて――行われるべきこととしている。それゆえジョブセンターは、連邦と自治体の各行政を混合し、責任主体を不明確にするのではないかが危惧されたのである。

（4）例えば二〇〇二年の第一一次原子力法改正法の場合がこれに当たる。

（5）Gerhart Holzinger, Funktion und Wirkungsweise des Verfassungsdienstes im Bundeskanzleramt, in: Heinz Schäffer/Otto Triffterer (Hrsg.), *Rationalisierung der Gesetzgebung*, 1984, S. 320.

（6）赤坂幸一「オーストリア連邦首相府憲法部の機能――ウィーン調査報告」『レファレンス』八〇五号（二〇一八）所収を参照。

コラム

情熱と知性と愛嬌と

清水唯一朗

これはちょっと、今までのようにはいかないのではないか。二〇〇六年のはじめ、打ち合わせのために大森さんとお目にかかった時の率直な印象である。これから始まる聴き取りに心が躍るというよりも、不安の方が大きかった。

大森さんの聴き取りは、東京大学先端科学技術研究センター御厨貴研究室を中心とした内閣法制局研究プロジェクトによるオーラル・ヒストリーの第三弾であり、こちらには「慣れ」に似た油断があった。二〇〇五年度からは、御厨先生に加えて、法令審査の実態にも精通する大石眞先生(当時、京都大学)を迎えた科研費プロジェクトが進行中であった。研究室には法令審査資料から参与会議の議事録までが揃っている。十分に土地勘があるつもりになっていた。

しかし、どうやらこれまでとは勝手が違う。すでに一五回にわたってお話を伺っていた工藤敦夫さん、まさに聴き取りが進行中であった吉國一郎さんのいずれとも異なる印象を受けた。いや、考えてみれば、以前の二人には通じる部分が多くあった。常に冷静さを保ち、複雑な立法技術を丹念に説明される工藤さんに対し、吉國さんは立法技術に精通した政治家の感さえあったが、二人はいずれも商工省、通商産業省の出身である。そこには思考パターンの偏りがあった。

いうまでもなく、大森さんは法曹の出身である。本書でもしばしば触れられているように、内閣法制局を固める四省庁のなかでも、法務省は特殊な法令審査観を持っている。まずそれだけでも「難敵」であった。しかも、大森さんは顔合わせの段階から熱く語って想いを前面に出される方だった。工藤、吉國両氏を通じて「法制官僚」のイメージを固めつつあった若輩の聴き手にとって、すべてを高い熱量をもって論じる大森さんは、どう向き合うべきかわからない「難関」と映った。

初回に向けて私たちができることは、ひたすらに準備を重ねることしかない。幸い、聴き手には大石門下から法学のみならず歴史にも精通する赤坂幸一さん(当時、金沢大学)が加わることとなった。二人で連絡を取りつつ、赤坂さんが関係判例を調べ上げ、私が人事や年表をまとめるかたちで分担し、本番に臨んだ。

もちろん、初回の緊張は、どのようなオーラル・ヒストリーにもつきものだ。忘れてはならないのが、実は聴き手よりも話し手の方が緊張しているということだ。聴きたいことを訊けばよい聞き手より、何を聞かれるかわからない話し手の方が数段不安であるのは当然だ。緊張は伝染する。聴き手が緊張していては仕方がない。一同、コーヒーを飲んで気持ちを落ち着けて、事務所に伺った。

全体の雰囲気は初回に決まった。野球少年であった大森さんが、憧れの別所毅彦選手の移籍について語りはじめ、別所の所属球団について「ご存じですか」と微笑みながら逆質問された。御厨先生が、笑顔で「いや、知らないです」と応じると、会議室は笑いに包まれ、場の空気がなごんだ。それを皮切りに、赤坂さんが溢れんばかりの知的好奇心をもって質問を浴びせ続けた。私は大森さんが京都で慣れ親しんだラーメン店の話題で応じるのが精一杯だったが。

かくして、大森さんは情熱と知性と、しばしば見せる無邪気な愛嬌を持って語られ、御厨先生が軽妙に舵を取り、若手二人が正面から質問を投げ続けるスタイルができあがった。いや、実際には大森オーラルの質問はほとんど赤坂さんが訊いている。このオーラル・ヒストリーが成功裏に進んだのは、京都大学、法学、登山と公私にわたり大森さんと共通点の多い聴き手を得たことにあったように思う。それを即座に感じ取った御厨先生が、第二回からだったろうか、聞き手の中央に赤坂さんを据えたことは炯眼であった。赤坂さんが金沢から持参するお菓子も、毎回の場をなごませてくれた。


大森さんは、ご自身の公的人生を司法、行政、立法(法制)と三分して理解されている。もちろん、特別養子制度をはじめとして前後は深く結びついており、判事の経験が法務・法制官僚の仕事に彩りを与え、行政の経験が司法の語りに変化をもたらしている。

司法生活における語りにおけるハイライトは「司法の危機」の時代、とりわけ青法協をめぐる問題だろう。もっとも、当初、聴き手の側は、人生の機微に触れるこのテーマの重要性を認めながら、深入りすることに逡巡していた。しかし、外ならぬ大森さんが自らこの話題をとりわけ熱を込めて語った。ちょうど、一方の当事者であった矢口洪一さんのオーラル・ヒストリーの刊行がされたばかりであり、それがある種の呼び水にもなったのだろう。敗戦をはさんで法曹界の新人と旧人がぶつかり、組織がそれを吸収していく過程は一編のドラマのように魅力的だった。青法協を脱退した直後に地方裁判所に赴任した際、在地の弁護士が大森さんを迎え撃つ姿勢を見せたこと、四年間の勤務ののちに良好な関係で転任するまでの過程は、各地で見られたこの時代の法曹界の姿だろう。

内閣法制局に転じてからは、政治学者としては興味を惹かれる話題が続く一方で、一個人の語りとしてはかなり抑制が利いたものとなっている。刑事より民事を好んだ大森さんが、裁判から制度に転じ「法務行政官」となった自身を批判するような語りが続く。異動した際には裁判所に戻る気持ちも持っていたというが、また荷物をまとめて飛び出すという気持ちにはならずに長官まで務め上げた。空襲警報に毎晩脅かされ、平和を願って法曹に進んだ大森さんが第一部長としてPKO協力法の審議にあたったことには、因果を感じずにはいられない。逆説的ではあるが、その二つの人生からは、新しい時代の裁判官という自覚を持ち、青法協で六〇年安保闘争に加わった「戦後」法曹の気概が感じられる。

早いものでこのオーラル・ヒストリーが結了して一〇年が過ぎた。そして、まもなく平成が終わろうとしている。一昨年の夏にはこのプロジェクトでお話を伺った工藤敦夫さん、同年末には大森さんが総務主幹として仕えた茂串俊さんと、歴代長官が相次いで物故された。いまや、昭和から平成の代替わりに携わった長官経験者では、大森さんが最古参である。こうしたタイミングでこのオーラル・ヒストリーが世に問われることは、法令審査のみならず、政治と法律を考える上でも大きな示唆をもたらすだろう。

コラム

快刀乱麻を断つごとく

御厨　貴

大森政輔さんのオーラル・ヒストリーは、「内閣法制局の研究」の一環として、二〇〇六年三月から二〇〇九年四月までの三年間、合計一八回にわたって行われた。ちょうど内閣法制局関連の資料が国立公文書館に一斉に移管され、整理をして閲覧への道筋が明確になった時期にあたる。既にこれに先立つ「内閣の研究」の中でも、官房副長官(事務)については、後藤田正晴、石原信雄、古川貞二郎といった大物副長官がオーラル・ヒストリーに応じて下さっていた。

これに対して内閣法制局長官は、工藤敦夫、吉國一郎のともに通産省出身のお二人が応じて下さり、前者は二〇〇五年、後者は二〇一一年に、私の勤務先の大学の研究報告書のスタイルでお目見えした。その他の長官経験者はなかなか応じて下さらない中、裁判官出身の大森政輔さんがかなり積極的に、このオーラル・ヒストリーの試みに賛同して下さったのが印象に深い。

実は裁判官出身者からお話をきけるというのが我々の関心を高めた理由でもある。お相手を全回にわたって務めた赤坂幸一さんは、京都大学法学部出身の若き研究者で、大森さんとは同学の先輩・後輩にあたる関係で、なかなか良い雰囲気を作りあげてくれた。東京大学先端科学技術研究センターからは、前半に清水唯一朗さん、後半に山本健太郎さんが参加し、事務一切をも担当した。私はちょうど先端研での定年にさしかかる時期と重なり、オーラル・ヒストリープロジェクト全体の管理・運営の今後のことを考えねばならず、途中からは若い二人に任せて、後方支援に回らねばならなかった。その点を大森さんに深くおわびせねばならない。

先端研でのオーラル・ヒストリー担当の私の後継者として、二〇一三年から牧原出さんが着任したことで、まずは報告書次いで岩波書店からの公刊のためのすべての仕事は牧原さんが指揮をとってやってくれた。ひたすら頭の下がる思いである。

大森さんとのオーラル・ヒストリーを始めて一〇年がたった。エトは一まわりしたが、不思議と大森さんのオーラルに臨まれる時の姿は記憶にはっきりと刻まれている。それはどうしてか。大森さんは明確に言いよどむことなく、コトの黒白やYES、NOをきっぱりと言われたからである。「ああでもない。こうでもない」式の発言はない。人物月旦でも政治批判でもすべてがストレートであった。それは本書にも見事に反映されている。

あの八重洲法律事務所の会議室での大森さんの物言いは、快刀乱麻を断つごとしであった。これほどまでに芯の強い人とは思わなかった。正直な感想である。

まずは、大森さん本人は無論のこと、関係者の皆様にご苦労様でしたと申し上げたい。そしてて今や私のひそかな願いは、吉國一郎、工藤敦夫、大森政輔の三代にわたる法制局長官の「オーラル・ヒストリー対比列伝」をモノにしたいということに尽きる。

あとがき

このオーラル・ヒストリーは、昭和一二(一九三七)年五月一一日にこの世に生を享けて以来、昭和三五年春に京都大学法学部を卒業し、二年間の司法修習生を経て、裁判官の道を選び、裁判所で一六年、法務省民事局で五年半、内閣法制局で一六年を過ごしたのち、平成一一(一九九九)年八月二四日、小渕内閣の内閣法制局長官を辞任した時点までをおおまかな区切りとしています。私の第一の人生の叙述です。

第二の人生の概要

引き続く第二の人生では、待ち望んでやっと手にした自由時間の一部を身辺整理と外国旅行に費やしたうえ、若き時代に意欲したもう一つのみちである弁護士の登録を済ませました。裁判所・法務省・内閣法制局、換言すると、司法・行政・立法に関与した経験を生かした弁護士活動を通じて、幾ばくかの社会貢献を志しました。

その一つとして、早稲田大学法学部の客員教授として「立法学」の講義に取り組みました。年間を通じ、立法をめぐるルールを体系的に探究する試みは例が少なかったために注目され、聴講者も年を追って増加しました。毎回、講義録を作成して配付し、内容も充実させたので、それをまとめて一冊の書籍として出版したいと念じながら、多事多忙により実現できずに今日に至っています。ぜひこれを果たしたいものです。

その他としては、霞ヶ関の各省庁からの依頼を受けて、特別の機関の委員や臨時の諮問機関のメンバーに加わることも、余裕の許す限り引き受けました。

まず、国土交通省からは、公共施設建設の円滑を図るための土地収用手続の改善に関する研究会の座長を引き受け、その提言を受けて、土地収用法の一部改正が行われました。

次いで、続発した不祥事をなくすための諸方策はもとより、今後のあるべき警察の姿について議論することを目的として国家公安委員会に置かれた警察刷新会議の委員となりました。その時の「警察刷新に関する緊急提言」に基づいて警察改革要綱が制定され、警察改革に積極的に取り組むことになりました。その後、平成一四(二〇〇二)年一一月には国家公安委員会の委員に就任しました。

さらに、厚生労働省においては、平成一七(二〇〇五)年四月、中央社会保険医療協議会の構成を改善し、急増する医療費のバランスを是正することを主題とする「中医協の在り方に関する有識者会議」について、直接の利害関係を有しない中立の立場において、その座長として会議を主宰することを求められました。

その後、民営化を控えた道路公団の近藤剛総裁の相談役を務めていたところ、道路請負事業者による橋梁談合事件が発覚し、その再発防止策検討委員会のメンバーに加わり、その防止施策の策定に関与しました。

この談合防止対策関与の経験にかんがみ、農林水産省における緑資源機構の改革問題の会議に関与することを求められましたが、この会議の継続中に不祥事などにより諮問者の交代が続くなどして、最終答申は、諮問者に直接手渡すことなく、事務当局にその伝達を委ねるなど正常でない状態の下での処理となりました。
平成二九(二〇一七)年一〇月現在、国の機関については、宮内庁の契約監視委員会委員長のみに就任していますが、近く予定されている皇位継承が滞りなく行われた暁には、私の第二の人生も幕を閉じることを検討する時期が近づくのではないかと考えています。

法曹を志す諸君へ

本文に記したとおり、私は、裁判官を志して裁判所に入り、人生前半の終わりも裁判官のつもりでしたが、最高裁判所事務総局家庭局の局付判事補として家事事件を担当した縁で、法務省民事局に出向して戸籍事務を統括する課長に就任しました。その後四年を経過し、当初の予定では裁判所に復帰する時期に至りましたが、その過程で民事関係立法の面白さを知ったので、それを担当する参事官に横滑りし、法制審議会身分法小委員会主任幹事として、特別養子制度の創設のための調査・検討に没頭しました。そのうち、法務省出向年限としては限界に達し、裁判所への復帰を求めようとした矢先に、内閣法制局の幹部要員のうち、空席となった法務省・裁判所枠を満たすために、内閣法制局に再出向することになり、第一の人生の終わりを、当初予想しなかった裁

国会内，政府委員として

判官以外の官職で迎えることになりました。

このように、当初の志とは掛け離れた人生を送ってしまったわけですが、多分野の職務に関与できたことを通じて、豊富な知識・経験を持ち合わせた有識者の知己を得ることができました。ふり返りまして、裁判官をこの道一途に続けたよりも、視野も広くなり、総合的な思考ができるようになったかなと、私なりに満足しています。

そこで、法曹を志して、法学部で、また、ロースクールで、日夜勉学に勤しんでいる若い諸君に伝えたいことは、法曹としての人生にもいろいろな途が開かれているということです。一口に法曹三者といいますが、一つの途のみに終始することなく、あらゆる可能性を生かして、多分野の経験を積むことが有意義であり、豊かな充実した人生につながります。私が結果として送ることになったような法曹としての人生もあり得るのだということも念頭において、目的とする法曹への途に到達されることを期待します。

以下、本文中で触れている二つの問題について、その後の状況を踏まえて補足しておきたいと思います。

核兵器の使用の合憲性

本文記載のように、核兵器の「使用」の合憲性を肯定する答弁をしたことについて、罷免要求が殺到したからといっても、辞任すべき理由があるとは思いませんし、まして罷免される謂れはありません。しかし、被爆地の広島や長崎の記念館において、被爆直後の写真で被災地に横たわる多数の死者や痛ましい負傷者の姿を目にするとき、あの答弁でよかったのかとの自問の気持ちは、現時点に及んでも持ち続けています。

本文でも触れた国際司法裁判所（ＩＣＪ）の勧告的意見においても、核兵器の「使用」が国際法に違反するかどうかについては（たしか全会一致だったと記憶しますが）「核兵器による威嚇またはその使用は、武力紛争時に適用される国際法の原則と規則、特に人道法の原則と規則に一般的に違反する」とされています。

ただ「国家の存続自体が問題となるような自衛の究極的状況における核兵器による威嚇または使用が合法か違法かについては、明確な結論を出すことができない」となっています。国家の存続自体が問題となるような場合については、七対七で賛否同数だった。そこで、当時の裁判所長の意見によって採択された微妙な結論が「明確な結論を出すことができない」ということで、折れ合ったようです。

このことから、前記核兵器の使用肯定の答弁は、国家の存続自体が問題となるような自衛の究極的状況を前提とするものですから、国際法の観点からも必ずしも違法であるとは断定し切れないことになります。そうはいっても、被爆直後の広島・長崎の惨状を念頭に思い浮かべると、そうとも言い切れないとの念を拭い切れません。

すでに現役を去り心身ともに自由な身にあるのですから、機会があれば見解を覆し、前記答弁は間違いである旨表明すべきかと自問自答することがしばしばです。

特に、平成二九年七月、国連総会において、加盟一九三カ国中一二二カ国の賛成によって、「核兵器禁止条約」が採択されました。これによれば、締約国は、①核兵器またはその他の核爆発装置を開発し、実験し、生産し、製造し、又は貯蔵することのほか、核兵器またはその他の核爆発装置を使用しまたは使用の威嚇をしないことなどを約束し(第一条)、②核兵器などを所有・保有・管理する締約国は、一定の期限内に、破棄するなど(第四条)、を定めています。この条約は、すべての国に対し、署名のために開放され、五〇番目の批准書等が寄託された後九〇日で効力を生じるものとされています。

平成二九年八月六日、広島原爆の日の平和記念式典における広島市長の平和宣言の中で、「特に、日本政府には、『日本国民は、国家の名誉にかけ、全力をあげてこの崇高な理想と目的を達成することを誓う。』と明記している日本国憲法が掲げる平和主義を体現するためにも、核兵器禁止条約の締結促進を目指して核保有国と非核保有国との橋渡しに本気で取り組んでいただきたい」と訴えました。また、同月九日の長崎原爆の日の平和祈念式典における長崎市長の平和宣言の中で「日本政府に訴えます。核兵器のない世界を目指してリーダーシップをとり核兵器を持つ国々と持たない国々との橋渡し役を務めると明言しているにもかかわらず、核兵器禁止条約の交渉会議にさえ参加しない姿勢を、被爆地は到底理解できません。唯一の戦争被爆国として、核兵器禁止条約への一日も早い参加を目指し、核の傘に依存する政策の見直しを進めてください」と述べて、広島市長の宣言よりも一歩踏み込みました。

安倍総理は、いずれの式典にも参加してあいさつに立ちましたが、核兵器禁止条約には言及することなく、「唯一の戦争被爆国として『核兵器のない世界』の実現に向けた歩みを着実に前に進める努力を、絶え間なく積み重ねて行くこと、それが今を生きる私たちの責任です。真に『核兵器のない世界』を実現するためには、核兵器国と非核兵器国双方の参画が必要です。わが国は、非核三原則を堅持し、双方に働きかけを行うことを通じて、国際社会を主導していく覚悟です」と述べました。

確かに、わが国は、政策としては非核三原則を堅持し、核兵器を「持たず、作らず、持ち込ませず」を国是としてきています。昭和三一(一九五六)年には原子力基本法において原子力の利用は平和の目的に限ることを明記し(第二条)、昭和四六(一九七二)年一一月沖縄返還協定の可決に際して、衆議院はこの三原則などを内容とする決議を行い、その後、政府はこれを繰り返し確認するとともに、国会も同趣旨の決議を繰り返しています。このうち、「持たず、作らず」は昭和五一年に核不拡散条約を批准することにより国際法上の義務となりました。「持ち込ませず」は、政府は、日米安保条約の事前協議において米軍の核兵器持ち込みは拒否するとの態度をとっています。

このように、非核三原則が国是として維持されている限りは、核兵器使用の合憲性答弁は、理念上の問題にとどまる訳ですが、平成二九年一〇月六日、ノルウェーのノーベル委員会は、国際NGO「ICAN」(核兵器廃絶国際キャンペーン)に対して二〇一七年のノーベル平和賞を与えると発表しました。

その授賞理由(骨子)は

- 核兵器使用がもたらす破滅的な人道面での結末を人々に気づかせた
- 条約に基づく核兵器禁止の実現へ画期的努力をした
- 北朝鮮のように核兵器獲得を目指す国が増え、核兵器使用の危険はかつてなく高まっている
- 核兵器のない世界の実現へ核保有国に真剣な軍縮協議の開始を求める
- 今回の授賞をもって核兵器廃絶へ新たな機運を高めたICANへ敬意を表したい

とのことです。(朝日新聞一〇月七日夕刊による)

この事態に則して再考すると、国家の存続自体が問題となるような究極的状況においても、核兵器の使用は「絶対悪」として、国際人道法の原則と規則に違反すると考えるべきことになります。ただ、わが国は、核兵器禁止条約の採択に際して賛成せず、また、署名も加入もしない諸国と同じく、自国の究極の自衛を米国の「核の傘」の下においていますので、この自国防衛政策を維持したまま、核兵器禁止条約に加入することは政策が矛盾し、この条約が締約国に課す義務を履行することができません。

したがって、まず、「核の傘」政策の再検討を先行しなければならないことになり、ひいてはわが国の防衛・外交政策全般に及ぶ問題であることは、理解しなければなりません。

注　平成二六年度以降に係る防衛計画の大綱について(平成二五年一二月一七日　国家安全保障会議決定・閣議決定)は、「Ⅲ　我が国の防衛の基本方針」として、次のように述べている。

「我が国は、日本国憲法の下、専守防衛に徹し、他国に脅威を与えるような軍事大国にならないとの基本方針に従い、文民統制を確保し、非核三原則を守りつつ、実効性の高い総合的な防衛力を効率的に整備する。

核兵器の脅威に対しては、核抑止力を中心とする米国の拡大抑止は不可欠であり、その信頼性の維持・強化のために米国と緊密に協力していくとともに、併せて弾道ミサイル防衛や国民保護を含む我が国自身の取組により適切に対応する。同時に、長期的課題である核兵器のない世界の実現へ向けて、核軍縮・不拡散のための取組に積極的・能動的な役割を果たしていく」

集団的自衛権行使認容の閣議決定と憲法改正論議　332

(1)従来の政府見解

日本国憲法制定以来、独立国家に固有の自衛権の有無、警察予備隊・保安隊と保持しないとされる「戦力」との関係について論議されてきましたが、政府は、昭和二九(一九五四)年七月一日、自衛隊の創設に際し、憲法九条に関する見解を、次のとおり整理しました。

①憲法九条一項は、国際紛争を解決する手段としての戦争、武力による威嚇または武力の行使を禁じているが、独立国家に固有の自衛権までも否定する趣旨のものとは解されない。

②同条二項は戦力の保持を禁止しているが、自衛権の行使を裏付ける自衛のための最小限度の実力を保持することまでも禁止する趣旨ではなく、この限度を超える実力を保持することを禁ずるものである。

③自衛隊は、我が国の平和と独立を守り、国の安全を保つための不可欠の機関であって右の限度内の実力機関であるから、違憲ではない。

自衛隊創設以来、政府においては、この整理された見解を堅持し、国会においてもしばしば論議されてきましたが、集団的自衛権については与野党ともに、その保有は容認する一方、その行使は、政府を含めて否定すべきものであることがその都度確認されて、あたかも集団的自衛権の行使が憲法九条に違反する典型事例であることを前提とする論議がなされてきました。

さらに、昭和四七(一九七二)年一〇月一四日には、決算委員会に提出された文書「集団的自衛権と憲法との関係」において、その考え方のよってくる理由が次のとおり明確にされています。

「憲法は、第九条において、同条にいわゆる戦争を放棄し、いわゆる戦力の保持を禁止しているが、前文において『全世界の国民が……平和のうちに生存する権利を有する』ことを確認し、また、第一三条において『生命、自由及び幸福追求に対する国民の権利については、……国政の上で、最大の尊重を必要とする』旨を定めていることからも、わが国が自らの存立を全うし国民が平和のうちに生存することまでも放棄していないことは明らかであって、自国の平和と安全を維持しその存立を全うするために必要な自衛の措置を取ることを禁じているとはとうてい解されない。」

「しかしながら、だからと言って、平和主義をその基本原則とする憲法が、右にいう自衛の措置を無制限に認めているとは解されないのであって、それはあくまで外国の武力攻撃によって国民の生命、自由及び幸福追求の権利が根底から覆されるという急迫、不正の事態に対処し、国民のこれらの権利を守るためのやむを得ない措置として初めて容認されるものであるから、その措置は、右の事態を排除するため取られるべき必要最小限度の範囲にとどまるべきものである。」

「そうだとすれば、わが憲法の下で武力行使を行うことが許されるのは、わが国に対する急迫、不正の侵害に対処する場合に限られるのであって、したがって、他国に加えられた武力攻撃を阻止することを内容とするいわゆる集団的自衛権の行使は、憲法上許されないといわざるを得ない。」

以上のとおり、憲法九条が集団的自衛権の行使を認めない結論とその理由は、きわめて明快です。

(2)平成二六年七月一日閣議決定による集団的自衛権行使の認容

政府は、標記閣議決定において、次のとおり述べています。

「(政府は、これまで武力行使が許容されるのは、わが国に対する武力攻撃が発生した場合に限られると考えてきた。)しかし、冒頭で述べたように、パワーバランスの変化や技術革新の急速な進展、大量破壊兵器などの脅威等によって、わが国を取り巻く安全保障環境が根本的に変容し、変化し続けている状況を踏まえれば、今後、他国に対して発生する武力攻撃であったとしても、その目的、規模、態様によっては、わが国の存立を脅かすことも現実に起こりうる。」

「わが国としては、紛争が生じた場合には、これを平和的に解決するために最大限度の外交努力を尽くすとともに、これまでの憲法解釈に基づいて整備されてきた既存の国内法令による対応や当該憲法解釈の枠内で可能な法整備等あらゆる必要な対応を取ることは当然であるが、それでもなおわが国の存立を全うし国民を守るため万全を期する必要がある。」

「こうした問題意識の下に、現在の安全保障環境に照らして慎重に検討した結果、

(武力行使の新三要件)

①わが国に対する武力攻撃が発生した場合のみならず、わが国と密接な関係にある他国に対する武力攻撃が発生し、これによりわが国の存立が脅かされ、国民の生命、自由及び幸福追求の権利が根底から覆される明白な危険がある場合において、

②これを排除し、わが国の存立を全うし、国民を守るため他に適当な手段がないときに、

③必要最小限度の実力を行使することは、

従来の政府見解の基本的な論理に基づく自衛のための措置として許容されると考えられると判断するに至った。」

(3) この閣議決定の問題点

政府は、この閣議決定において、「これまでの政府見解の基本的な論理の枠内」という意味不分明な概念を設定し、集団的自衛権の行使認容をその「合理的な当てはめの結果」として、憲法九条が定める「自衛のための措置」に当たると主張しています。

これは個別的自衛権と集団的自衛権を同質のものとして、同次元の存在における必要性の区分にとどまるとして、憲法九条の下で許否を決するための伏線と推測されます。集団的自衛権行使が九条の下で許容されるとする結論が先行する独断であり、到底左袒することはできません。

個別的自衛権と集団的自衛権は本質的に異なるから、安全保障環境の変化や自衛措置の必要性の増加を理由として、集団的自衛権の行使可能の分野を拡大することはできません。

国連憲章第五一条は、「個別的又は集団的自衛の固有の権利」とあたかも同質のごとく併記していますが、両者の由来は、本質的に異なるものです。

個別的自衛権の行使、すなわち、外国の武力攻撃によってわが国の存立が脅かされ、国民の生命、自由及び幸福追求の権利が損なわれる場合には、これを排除し、わが国の存立を全うし、国民を守るために他に適当な手段がないときに、必要最小限度で武力行使を行うことは、「独立主権国家ならば固有かつ先天的に有する自己保全のための自然的権能に基づくもの」として、憲法九条の下でも当然に許されるものです。

他方、集団的自衛権の行使、すなわち、わが国が武力攻撃を受けなくとも、わが国と密接な関係にある他国に対する武力攻撃が発生した場合において、それを阻止するために、(当該他国の要請を承けて)武力攻撃を行う第三国に対してわが国が武力行使を行うことができるとされる国際法上の権利については、武力攻撃を受けた他国との「密接な関係」は、同盟条約などを根拠とするものであり、その権利の根拠、内容は、他国との間の同盟関係その他の関係の密接性により後天的に発生するものです。

集団的自衛権の行使が密接な関係にある当該他国の要請を承けて行われることが示すとおり、直接的には当該他国を防衛することを目的とするものであり、「他国防衛権」といった方がその本質を端的に表すと考えられますが、この「他国防衛権」の行使が、間接的効果として、自国の平和と安全の確保に寄与することがあり得るとしても、自国に対する武力攻撃を排除することを直接の目的とする個別的自衛権の行使とは本質的な差異があるのです。

このように、両者の権利の行使は、そもそも別次元の事象であり、この閣議決定に言うような「基本的な論理の枠内」における「合理的な当てはめの結果」として、単に、同次元における必要性の程度に応じて、許否の区分を移動させることができるものではありません。

昭和二一年一一月三日の日本国憲法制定以来、憲法九条関係について何らの改正もありません。同二九年七月一日の自衛隊創設に際して政府において公表された、自衛隊と憲法九条との関係についての見解を踏まえ、国会においても、与野党ともに、集団的自衛権の行使は憲法九条の下では認められないことには、さしたる異論はありませんでした。

特定の行為が憲法九条の下で許されるか否かが、集団的自衛権の行使に当たるか否かの次元で論議され、あたかも集団的自衛権の行使が同条に違反する典型的行為であることが前提とされてきたのです。

さらに、昭和四七年一〇月一四日には、憲法前文及び第一三条を援用して、集団的自衛権の行使が許されないことを明言してきました。

したがって、この閣議決定において指摘する、わが国を取り巻く安全保障環境の変化を考慮しても、憲法九条の改正がない限りは、集団的自衛権の行使は、今後とも憲法九条の下で許容できる余地はありません。

しかるに、内閣が、前記閣議決定で、憲法解釈の変更と称して、これを合憲的に行使できるとし、それを前提として安全保障関係の法律案を国会に提出し、各種の行政措置を講じたことは、内閣の権限を超えたものであり、到底認めることはできません。

(4)最高裁判所も憲法九条の下で集団的自衛権の行使を認めている旨の見解について

集団的自衛権の行使の許否などの検討に当たる自民党における責任者である高村正彦副総裁は、最高裁昭和三四年一二月一六日砂川事件判決において、集団的自衛権の行使が憲法九条の下で許容される旨判示されていると主張していますが、暴論です。

砂川事件において問題とされたのは、日米安保条約(昭和三五年に改定される前の旧条約)に基づく米軍駐留の合憲性であり、同判決においては、わが国が集団的自衛権を行使できるか否かは、まったく争点とされていません。

集団的自衛権の行使認容を読み込むために引き合いに出される判決理由部分は、「わが国が、自国の平和と安全を維持し、その存立を全うするために必要な自衛のための措置を取り得ることは、国家固有の権能の行使として当然のこと」という文言ですが、これは、「憲法九条は、わが国がその平和と安全を維持するために他国に安全保障を求めることを、何ら禁ずるものではない」という結論で締めくくられています。この段落で問題とされている「自衛のための措置」は、わが国が他国から武力攻撃をうけた場合に他国から支援を受ける局面におけるものであり、わが国は他国から武力攻撃を受けていないが、自国と密接な関係にある相手国が第三者から武力攻撃を受けた局面で、(相手国の要請を承けて)第三国に対して武力攻撃を阻止する行動をとることができるとする集団的自衛権の行使とは、自国が武力攻撃の対象となっているか否かの点で、まったく局面が異なります。

最高裁判決の先例としての価値、換言すると、当該先例から引き出される一般法理は、あくまで事件の具体的争点についてなされた判断に限って問題とされます。この観点からは、砂川判決から集団的自衛権の行使が合憲であるとの最高裁の判断を読み取ることができるとする主張は、法律学の基本に反するものです。このことは、憲法学界においても、また、法曹界においても、異論のないところなのです。

「最高裁は集団的自衛権の行使を合憲と判断している」との暴言を信じて、本件閣議決定を支持している国民も少なくないと推測されますが、国民をこのように誤導するに至った関係者の責任は大きく、はなはだ遺憾の極みであります。

(5)安倍総理の憲法改正案について

報道によれば、安倍総理は、憲法改正案として、自衛隊を憲法上根拠づけるべきであると主張し、自民党もその方向で検討するとのことのようです。

自衛隊を憲法上規定するとは、散文的表現であり、憲法上の条文においては一定の目的・権限を有する実力組織の保有規定の形となるべきですが、その場合でも、検討の出発点は、まず、前記閣議決定及びそれを前提とする安全保障関係法について、憲法九条に抵触しない、閣議決定前に引き戻したうえでの自衛隊でなければならないと考えられます。

終わりに

冒頭に掲げられた牧原先生の「まえがき」および諸先生のコラムを拝見し、このオーラル・ヒストリーが、それらの方々のご苦労に支えられて完結できたものであることを、いまさらながら思い知りました。ここに改めて御礼申し上げます。

さらに、本書がこのようなかたちで公刊に至ることができましたのは、幾度にもわたる全体構成の修正をその都度適切に対応くださるなど、多大のご苦労をいとわずご尽力いただいた編集部の伊藤耕太郎氏のおかげです。心からの感謝の念を申し上げます。ありがとうございました。

二〇一八年一月

大森政輔

大森政輔　略歴

昭和 12 年	(1937)	5 月 11 日	神戸市灘区で出生
25 年	(1950)	3 月	神戸市須磨区板宿小学校卒業
25 年	(1950)	4 月	灘中学校入学
28 年	(1953)	4 月	灘高等学校入学
31 年	(1956)	4 月	京都大学法学部入学
34 年	(1959)	10 月	司法試験合格
35 年	(1960)	3 月	京都大学法学部卒業
35 年	(1960)	4 月	司法修習生
37 年	(1962)	4 月	京都地方・家庭裁判所判事補
40 年	(1965)	5 月	秋田地方・家庭裁判所大曲支部判事補
42 年	(1967)	4 月	秋田地方・家庭裁判所判事補
43 年	(1968)	7 月	最高裁判所事務総局家庭局局付判事補
46 年	(1971)	4 月	岡山地方・家庭裁判所判事補
47 年	(1972)	4 月	岡山地方・家庭裁判所判事
50 年	(1975)	4 月	大阪地方裁判所判事
53 年	(1978)	4 月	法務省民事局第二課長・検事
57 年	(1982)	4 月	法務省民事局参事官・検事
58 年	(1983)	11 月	内閣法制局総務主幹
60 年	(1985)	11 月	内閣法制局第二部長
平成 元 年	(1989)	8 月	内閣法制局第一部長
4 年	(1992)	12 月	内閣法制局法制次長
8 年	(1996)	1 月	内閣法制局長官
11 年	(1999)	8 月	同辞任
11 年	(1999)	10 月	弁護士登録(第一東京弁護士会)
14 年	(2002)	11 月	国家公安委員会委員
19 年	(2007)	11 月	同退任(任期満了)

御厨 貴（みくりや たかし）

1951 年生．東京大学法学部卒業．ハーバード大学客員研究員，東京都立大学教授，政策研究大学院大学教授，東京大学先端科学技術研究センター教授，放送大学教授などを歴任．現在，東京大学先端科学技術研究センター客員教授．東京大学・東京都立大学名誉教授．近現代日本政治史，オーラル・ヒストリー．

清水唯一朗（しみず ゆいちろう）

1974 年生．慶應義塾大学法学部政治学科卒業．慶應義塾大学総合政策学部教授兼政策・メディア研究科委員．日本政治外交史，オーラル・ヒストリー．

赤坂幸一（あかさか こういち）

1975 年生．京都大学法学部卒業．九州大学法学研究院准教授．憲法，議会法，憲法史．

牧原 出

1967年生．東京大学法学部卒業．東北大学大学院法学研究科教授，ケンブリッジ大学客員フェローなどを経て，現在，東京大学先端科学技術研究センター教授．政治学・行政学，オーラル・ヒストリー．著書に，『内閣政治と「大蔵省支配」——政治主導の条件』(中央公論新社)，『行政改革と調整のシステム』(東京大学出版会)，御厨貴氏との共編に『聞き書 野中広務回顧録』(岩波書店)など．

法の番人として生きる
大森政輔 元内閣法制局長官回顧録

2018年2月21日　第1刷発行

編 者　牧《まき》原《はら》出《いづる》

発行者　岡本 厚

発行所　株式会社 岩波書店
〒101-8002 東京都千代田区一ツ橋 2-5-5
電話案内 03-5210-4000
http://www.iwanami.co.jp/

印刷・三陽社　カバー・半七印刷　製本・松岳社

ISBN 978-4-00-024800-6　Printed in Japan